U0085296

增訂五版

中國現代史

薛化元
李福鐘　編著
潘光哲

三民書局

國家圖書館出版品預行編目資料

中國現代史 / 薛化元,李福鐘,潘光哲編著.－－增
訂五版二刷.－－臺北市: 三民, 2017
面； 公分
參考書目: 面
ISBN 978-957-14-6085-7 （平裝）
1.現代史 2.清史 3.中華民國史
628   104020870

© 中國現代史

編 著 者	薛化元　李福鐘　潘光哲
發 行 人	劉振強
著作財產權人	三民書局股份有限公司
發 行 所	三民書局股份有限公司
	地址　臺北市復興北路386號
	電話　(02)25006600
	郵撥帳號　0009998-5
門 市 部	（復北店）臺北市復興北路386號
	（重南店）臺北市重慶南路一段61號
出版日期	初版一刷　1998年10月
	增訂五版一刷　2016年2月
	增訂五版二刷　2017年1月
編 號	S 620530

行政院新聞局登記證局版臺業字第○二○○號

有著作權‧不准侵害

ISBN　978-957-14-6085-7　（平裝）

http://www.sanmin.com.tw　三民網路書店

編寫要旨

一、本書乃參考中國近代史、現代史領域諸多前輩的研究，編纂而成。
　　因非學術性著作，且囿於篇幅，故正文中不一一註明出處，而於書
　　後參考書目中列明所參考的著作，以示不敢掠美之意。

二、有關臺灣史部分，則隅谷三喜男等、張勝彥等、黃昭堂、若林正丈、
　　吳密察、楊碧川等人的著作，是重要的參考書籍，特此說明。

三、本書初版第一、二、三章及第五章第一、二節由潘光哲執筆；第四
　　章、第五章第三節、第七章第二節、第八章第二節、第九章由李福
　　鐘執筆；第六章、第七章第一節、第八章第一節及第十章則由薛化
　　元執筆。四版以後的修訂，則由薛化元執筆。

四、有關本書的體例部分，原則上採中國紀元，附上西元紀元。唯為尊
　　重史實起見，凡外國史事原則上採西元紀元，日本領臺期間採西元
　　紀元，至於中共政權統治下的中國大陸，亦採西元紀元。

目次

編寫要旨

第一章　清季政局與革命運動

第一節　清季政局與社會變動

摘　要

　　中國自鴉片戰爭後面臨的變局，錯綜複雜。只接受過傳統教育，認識和視野只侷限在傳統範疇的最高統治者，不可能有充分的認識與應變能力。但是，他們卻掌握了做決策的最高權力，並唯權力鞏固是視，對引導國家發展產生了負面的限制作用。國勢危急，向以關懷國事為己任的知識分子挺身而出，呼籲維新改革，以救危局，康有為與梁啟超師徒即是 1890 年代維新改革力量的代表人物。光緒二十四年（1898 年；戊戌），清德宗光緒皇帝在康有為的建議下，做出了維新變法的決策。但因慈禧太后發動政變，致使史稱「戊戌變法」的改革行動並未成功。

　　西方帝國主義勢力的入侵，影響重大。如基督教的重行傳播，由於文化衝突，遭受某些中國人的杯葛，甚至引發「教案」，紛擾無已，義和團運動應運而起。義和團運動是中國民間反抗外國勢力入侵的行動，雖夾雜愚昧無知的成分，卻是中國民族主義情緒的先導。這一事件還嚴重衝擊清廷的政治權威，動搖政權的基礎。清廷迫於壓力，只好宣示改革，推行「新政」，後來更進一步宣示預備立憲。熱心於維新事業但反對採行革命手段的地方士紳，熱烈回應，這些熱心參與的人物通稱為立憲派。但因清廷推動的立憲措施不孚眾望，使得立憲派人士最後轉向支持革命，對中華民國的建立有重要的貢獻。

　　清廷的統治能力不斷的弱化，是其傾覆的重要因素，財政的崩潰即

是重要的表徵。為因應財政需求，清廷大借外債，搜括民財，無窮已時，因之引發諸如抗捐、搶米等行動，社會秩序動盪不存，清廷自然難逃傾覆的命運。

統治集團與清季政局

清末的政治權力運作仍維持傳統中國「皇權至上」的形式。漢人督撫自平定太平天國後，對政局逐漸有一定的影響力，但依舊受滿族皇權的節制。如袁世凱自光緒二十八年（1902 年）起擔任直隸總督等職後，權傾一時，至宣統皇帝溥儀即位，年甫三歲，其父載灃以攝政王名義監國，一紙諭令要袁世凱「開缺回籍養痾」，袁也只好倉皇離職（1909 年 1 月），等待東山再起的機會。因此，掌握皇帝權力的滿族統治者，個人處理政務的能力優劣，甚或脾性好惡，都會對當時的局勢產生一定的影響。

整體而論，清朝皇帝的素質相對整齊，比起中國歷史上其他朝代昏暴疏懶的皇帝，確實高明許多。不過，中國自鴉片戰爭後面臨的變局，錯綜複雜，對只接受過傳統教育，認識和視野不免只侷限在傳統範疇的皇帝而言，自然不可能有充分的認識與應變能力。像清文宗咸豐皇帝見到美國總統以平等相稱的國書，竟在國書上批道：「夜郎自大，不覺可笑」，完全不能理解外在世界局勢與中國的地位。又如清德宗光緒皇帝有心變法改革，也曾讀過一些介紹西方情勢的著作，但他生長於深宮婦人之手，深受傳統綱常倫理制約，不能拂逆撫育他長大的慈禧太后的意旨。因此，做歷史評價時，有必要考慮教養、成長環境對這些皇帝的限制。

不過，討論清季的統治者時，絕不能忽略無皇帝之名而有皇帝之實，權力絕大的慈禧太后。她在咸豐帝逝後，掌握權力四十七年（1861–1908 年）。前二十年，她與咸豐皇后慈安太后共視朝事（1861–1881 年）。而無論 1873 年到 1875 年元月，名義上由同治「親政」，或是以後名義上的光緒「親政」，她仍掌握實質權力。慈禧有相當高明的政治手腕，號令節制臣下左右，無敢逆鱗者，而且在一定程度上支持洋務運動的推展。但

溥儀與其父載灃

她現代知識不足，而且耽溺個人的享受，甚至挪用海軍軍費修築頤和園。由於資料缺乏，究竟挪用多少費用，很難論定，以 1888 年將四十五萬兩銀撥為頤和園之用為例，這筆錢約相當於那一年北洋艦隊七艘主力艦所有官員薪糧公費及練船修費的總額，可以想見其經費之龐大。整體言之，慈禧在晚清掌握的權力無與倫比，對當時政局的變化，自應負最大的責任。

光緒帝與慈禧太后相繼去世後，由光緒帝三歲的侄兒溥儀就帝位，權力掌握在以攝政王名義監國的父親載灃為首的一班滿洲權貴之手。然則，載灃卻是個缺乏政治經歷的決策者，滿洲權貴亦竭力排斥漢人，擁有政治軍事權力的袁世凱被罷黜，即是一例。及至清廷決行採「責任內閣」制，內閣成員中滿九漢四，皇族占多數（五人），被譏為「皇族內閣」，內閣總理慶親王奕劻貪瀆無能，聲名狼藉，餘則多為紈袴少年，輿論大譁，未及半年，清帝國即告瓦解。

清代末期的最高統治者，並不是能領導國家因應時代變局有所更張的領袖。他們的生長環境與教育，限制了他們的見識。但在傳統君主體制下，他們掌握了做決策的最高權力，並唯權力鞏固是視，對引導國家發展起了負面的限制作用。

維新改革力量的出現

　　清季的中國面臨著重重危局，向以關懷國事為己任的知識分子挺身而出，呼籲維新改革，挽救危局，掀起陣陣波濤。康有為與梁啟超師徒是十九世紀最後十年裡維新改革力量的代表人物。光緒二十一年（1895年）春、夏之際，康、梁師徒到北京參加會試時，傳來《馬關條約》即將簽訂的消息，士情激憤，他們策動參加會試的舉人一千三百餘人聯名上書清廷，要求拒和、遷都、變法。雖然，他們的上書並未能上呈給光緒帝，卻標誌著維新改革力量躍登舞臺的歷史意義。

　　此後，各式各樣的維新改革風潮漸次瀰漫。中國各地出現了「強學會」、「保國會」等等以保國救亡為宗旨的團體，也出現了《時務報》、《國聞報》等等倡言維新變法的報刊，都激起愛國有識之士的熱烈回響。同時，若干深體時勢趨向的地方督撫也開展具體的改革行動，最著名的是巡撫陳寶箴主政下的湖南。

　　變法的呼聲，也傳入深居重重宮闈裡的光緒皇帝耳中，終於做出了維新變法的決策，光緒二十四年（1898 年；戊戌）四月二十三日（6 月

康有為

梁啟超

11 日）下詔定國是。在此後史稱「戊戌變法」的一百零三天裡，發布了一系列除舊布新的詔旨，涉及經濟、軍事、文化和政治領域的改革。但是，這一系列的改革大都還只停留在紙上作業的階段，慈禧太后就在一群擔慮將因改革失去權勢的保守派官僚的支持下，發動政變，囚禁光緒帝，盡罷一切改革詔令，殺參與維新事業的六位士人：譚嗣同、楊深秀、康廣仁、林旭、劉光第、楊銳（史稱「戊戌六君子」），康有為、梁啟超逃亡海外，與變法事業有關的官員也受到懲罰，如陳寶箴即被罷黜湖南巡撫一職。新政、改革，被迫中止。

儘管這場被稱為「戊戌變法」的改革行動並未成功，卻播下了此後維新改革思想的種子，將在此後的歷史進程裡綻開怒放的花朵。

「教案」與中國社會

清季的中國除了必須因應西方帝國主義勢力的入侵外，也和傳統中國歷朝歷代末年一樣，政府的統治能力逐漸弱化，社會秩序動盪不安。前此的內部動亂，如太平天國、捻亂、回變等等，已經動搖了清朝的統治基礎。此後各式各樣的變亂，更使清季社會處於不穩定狀態。

清季中國社會的變亂，也受到西力入侵的直接影響，特別是基督教在中國的重行傳播，引發無數紛擾。依據相關的不平等條約，教士在華傳教，享有治外法權，不受中國政府管治。而受教士包庇的中國教徒，儼若高等國民，頗有藉此身分欺凌百姓之事，致釀事端，加上文化衝突的因素，反教言論及行動隨即而生，甚或形成「教案」，不但導致社會亂局，更成為外國勢力侵入的藉口，中國損失慘重。

據不完全統計，咸豐六年到光緒二十六年（1856–1900 年），中國各地發生反教事件至少五十四次，三分之一是直接因為教會建堂傳教及房地糾紛而引起，例如光緒十二年（1886 年）的重慶教案，即以英美傳教士在重慶險要地段強行占地而引致，反教風潮蔓延到川東各地。也有因中西民情有別而引發的教案，如同治九年（1870 年）的天津教案，即因幼兒走失，拐匪供云受天主教堂指使而產生。民教衝突既起，外國教士

與教徒往往盛氣凌人，更增反感。教案爆發，社會秩序為之動盪，但秩序的恢復往往以彈壓一般中國民眾為代價，民怨積累既久，終至引發打出「扶清滅洋」口號的義和團運動的爆發。

義和團運動及影響

義和團（又稱義和拳）的起源與組織，甚為複雜，大致說來，乃是咸、同年間，山東、直隸交界各州縣為保衛身家、防禦盜匪組成的鄉團，本與反教運動並無關聯。然當外國教會勢力在華愈形擴張，引發民怨，清政府在政策上往往寬容教民，是造成義和團的活動宗旨轉向的重要背景。

義和團的成員信奉各式民間神祇，自稱祈禱後神降附體，口誦咒語，金刀不入，槍砲不傷，揚言「興大清，滅洋教」，糾眾到處毀教堂，殺教士、教民。山東巡撫毓賢縱容他們的行動，引發西方各國公使抗議，毓賢去職，由袁世凱繼任。袁世凱大力彈壓義和團，迫使部眾向直隸發展。當時的直隸總督裕祿並未著意鎮壓，活動漸次擴大，毀火車、電線、教堂、殺「洋人」，秩序蕩然。西方各國乃未經許可，調動軍隊揚言保護使館、僑民。

慈禧太后本對義和團半信半疑，然對他們打出的「扶清滅洋」口號甚感興趣。因其有意廢光緒而受列強干涉，頗難釋懷，當義和團蔓延北京、天津一帶，竟傳出列強要求慈禧退隱，權歸光緒的言論，益增其怒。她曾遣軍機大臣剛毅等視察義和團情況，回報云義和團忠勇可靠，一班權貴多以各種因素，亦痛恨「洋人」，傾心於義和團。終而，光緒二十六年五月二十五日（1900 年 6 月 21 日）下詔與西方各國宣戰。但在前一天，清軍與義和團已開始圍攻北京使館區了。

清廷對外宣戰，招致了英、俄、德、法、美、日、奧、義八國共組聯軍，1900 年 8 月 14 日攻占北京，慈禧挈光緒狼狽西逃到西安，宣示要「扶清滅洋」的義和團眾被一掃而空。當義和團無力阻止英、美、德、俄、日、法、奧、義八國聯軍（事實上比利時等國亦有出兵）進逼北京

時，慈禧便知道戰爭已經失敗，因此電召李鴻章入京議和。但是，聯軍統帥瓦德西 (Alfred von Waldersee) 拒絕承認李鴻章和談代表的身分，縱兵大掠，在聯軍控制區域，人民的景況十分淒慘。

當時，德、俄兩國對中國領土野心勃勃，俄國且已實際控制了東北。英、美則保持《門戶開放宣言》的立場，大加反對，日本當時軍力不足以取得優勢地位，亦認為此時瓜分中國，對其不利。

由於列強立場不一，使得清廷之前向全世界宣戰之舉，不至於造成亡國之禍。英美等國基於商業利益等考量不欲中國遭到瓜分，希望以「門戶開放」政策❶作為解決此一事件的基本原則，乃不承認清廷宣戰的國際法效力，壓制對中國有領土野心的其他列強。勉強保住領土完整的大清帝國，則仍然被迫簽訂一般所謂的《辛丑和約》❷。不僅須償付連利息合計總數達九億八千二百萬兩的賠款（一般稱為「庚子賠款」❸），並准許外國在京、津一帶十二處駐兵，喪權辱國。

❶ 甲午戰後，清帝國國際地位下降，列強各自劃分在中國的勢力範圍，英國在中國商業利益最大，在各國勢力範圍內的商業利益也受到損害。1898 年美國與西班牙的戰爭結束，美國取得菲律賓以後，雖希望往中國大陸發展，卻受限於列強各自的勢力範圍，亟思改變，使英國希望打破各國勢力範圍的企圖，得到有利的國際情勢配合。因此，在英國支持下，1899 年美國國務卿海約翰 (J. Hay) 提出了積極推動打開各國勢力範圍的《門戶開放宣言》。

❷ 就英文文獻來看，所謂的《辛丑和約》並不是國際法上的條約，而是「議定書」(protocol)。從另一個角度來看，英美等國既不承認清廷宣戰的效力，在學理上，也沒有必要簽訂一個在國際法上結束戰爭的和約。而在結束二次大戰的《(舊) 金山和約》中，也明白使用 1901 年在北京簽訂的最後「議定書」。對清帝國內部而言，清廷向列國宣戰後，包括李鴻章、張之洞、劉坤一等各省督撫拒絕遵行宣戰詔書，推動「東南自保」，固然是脫離中央的反叛行為，也是質疑宣戰的效力。不承認清廷宣戰的效力，在某種意義上，也化解了此一清廷內部的忠誠危機。

❸ 庚子賠款由於高估列國商民在中國的損失，因此事後美國等國退回部分的賠款（庚款），並作為在中國推動新式教育的用途，清華大學的發展即與庚款的支持密切相關。

義和團運動作為民間反抗外國勢力入侵的行動，具有特殊的意義。它雖夾雜愚昧無知的成分，但呈顯出中國群眾間的強勁民氣，是中國民族主義情緒的先導。這一事件還嚴重衝擊清廷的政治權威，動搖政權的基礎。從另一個角度來看，清帝國的國際地位也隨之下滑，有列強甚至質疑中國文明古國的地位。

新政與預備立憲

義和團事變時，部分地方督撫視清廷向各國的宣戰令為「矯詔」，發起「東南互保」行動，與各國聯絡，表示將鎮壓義和團，要求各國不派兵進攻，「兩不侵犯」，先後參加的達十一省之多。這個行動，連帶著八國聯軍攻占北京，嚴重衝擊清廷的政治權威，慈禧太后的權力，搖搖欲墜。迫於壓力，不得不宣示改革，成立督辦政務處（光緒二十七年三月三日，1901 年 4 月 21 日），以總其責。地方督撫亦提出各式改革建議，其中最重要的是兩江總督劉坤一與湖廣總督張之洞聯名提出的〈江楚會奏變法三摺〉，提出了興學育才、改革吏治、司法、軍事的具體方案，得到慈禧太后的肯定，命督辦政務處「隨時設法舉辦」，成為指導此後推行「新政」的綱領性文件。

清廷推行「新政」的內容廣泛。政制方面，包括改革中央官制，改革司法體制；教育方面則廢科舉、興學堂；此外諸如編練新軍、制訂各種現代化意義的經濟法規等等，也陸續開展。不過，此時推行新政改革的內容已無法因應時代需要。以推翻清廷為主要宗旨之一的革命風潮已激起廣泛的迴響，而且，1905 年日俄戰爭的結果，日勝俄敗，不少論者即認為，由於日本採行立憲體制，「以專制與立憲，分兩國勝負」，遂能以東瀛小國而高唱勝利凱歌，鼓吹中國亦當立憲的言論，竟蔚為洪流。在新政難能總括全局、革命力量興起、日本憲政體制有成的喧譁眾聲之中，為維持統治地位的清廷，終於在光緒三十二年七月十三日（1906 年 9 月 1 日）頒布預備立憲詔，立憲運動就此開展。

熱心於維新事業但反對採行革命手段的地方士紳，熱烈回應清廷的

預備立憲決策，結成團體，以助推展。以擁有科舉考試狀元頭銜卻從事實業建設的張謇、進士出身的湯壽潛等人為首，在 1906 年 12 月成立了預備立憲公會，餘如湖南憲政公會、貴州憲政預備會等也陸續組成。長久以來在海外鼓吹立憲甚力的康、梁師徒也有動作，如梁啟超在東京組成政聞社，後將總社遷移到上海，積極活動。1909 年各省諮議局議員選舉（一半官派，一半民選），主張立憲的人士更得到發展與再結合的舞臺，紛紛出馬角逐諮議局議員。這些熱心參與立憲運動的人物通稱為立憲派。

立憲派成員的社會背景頗為一致。全國二十一個諮議局選出了一千六百四十三位議員，以十五省一千二百八十八位諮議局議員的出身背景進行分析，可以發現，這些立憲派人物的平均年齡約在四十三歲上下，大都是出身於舊科舉制度下的士紳階級，擁有進士、舉人、貢生功名者占七百人（比例達 54.35%），也有一百六十七人（比例為 10.16%）曾接受新式教育，二十一省六十三位正、副議長，擁有進士功名者多達三十二人（比例是 50.79%）。可以說，他們是當時中國社會的菁英分子。

清廷雖然推動了一連串的立憲措施，但 1908 年公布的〈憲法大綱〉中卻極度提高君主權力，而且詔示以九年時間推動立憲，不孚立憲派改革的期待。於是，由江蘇諮議局議長張謇召集，於 1909 年 12 月組成諮議局請願聯合會，要求縮短預備立憲的時間、速開國會，前後三次請願行動，均遭駁回。最後，清廷只宣示將預備立憲的時間縮短為六年，嚴詞勒令解散請願團體。而後清廷頒布內閣官制，採「責任內閣」制，卻組成了一個「皇族內閣」，益發不得人心。及至武昌起義，革命的槍聲響起，對清廷失望的立憲派人士，又因清廷堅持「鐵路國有」的政策，使投資鐵路建設的他們蒙受了經濟利益的損失，種種因素，使得他們做出了支持革命的抉擇。例如四川領導群眾反對清廷「鐵路國有」政策的諮議局議長蒲殿俊，即在革命後曾任四川獨立軍政府都督；許多省分的革命獨立運動得到立憲派人士的支持，大有進展，浙江獨立後由立憲派核心人物之一的湯壽潛出任都督，即為一例。張謇的轉變更具意義，武昌起義後，他還要求清廷解散「皇族內閣」，速開國會，未幾，他決意支持

袁世凱，聯合革命黨，要求清廷退位，前後一個月，他從力主開國會、要求成立責任內閣的（君主）立憲派，轉變為建立民主共和國的擁護者。中華民國建立，清帝退位，革命黨人當居首義之功，然則立憲派人士的響應與支持，也有重要的貢獻。

清廷傾覆的因素之一：財政崩潰

革命活動當然是造成清廷傾覆的重要因素，但是清廷自身的統治能力不斷的弱化，政權的社會基礎搖搖欲墜。

財政的崩潰是清廷統治能力弱化的重要表徵。為了因應內憂外患，軍事費用節節高升，宣統三年（1911 年）預算軍費合計達一億三千七百萬兩，占全部支出的 36%。必須償付給列強的賠款也帶給清廷財政的沉重壓力，《馬關條約》對日賠款（加上贖還遼東半島的費用）共計二億三千萬兩，「庚子賠款」不計利息即高達四億五千萬兩，各種教案賠款達一千八百萬兩，僅此三宗賠款總數即高達六億九千八百萬兩。清廷不可能立即付清，分期還本付息的結果，這三宗賠款總數竟高達十二億五千萬兩。為了處理內在變亂與外來侵略善後事宜、經辦新興事業（特別是興辦「新政」），官僚機構大增，重疊臃腫，行政費用也大幅增長，僅薪俸一項，每年多達一千多萬兩。純供滿足最高統治階層需求的宮廷皇室費用，也大量膨脹。慈禧太后掌權後，宮廷常年費用到光緒年間即增加數倍，如光緒娶后大婚，即耗資五百五十萬兩。這一方面資料有限，很難估算總數，但僅由光緒大婚費用、慈禧挪海軍軍費建頤和園等事例來看，即可想見其數目之龐大程度。清廷還大借外債以因應財政困局，甲午年（1894 年）以後外債數額大幅上升，自此年起至清朝滅亡的十七年間，清廷借外債一百一十二筆，計款十二餘億兩，超過這個時期政府財政全部收入（約二十億兩）的一半，但扣除庚子賠款借款與各種折扣，實收僅六億六千萬兩。

清廷財政收入的增長遠遠不及支出的膨脹速度，財政赤字逐年增長。光緒二十五年（1899 年）歲入為八千八百餘萬兩，支出為一億一百餘萬

兩，赤字達一千餘萬兩；庚子後，支出加大到一億三千四百餘萬兩，入不敷出數額增至三千萬兩以上。宣統三年預算，財政收入二億九千六百餘萬兩，支出為三億八千一百餘萬兩，赤字達八千四百萬餘兩。中央財政崩潰，地方亦同。宣統三年預算，支大於收在百萬兩以上的省分，即有貴州、江蘇等十省，湖北、四川兩省不敷數額更分別達五百三十九萬兩及七百七十四萬兩。清廷的財政陷入瀕臨全面崩潰的邊緣。

清廷傾覆的因素之二：社會秩序動盪

清季的財政需求大幅增加，大借外債以為因應之外，搜括民財，更無窮已時。民生因此日益困苦，事變頻生，社會動盪，政府威權日喪，走上瓦解之路。

各式的抗捐行動，即隨清廷籌募賠款及舉辦「新政」而起。像光緒三十二到三十三年（1906–1907 年），陝西扶風一帶群眾反對為修鐵路依畝另徵捐稅而包圍縣城，砸毀附近區域的稅局、官錢局等政府單位即為一例。據不完全統計，各地民眾抗捐抗稅行動逐漸增加，1905 年有九十餘次，1906 年增加到一百六十餘次，越年上升到一百九十餘次，從東北黑龍江到西南的廣東欽州，遍及全中國各省。

此外還爆發搶米風潮。由於區域災荒，人民為求生存，遂向地主大戶，乃至進城搶米的變亂。以情況最為劇烈的湖南為例，1910 年水災，米價上漲四倍，飢民請願減價平糶，未償所願，鬧鬧長沙，搶劫米店，甚至縱火燒巡撫衙門、稅局等政府單位，亦波及洋行等，瀕至革命階段。清廷傾大力鎮壓始略告平息。又如江西撫州搶米群眾逾萬，江蘇海州亦爆發二萬餘群眾搶焚麵粉廠之事。這些事例清楚顯示在飢餓線上掙扎的群眾為求生存而採取的行動。

抗捐、搶米等行動，不一定是有組織的行為，但都有反抗政治權威的意義，社會秩序亦因此紊亂不已。而爭回利權運動則顯示社會群眾的自主意識，也直接向清廷的統治權威提出挑戰。

由於不平等條約，加上清廷推動不力，致使中國礦產開採、鐵路興

建等利權盡為外人所掌控。庚子事變後，不少有識之士開始推展收回利權的運動，響應者眾。鐵路方面，首先收回粵漢鐵路（1905 年），改由商辦，此後各省紛設公司自辦鐵路，資金來源多由募集，不過距開辦所需頗有差距。礦產方面，如山西自設礦務公司，廢棄英國的辦礦合同（1908 年）等，都有一定成績。

　　領導爭回利權的主體是地方士紳，他們也投資於爭回的利權事業中。清廷在宣統三年宣示「鐵路國有」政策，規定民股的處理辦法並不符入股股東的希望，群起反對，發起保路運動，遭清廷嚴詞申斥，屢屢以「格殺勿論」之論恫嚇。各省紳民毫無所懼，尤以四川為烈，發動全省性的抗捐抗糧及罷市、罷課行動，後來更組成「保路同志軍」，以武力反抗清政府。這種抵制政府政策的行動，正是在前此反抗既成政治權威的種種行動中積蘊而成，成為推翻清廷政權的革命行動的先導。

　　統治階層的能力不足與腐化，社會秩序更因政府統治能力降低、橫徵暴斂、激起反抗而蕩然不存，政府財政瀕於崩潰，清廷自然難逃傾覆的命運。武昌起義的槍響聲，正為大清帝國唱起了安魂曲。

習　題

1. 試描述清季統治集團與政局變化的關聯。
2. 試討論清廷傾覆的因素。

第二節 革命運動的興起

摘 要

現代中國革命運動的興起，與孫中山密切相關。接受現代西方醫學教育的孫中山，早先也主張改革，曾經上書李鴻章，希望有所作為，李卻毫不理會，才轉向革命行動。中日甲午戰爭，中國慘敗，全國震動。孫中山赴檀香山，於 1894 年聯合華僑組織興中會，翌年至香港再建立興中會總機關部，確定誓詞為「驅除韃虜，恢復中華，創立合眾政府」，揭櫫民族主義與民權主義的革命宗旨，積極推展革命行動。

革命思潮在 1902、1903 年間迅速播散，特別是日本的留學生隊伍漸次擴大，聲勢最雄。他們組織團體，創辦刊物，倡言革命。中國內地組成的革命團體則更為重要，以華興會和光復會為代表。隨後，各種革命力量也聯結起來，成立中國同盟會，以「驅除韃虜，恢復中華，創立民國，平均地權」為誓詞，推動革命。

同盟會的理論指導綱領是孫中山創說的三民主義，主張民族、民權、民生三大主義「畢其功於一役」。機關報《民報》針對梁啟超主持的《新民叢報》發動論戰，使革命黨人得以充分闡述革命理論，頗有宣傳作用。同盟會的主要活動是發動革命起事，由同盟會本身策動的起事行動共有八次。不過，由於革命行動的參與者出身有別，觀點不一，內部衝突自所難免，致使同盟會的力量有所分化。

從參與成員、組織活動與理論訴求等方面來看，革命的發展與活動，皆是傳統中國未曾出現的，具有特殊的意義，中華民國因此應運而建。

革命的先驅：孫中山

現代中國革命運動的興起，與孫中山密切相關。和同一世代在成長階段大多接受中國傳統教育、不曾領略過異國風物的知識分子相較，孫

中山在 1879 年十四歲時就離開中國前往檀香山，接受現代西方的醫學教育，在西方世界有生活多年的經驗。孫中山早先也主張改革，曾經上書李鴻章（1894 年 6 月），希望有所作為，李卻毫不理會，孫中山才轉向革命行動。

中日甲午戰爭，中國慘敗，全國震動。孫中山赴檀香山，聯合華僑組織興中會（1894 年 11 月），以「驅除韃虜，恢復中華，創立合眾政府」為入會誓詞。當天出席成立會的華僑僅二十餘人，至翌年發動廣州起事前姓名可考的會眾亦僅一百九十七人，人數有限，卻標誌著革命力量的

青年時期的孫中山

興起。1895 年 2 月，孫中山至香港，與楊衢雲等組成的輔仁文社相結，建立興中會總機關部，確定誓詞為「驅除韃虜，恢復中華，創立合眾政府」，揭櫫民族主義與民權主義的革命宗旨，與滿清政權勢不兩立。興中會謀於當年 10 月下旬於廣州起事，事洩失敗，殉難者有設計青天白日旗為革命軍旗的陸皓東等人。

起義失敗，孫中山成為清廷緝捕的對象，1896 年 10 月，他被清廷派駐倫敦公使館的官員騙入使館，準備解送回中國。本來孫中山是清帝國的子民，清廷政府根據對國民的管轄權，可以依法通緝逮捕。但是，倫敦是英國的領土，英國政府對於他在英國的作為有管轄權。因此，中國公使館計誘孫中山的行為，有侵犯英國主權之處，加上孫氏雖被通緝，卻是政治犯的身份，在國際慣例中與一般罪犯不同，既經合法入境，則受到較佳的保護。

因此，當康德黎知道孫中山被誘捕後，聯絡英國外交部，與清帝國駐英公使館交涉時，英方便堅持依據國際法原理及尊重英國主權的原則，要求釋放孫中山。而清帝國駐英公使館面對英方的壓力，又欠缺法理支

持，最後終於放人。事後倫敦各報競載此事，孫中山亦於報刊撰文說明主張，中國革命漸為國際所知。孫中山在倫敦居留約九個月，頗致力於西方政治、經濟及社會的學理考察，建立後來被視為革命綱領的三民主義。

革命與維新勢力的合分

當孫中山集結同志，計畫以軍事行動推翻清朝政權的時候，康有為、梁啟超等維新派士人則選擇不同的政治路線，上書清廷，寄望透過改革清帝國的體制以挽救危局。慈禧太后發動戊戌政變，變法失敗，康有為、梁啟超亡命海外，與停留在日本的孫中山多所接觸。梁啟超在一時之間曾傾向革命，在日本橫濱辦《清議報》，頗多倡民權、鼓吹自由與攻擊慈禧太后之言論。然而，康有為始終無法接受推翻清廷的主張，成立了保救大清皇帝會（簡稱保皇會，1899 年）。梁啟超思想易變，孫中山曾介紹他到檀香山發展，不意梁抵該地後，宣稱保皇革命，名異實同，宗旨無別，竟使檀香山大部分興中會員轉投保皇黨。

當時不少人不能清楚分辨革命與保皇有何區別，與孫、康、梁均有交往的唐才常於 1900 年 8 月庚子事變之際在湘、鄂、皖發動的自立軍起事即為一例。他一方面以「勤王」為號召，卻「不承認滿洲政府有統治清國之權」，顯示其主張內在的矛盾。孫中山仍繼續推動革命，努力不輟，在同年 10 月發動惠州起義，亦未成功。但就在這一年起，保皇、革命勢力發生重大轉變。孫中山認為，此次失敗「有識之士，且多為扼腕歎息，恨其事之不成矣」。

革命組織群起

孫中山和其他中國革命的先驅，奮鬥不懈，革命思潮也逐漸蔓延，1902、1903 年間播散尤速。特別是日本的留學生隊伍漸次擴大，聲勢最雄，他們組織許多革命團體，如「廣東獨立協會」、「軍國民教育會」等，也創辦不少刊物，如《(湖南) 遊學譯編》、《浙江潮》、《湖北學生界》等，

黃興與華興會同志

倡言革命。留日學生陳天華撰《猛回頭》、《警世鐘》、鄒容撰《革命軍》，都是內容淺白、言詞激烈的作品，對於反滿革命的宣傳產生了很大的作用。在上海租界發行的《蘇報》刊載介紹、讚譽《革命軍》的文章，並發表章太炎（炳麟）提倡革命、攻擊清廷的言論，上海租界工部局應清廷要求，囚章太炎、鄒容，封禁《蘇報》，此即轟動一時的《蘇報》案，人心愈憤，排滿革命的言論愈形激昂。

在中國內地組成的革命團體更為重要，一為華興會，一為光復會，成立時間約在 1903 年冬至翌年冬。華興會由黃興、宋教仁、劉揆一等人在長沙組成，成員以兩湖人士居多，曾計畫於 1904 年 11 月起事，事機洩露失敗，黃、宋等人離境赴日。蔡元培、陶成章、龔寶銓等人則在上海組成光復會，重要成員有秋瑾、徐錫麟等，多為兩浙、蘇、皖等長江下游省分人士。其他革命團體，如湖北有科學補習所、日知會、群治學社等，江蘇有勵志學會、知恥學社等，亦先後組成。這些團體的成員或有重複，彼此亦偶互通聲氣，但各自活動，不相統屬，活動範圍有限。

各個革命團體的出現,顯示反清革命思潮廣布蔓延,甚至連蔡元培這種接受傳統教育、身為滿清政府翰林的士人也投身於革命行列,可想見於一斑。在中國同盟會組成前,中國各地與日本出現的各式革命團體互不相屬,自立宗旨,各有活動。正因為團體分立,力量分散,行動容易失敗,而在中國面對被列強瓜分的危機之後,聯結各種革命力量,組成團體的主張,逐漸浮現。

同盟會的組成

華興會成員在中國活動失敗後多數赴日,繼續推動革命事業,但「思想無系統,行動無組織」,革命情緒雖極為高昂,並無實際效果。孫中山奔走革命多年,聲名漸著,與其相善的日本革命人士宮崎寅藏撰《三十三年之夢》,介紹孫之革命歷史,章士釗以筆名黃中黃譯為《大革命家孫逸仙》,推許孫是「近今談革命者之初祖,實行革命之北辰」,名聲更著。

孫中山於 1905 年 7 月自歐抵日,大受在日革命黨人之歡迎,與各省人士多所晤談,華興會成員對孫中山省思革命活動「不相聯絡,各自號召」的缺點,認為總以互相聯絡為要的主張均頗有同感。經多次商議,決定共組革命組織,遂有中國同盟會之成立。8 月 20 日召開成立會,到會者三百人左右,定誓詞為「驅除韃虜,恢復中華,創立民國,平均地權」,通過會章,推孫中山為總理,黃興為執行部庶務。基本上,同盟會是興中會、華興會、光復會等革命團體重要成員合組而成,成立後,孫、黃二人此後共肩革命領導工作,孫長於理論、計畫及籌款,黃長於組織及實行工作,形成同盟會革命工作的二元領導。

參加同盟會的人數並無確切統計,就可查考的 1905 到 1906 年的九百六十四位同盟會會員分析,廣東一百六十一人,湖南一百五十八人,四川一百二十七人,湖北一百二十四人,其他各省在六十人以下,二十至三十歲之青年頗多(二百二十三人),約可了解其參與分子的一般情況,以青年知識分子為主幹。同盟會本部設於日本東京,在中國內地及海外各設有支部、分部,各有主持人。在中國各省的組織發展較難,即有動

作，易為清廷所偵測，如同盟會湖南分會會長禹之謨，領導湘鄉境內的抗議活動便為清廷逮捕絞死。在海外的組織比較穩固，革命經費籌募較易，南洋地區更有不少華僑參加各項起事活動。

同盟會的革命理論

在形式上，同盟會的主要理論指導綱領為三民主義，孫中山在同盟會主要機關報《民報》創刊號發表〈民報發刊詞〉，主張民族、民權、民生三大主義要「畢其功於一役」；1906 年制定《革命方略》，對革命之性質、綱領及程序有明確之規定，倡言「國民革命」為革命之性質，驅逐韃虜，恢復中華，建立民國，平均地權為革命綱領，以軍法之治、約法之治及憲法之治為建國程序。但是，同盟會的不少幹部，對革命主張的內容，則與孫中山不盡相同。

《民報》是同盟會主要的機關報，在東京出版，以宣傳「顛覆現今之惡劣政府」、「建設共和政體」、「土地國有」等為革命目標，概括民族、民權、民生三大主義之內容，也提出了對外之主張。《民報》創刊伊始，即針對梁啟超主持的《新民叢報》發動批判。梁啟超思想易變，但其言論啟沃一代知識分子，影響深遠。《清議報》停刊，他創辦《新民叢報》，以新民為旨，也一度鼓吹自由民權，冒險破壞。然而他在 1903 年夏思想言論再有轉變，不再倡言革命，且對革命主張批判不已，革命黨人也大力批判梁啟超的主張，雙方形成論戰，以《民報》、《新民叢報》為主戰場，前者以胡漢民、汪精衛、章太炎等為主筆，後者則主要由梁啟超一人隻筆應戰。雙方的論辯焦點是為挽救中國之危局，排滿、革命有無其必要；對於民權、民生問題，亦各有論辯。如《新民叢報》

章太炎

謂中國國民程度不夠，條件未備，不能行共和，《民報》駁之，以為在民主政府下自能養成國民行民主共和之能力；《民報》主張行土地國有，以解決社會問題，《新民叢報》以為中國應「以獎勵資本為第一義」，以免外國資本永遠充斥中國，中國人將永為牛馬。雙方各皆引經據典，針鋒相對，批駁不絕。《民報》人才濟濟，應戰者眾，《新民叢報》方面基本上僅梁啟超一人應戰，漸難招架，且梁本人在 1906 年後忙於立憲運動之實務，《新民叢報》於 1907 年 8 月停刊，論戰大致告終。這場論戰使革命黨人得以充分闡述革命理論，頗有宣傳作用。

同盟會的革命活動

發動革命起事為同盟會的主要活動，由同盟會本身所策動的革命起事行動共有八次：

1907 年　黃岡之役；惠州七女湖之役；欽州之役；鎮南關之役。
1908 年　欽、廉、上思之役；河口之役。
1910 年　廣州新軍之役。
1911 年　廣州三二九之役。

同盟會革命起事地點多擇西南邊境，因為這些區域為滿清統治力相對薄弱之地，事若不成，撤退亦較方便。由革命黨人自行發動之起事亦夥，聯計以上八次，共約有三十二次革命事件（包括暗殺八次），以 1907 年最多（十二次），區域以華南（十六次）及華中（十一次）為多。由同盟會主導的革命起事活動中，以 1911 年的廣州「三二九之役」❹犧牲最為慘烈。這場起事的失敗對於革命黨人造成很大的打擊，如黃興甚至一度痛心黨人之慘死，決意從事於個人暗殺復仇行動。

革命活動需要大量的經費，如 1911 年廣州「三二九之役」，依黃興等人提出的概略報告，支出約達港幣十七萬元。所需經費，除革命黨人自行出資外（如張繼對 1907 至 1908 年的六次革命起事活動，獨助五萬元），其餘來源，包括有三：㈠華僑捐輸；㈡發行革命公債；㈢外人資助。

❹　三二九指的是農曆三月二十九日。

然革命活動花費總數甚難估算，約略估之，孫中山領導的十次起事費用總數約為六十餘萬元（大多為港幣），可想見革命所需經費之龐大。

同盟會的分化

同盟會的成立象徵中國革命力量的結合，但是革命行動的參與者出身有別，觀點不一，不僅內部衝突不止，原有各個革命團體也未能真正統合。

觀點認知方面，孫中山以實現三民主義為革命目標，然其他革命黨人未必皆以之為然。如曾為《民報》總編輯的章太炎專倡排滿，認為「設共和政府，則不得已而為之也」；宋教仁以實現民主共和體制為理想，不重視民生主義。不少革命黨人也傾心於無政府主義 (Anarchism)，如劉師培等創《天義》，吳稚暉等創《新世紀》，理論依據更別趨異途。1907 年 4 月，革命黨人張伯祥、焦達峰、陳作新等人在東京成立共進會，誓詞將「平均地權」改為「平均人權」，可見革命黨人對革命的理論認知，並不一致。

革命黨人對革命的戰略問題也有不同見解。同盟會主導的起事地點多擇定邊境地區，即所謂「邊地革命」；田桐等人見邊區起事屢敗，乃倡言「中央革命」，擬至京畿一帶發動；宋教仁、居正、譚人鳳等更於 1911 年 7 月於上海成立同盟會中部總會，亦步共進會之後，將誓詞改為平均人權，並且擬定發動「長江革命」為戰略。

光復會於同盟會成立後依舊活動，與華興會成員加入同盟會後名號即告消失，大不相同。章太炎和孫中山在 1907 年為同盟會經費問題大起爭議，章從此即與同盟會（尤其是孫中山）對立。光復會成員徐錫麟更拒絕加入同盟會，與已加入同盟會但返浙領導光復會活動的革命女傑秋瑾聯合，自行起事（1907 年 7 月）。本即支持章太炎的陶成章，又因籌募革命經費事與孫中山發生衝突，1910 年 2 月於東京成立光復會總部，章任會長，陶成章為副；章、陶與同盟會成員相互攻訐不已，彼此仇怨糾纏，直至民國建立仍猶不休。孫中山為此曾一度試圖改同盟會為中華

革命黨（1910 年 2 月），可見其對同盟會內部衝突的不滿。

革命活動的新力量

革命活動需要結合各式各樣的力量，以反清為宗旨的傳統祕密會黨即是其中之一。孫中山在興中會時代即重視聯絡祕密會黨，他本人亦曾加入洪門組織（1903 年），歷次起事成員多是會黨中人。然同盟會成員以知識分子為骨幹，並不特別重視會黨中人及群眾抗爭行動，1907 年發動廣東欽州防城之役時，對當地農民反抗糖捐的行動置之不顧，即為一例。同盟會亦未設立與會黨人士聯絡的部門，致有共進會之組成，首任會長張伯祥即是川陝一帶的會黨領袖。

除了部份有聯絡的傳統祕密會黨之外，革命黨人更嘗試聯繫其他團體，發展革命力量，以對清廷新軍的工作最為顯著，其中以湖北地區最為深入。同盟會成立前，革命黨人即投身清廷編練的新軍中傳布革命思想，成立科學補習所（1904 年 6 月），宗旨標明研究科學，實則進行革命，後因興中會起事失敗被牽連而瓦解；後又假日知會之名進行活動，1906 年，因首領劉大雄被捕而中止。1908 年新軍革命黨人再組群治學社（1910 年改名振武學社），後因振武學社首領楊王鵬被開除軍籍，再改名文學社。共進會至兩湖發展活動，也與文學社取得聯繫，雙方結合起來，擬定起事計畫。1911 年 10 月 10 日的武昌起義，即是由文學社與共進會策劃發動的。

就整體革命事業而言，聯絡會黨參與革命，知識分子自覺地組成團體，投身革命，策動清廷新軍成員進行革命活動，更以具有現代意義的政治社會理念號召成員，作為行動綱領。而從參與成員、組織活動與理論訴求等方面來看，革命黨之發展與活動皆是傳統中國未曾出現的，具有特殊的意義。然而，由於革命行動需時長久，成員未必都能堅持貫徹革命意志，且成員眾多複雜，觀點、主張亦難能一致，所以革命團體內部頗有衝突，革命目標設定也不盡相同，這也影響了辛亥革命後的政局發展。

習　題

1. 試描述清季各種革命團體興起的情況。
2. 試敘述同盟會的組成、理論、革命活動與分化。

第二章 中華民國的誕生與民初政局

第一節 辛亥革命與民初政局

摘 要

1911 年 10 月 10 日爆發的武昌起義，由在清廷新軍中活動已久的共進會發動，此後，各省紛紛響應。大體言之，各省的革命起事行動都得到立憲派成員的贊助，甚至於由立憲派人士掌握革命政府的權力。武昌起義後，召開各省都督府代表聯合會，通過《中華民國臨時政府組織大綱》，作為國家根本大法之依據，選定孫中山為臨時大總統，黎元洪為副總統，隨後籌建臨時參議院，作為立法機構。

中華民國的建立，是中國政治傳統轉變的重大里程碑。民主共和體制向為中國所無，民國建立後，政黨群起，透過民主選舉程序產生的國會亦告成立，並有政黨政治的嘗試，結果雖然不盡理想，卻是前此數千年之中國未曾體會過的民主經驗。

袁世凱在武昌起義後復出政壇，利用革命局勢攫取政治權力，不但逼迫清帝退位，也取代孫中山出任臨時大總統。袁世凱獲舉為臨時大總統後，一意鞏固權力，無所不用其極。對外，不斷妥協，謀求列強承認與支持；對內，則權謀不斷，剷除異己，遣人暗殺國民黨代理理事長宋教仁。孫中山遂發動二次革命，企圖以武力倒袁，卻宣告失敗。袁世凱弭平二次革命後，解散國會，摧毀民主機制。此後更著手推動帝制，明令民國五年（1916 年）為中華帝國洪憲元年，預定是年元旦「登基」。革命黨與立憲派於是再度攜手反袁，終使帝制運動宣告收場，袁世凱亦

心神俱悴，一病而終。中國政局進入新的階段。

武昌起義

如前所述，共進會及文學社在兩湖地區經營多年，積蘊革命力量，「光復之基，即肇於此」（黃興語）。同盟會中部總會成立後，轉謀長江中下游區域的革命工作，終而促成了武昌起義一舉成功。

1911 年（宣統三年），清廷宣示「鐵路國有」政策後，引發反彈，各省保路風潮大起，四川尤烈。清廷派遣湖北新軍入川鎮壓，在新軍中活動已久的共進會首腦決議發動革命，擬訂於 1911 年 10 月 6 日（中秋）當天為起事日期。但事機洩露，於 10 月 10 日晚方始在武昌發動，迅即成功，第二天凌晨即占領武昌全城，12 日漢陽、漢口亦全都在革命軍掌握之中。由於事發突然，革命黨的重要領導幹部多不在武漢，11 日當天，革命軍方面強迫第二十一混成協統領黎元洪出任中華民國軍政府鄂軍都督，以安定軍心。黎元洪治軍嚴整，素有「知兵」、「愛兵」之譽，故為革命軍所擁戴。但他卻非革命的支持者，實迫於無奈，始就任此職。然則，在此之後，他竟成為「建國元勛」，在民初政壇有一定的地位，實為「時勢英雄」之範例。

各省響應革命

武昌起義後，各省紛紛響應，兩個月內，中國本部十八行省僅直隸、河南及甘肅未曾宣告獨立。

大體言之，各省起事過程中都得到立憲派成員的贊助，甚至於由立憲派人士掌握革命政府的權力。例如湖南，在知道武昌起義的消息後，革命黨人焦達峰、陳作新事先曾與立憲派人士討論發難辦法，但未取得共識，焦、陳等人已先行發難，並分別被舉為都督、副都督，諮議局議員即成立參議院，限制軍政府之權力。未久發生兵亂，焦、陳被殺，權力即由參議院長轉任都督的譚延闓掌握。亦有由原來清廷的地方行政首長宣告響應革命而告獨立的，如江蘇巡撫程德全在武昌事起後，還曾請

張謇代草〈奏請改組內閣宣布立憲疏〉，企圖藉此逼迫清廷加緊推動立憲，以免革命風潮擴大，及至見大勢已去，即宣布獨立，在巡撫衙門前掛上民國軍政府江蘇都督府的招牌，轉而成為革命政府的領導人。又如山東巡撫孫寶琦一度宣告與清廷斷絕一切關係，加入中華民國軍政府，十天之後卻又宣布取消獨立。這些景況，很可以說明，在辛亥革命的過程中，各省實際政治權力並不都由革命派所掌握，多少影響了此後局勢的發展，並不能依革命派之理想而推動。

黎元洪

中華民國臨時政府的成立

　　武昌起義後，各省紛紛響應，建立統一政權的活動迅即展開。各省代表在 11 月 15 日於上海首度集會，定名為各省都督府代表聯合會（簡稱各省代表會），推定伍廷芳為外交代表，並議定湖北軍政府為民國中央軍政府。各省代表旋在湖北方面要求之下，移往武漢，12 月 3 日通過《中華民國臨時政府組織大綱》，作為國家根本大法之依據。政府元首人選方面，亦決議袁世凱若「反正」，將舉之為大總統，並先擬舉黎元洪、黃興為正副大元帥。但黃不願就，一時之間形成僵局。至孫中山歸國，情勢即有變化。

　　武昌事起之際，孫中山正在美國募款，得知革命發生的消息後先赴英、法等國，希望爭取列強勿援助清廷，再返回中國。當時革命領導人未定，而多年來孫中山是革命運動之先驅，眾所公認，遂於 12 月 29 日獲選為臨時大總統，民國元年（1912 年）一月一日於南京就職，一月三日又選黎元洪為副總統。

　　臨時政府的實際政務由同盟會成員掌控，亦不斷努力推動清廷退位，也曾計畫北伐，並爭取列強承認，但皆一無所成。而袁世凱在得到孫中

山辭職自代的保證後，始加緊迫清帝遜位的動作，北伐之舉在兵餉均無可行的情況下徒為具文，列強更對承認一事毫無反應。臨時政府本身財政困難，各省極少解款中央，發行公債分文未得，海關關餘❶更受列強控制，對外借款亦困難重重。是以，臨時政府在困窘的財政基礎上很難運作。

不過，臨時政府還是儘可能的推動一系列的改革措施，包括嚴令剪除髮辮、禁女子纏足，革除清代官廳老爺、大人等稱呼，明令保障人權，不准買賣人口，採行新教育宗旨改革學制，禁止讀經課程等等涉及內政、社會、教育、財經等領域的改革。這些改革在一時之間雖難能貫徹執行，但清楚顯示臨時政府銳意求新求變的作為。

臨時政府成立後，即籌設臨時參議院，由各省推舉參議員三人組成，於一月二十八日召開正式大會。臨時參議院是臨時政府的立法機構，對民國成立後的立法建制做了大量工作。凡重要法制，由臨時政府法制局編訂後，呈臨時大總統諮請參議院議決，再諮復臨時大總統公布。依據這個立法程序，臨時政府先後通過公布了多項重要法案，以《中華民國臨時約法》最為重要。《臨時約法》附則中指出：憲法未施行前，本《約法》之效力與憲法等同，就其內容結構論，《臨時約法》大體上已具備近代國家憲法之規模。與前此《中華民國臨時政府組織大綱》相較，《臨時約法》新增總綱、民權條款及司法部門的專章規定，整體來看，可算是一部以西方三權分立為原則所制定的憲法。在政府體制上，則採取了不同於《臨時政府組織大綱》的總統制❷，採取內閣制，對臨時大總統的權力多所限制。主因即在於這部《臨時約法》是在清帝遜位，孫中山辭臨時大總統，薦袁世凱自代的情勢下完成的，用意在於防範袁專權擅為的可能。從《臨時政府組織大綱》到《臨時約法》的政府體制，制定者為執政者「量身裁衣」，對孫中山是擴張大總統的權限，對袁世凱則是緊

---

❶ 指海關收入扣除需償付之前條約賠款及借款（本息）後剩餘可動用的關稅稅款。

❷ 辛亥革命發生後，革命陣營對於政府體制的設計看法不一，原傾向內閣制，後因孫中山堅持，在其就任臨時大總統的次日，才確立為總統制。

縮大總統的權限，斧鑿之深，袁世凱豈會不知。更何況，袁世凱之獲任為中華民國臨時大總統，本即是在他利用武昌起義後的一連串變局，縱橫捭闔，大展權謀的結果，憑藉一紙《約法》，期望能產生約束他的作用，未免稍嫌天真。

北方革命的功敗垂成

武昌起義後，北方亦展開革命行動。10 月 29 日駐在直隸灤州的第二十鎮統制張紹曾，及駐兵奉天的第二混成協統領藍天蔚發動兵變，先要求清廷立憲、實施責任內閣制，繼而扣留軍火，力主停戰。並致電武昌軍政府，頗有聲援之意。

另一方面張紹曾與駐在保定的第六鎮統制吳祿貞密謀，合力進攻北京。而本為革命黨人的吳祿貞在武昌起義後，先是託辭不動，當山西響應革命後更與同為革命黨人的山西都督閻錫山協議合作，進而扣留清廷運往湖北的軍火，要求儘速停止戰事。由於吳祿貞所部距北京甚近，又截斷清軍南下之路，因此清廷便收買其手下，在石家莊將吳祿貞暗殺。

吳祿貞既死，所部遂告潰散，北方革命則功敗垂成。而由於北方革命未成，袁世凱也才有機會在清廷與革命軍的對抗中，以兩面手法謀取個人的政治利益。就此而言，北方革命的失敗雖未影響建立共和的大局，卻對民國初年政局的發展，有關鍵性的意義。

袁世凱奪權

清廷獲悉武昌起義的消息後，立即採取軍事鎮壓的對策，調動海陸大軍集中武漢。因為袁世凱在北洋新軍中的領袖地位，以及他對立憲派人士也有影響力，經內閣總理奕劻力薦，復出政壇。

袁世凱乘此良機，利用革命局勢攫取政治權力。首先，他下令對武漢發動猛烈攻擊，十一月一日攻占漢口，既向清廷證明只有他才能收拾局面，也向革命陣營顯示他的實力。清廷在同天解散以奕劻為首的皇族內閣，任命袁世凱為內閣總理大臣，袁則步步進逼，至逼退攝政王載灃

而猶未已。同時他又與革命軍暗中聯絡，因刺殺攝政王未果而被清廷逮捕的汪精衛此時亦獲釋，與袁的兒子袁克定相結，充當袁的說客。十一月三十日，各省代表會群集武漢時，有決議云如袁世凱「反正」，當公舉其為臨時大總統。袁即遣唐紹儀為代表南下議和，各省代表會亦以伍廷芳為總代表，雙方會於上海，商談多次，擬召開國民會議以決定政府體制。

然而，當各省代表公舉孫中山為臨時大總統後，袁世凱的政治期待落空，即打斷和議。由於孫中山領導的中華民國臨時政府，始終得不到西方列強的正式承認，而且財政匱乏已極，雖曾擬定北伐軍事計畫，卻始終未能出兵。甚至擔任南京臨時政府實業總長的張謇還去電袁世凱表示「非有可使宮廷遜位出居之聲勢，無以為公之助，去公之障」，顯示當時南京臨時政府內部存在著儘速要求清帝退位並願擁袁的氣氛。孫中山即是在這樣的局勢下表示：「如清帝實行退位，宣布共和，則臨時政府決不食言。」他將正式宣布辭大總統，薦袁自代。

袁世凱得到孫中山的保證後，即加大逼迫清室的動作。他向清廷表示，以現有兵力財力無法與革命軍再戰，建議清廷召集皇族議定應對方案。由清室中的部分成員組成的宗社黨，堅決反對退位，但宗社黨首領良弼為革命黨人彭家珍擲彈炸死後，皇室中無人再持異議。加上段祺瑞為首的湖北前線北洋軍將領四十六人也公開聯名電奏清廷要求「立定共和政體」，否則將率兵入京，直接以倒戈相向威脅。這等情勢，終於迫使清廷宣告退位，並在得到退位後享有之優待條件後，於民國元年二月十二日頒發退位詔書，宣告清朝的終結，也宣告了中國二千餘年的皇帝政治體制走入歷史。

臨時政府北遷

臨時政府設於南京，是各省代表會的決議。在和議過程中，孫中山頗為堅持臨時政府需設於南京的立場，主因在於他認為如此可使袁離開其權力根據地，擺脫北京列強使節團的特殊勢力，但袁世凱不願離開北

京，置身於在他看來相對屬於革命勢力的南京。孫中山乃遣特使北上，要求袁南下就任。

不意北京竟發生北洋精銳第三鎮的「兵變」，天津等地繼之而起，列強公使召集在華駐軍前來京、津地區。迎袁特使之一的蔡元培即云，兵變後列強頗為激昂，設如再發生，外人恐將自由行動，須速建統一政府於北京。經此，參議院遂同意袁在北京就職，並由袁將擬派任的國務總理及國務員名單電告參議院徵求同意，再由國務總理在南京接收臨時政府。袁世凱於三月十日宣誓就任，臨時政府北遷。

辛亥革命以武昌起義為起點，至袁世凱就任臨時大總統後，基本上告一段落，但是此後的政局發展並不盡理想。在短短四個月中，中國政治體制由君主政體一變而為民主共和國，但究其實際，民主共和體制的社會基礎仍未具足，由革命過程中，許多立憲派人士與舊官僚參與革命事業，乃至掌握政治權力，即可見其一斑。清帝遜位，亦主要是袁世凱施展權謀後的結果。革命黨人之力量有限，但從各省代表會早即決議袁若「反正」將舉為總統一事即可知之。

是以，辛亥革命之後的局勢發展，顯示了這是一場不夠徹底的，未能如孫中山所預期的，將三大主義畢其功於一役的革命。

民國初期的民主經驗

中華民國的建立，是中國政治傳統轉變的重大里程碑。民國初年，政黨群起，透過民主選舉程序產生的國會亦告成立，並有政黨政治的嘗試，結果雖然不盡理想，卻是前此數千年之中國未曾體會過的民主經驗。

據統計，自民國元年至二年（1912–1913 年）間新出現的，以黨或以會為名的政治組織至少有三百個，北京、上海二地即占半數以上。黨派雖多，然成員多為跨黨分子，如黃興名列十一個黨籍，黎元洪有九個黨籍，此多非本人意願而係掛名者，然可見組黨熱潮。若再具體析論，具有較完整的政治綱領的政黨不過三十餘個，且主張多雷同，例如，同盟會自祕密革命團體改組為公開政黨後，標舉「完成行政統一，促進地

方自治」之政綱，但此一主張與統一共和黨之「釐定行政區域，以期中央統一」、統一黨之「團結全國領土，釐正行政區域」的主張，實無絕對不同之差別。就現實影響而言，各黨屢經分合，以革命黨勢力為主改組而成的國民黨，以及由立憲派人士為主漸次形成的進步黨最重要。

　　政黨群起外，民主選舉亦為民主生活重要之內容，以國會選舉最為重要。當時國會分參議院（各省十名，蒙藏等地及華僑亦有定額）與眾議院（依人口多寡定名額），選舉活動分別在民國元年十二月起至二年一月陸續進行。參議員主要係間接選舉（各省省議會選出），僅眾議員為直接選舉，並有選民資格限制（財產及教育程度達規定之男性），故實際能投票之公民僅為四千二百萬餘人（占人口總數 10.5% 左右）。

　　國會選舉過程頗稱激烈，國民黨代理理事長宋教仁尤為投入，期望透過國會選舉的勝選，執掌政權。結果揭曉，國民黨在參、眾二院均占優勢，其他各黨乃在袁世凱授意，梁啟超之活動下，共組進步黨，擬與國民黨相抗。

　　國會在民國二年四月八日正式揭幕，旋即面臨著若干爭議問題，必須籌謀解決之方。首為發生於民國二年三月二十日的宋教仁被刺案，次為袁世凱擅自向外國銀行團借款（善後大借款），外蒙獨立問題亦起爭執。此時進步黨完全站在支持袁世凱的立場上，與國民黨相抗，國民黨籍之議員亦有不少為袁世凱收買，以致國會爭無寧日。

　　孫中山於民國二年發動二次革命，以武力倒袁的行動宣告失敗，國民黨與進步黨即擬制定憲法以遏止袁世凱。然而，在袁的多方鼓動及脅迫下，國會不得不先進行總統選舉，使袁世凱當選大總統後，始進行制定憲法的大業。但是，袁世凱竟以國民黨發動二次革命為由，取消黨籍國會議員資格，達四百三十餘人，超

宋教仁

過國會議員總數之半，國會因而停閉。袁繼以政府不能無諮詢機構為由，下令組織政治會議，並以政治會議決議為由，下令停止全體國會議員職務（民國三年一月十日），至此，中國的第一座民主政治舞臺即告瓦解。

袁世凱的統治

袁世凱獲舉為臨時大總統後，一意鞏固權力，無所不用其極。對外，他可以不斷妥協，謀求列強承認與支持，如蒙古與西藏分別宣告獨立，俄、英各為幕後策動者，袁世凱不能以強硬態度處理。他藉善後大借款來擴張軍備、鞏固權力，卻強化列強對中國的控制。對內，權謀不斷，如拉攏梁啟超以組成進步黨，同國民黨在國會中相抗；不能拉攏收買者，如宋教仁，則施以暗殺。袁世凱的所作所為，完全是傳統中國政治人物為追求、鞏固權力而採取各種不當手段的代表。

國民黨內部對於如何抗衡袁世凱，意見不一。至袁世凱下令免去國民黨籍的贛督李烈鈞、皖督柏文蔚、粵督胡漢民後，孫中山以宋教仁被刺係袁指使，證據確鑿，善後大借款未經國會同意等等理由，督促國民黨人起兵討袁，但黃興等頗不以為然，主張以法律途徑解決。經多次商議，始於民國二年七月正式舉兵。然步驟分歧，缺乏響應，也得不到舊立憲派的支持，袁世凱整軍已久，此回起事的失敗，自是意料中事，史稱「二次革命」。事敗後，孫、黃等遠走日本、南洋，擬謀圖再起。

袁世凱的帝制運動

袁世凱弭平「二次革命」後，著手摧毀民主機制。解散國會後仍動作不斷，先由其御用的政治會議通過《約法》以取代《臨時約法》，又立《大總統選舉法》，使自己不但成為終身總統，還可指定繼任總統人選。然袁世凱對此猶不滿足，更著手帝制運動，組織籌安會，又利用美、日學者，泡製中國不能採行共和之言論，繼而更偽造民意，各種團體「勸進」不已，即後由「國民代表大會」投票，一千九百九十三名代表一致贊成行君主立憲制，以袁為帝。經過一番「推讓」、「推戴」鬧劇，袁世

凱宣告接受帝制，明令民國五年（1916年）為中華帝國洪憲元年，預定是年元旦「登基」。

袁世凱推動帝制，與列強態度有關，日本方面從「二十一條」中獲得鉅大利益，更圖再有斬獲，態度曖昧；英國初表反對後得知日本似有贊成之意，乃表贊同；美國則主要持不干涉立場。大體言，列強之態度是以不傷害並可擴大自身利益為原則，至反袁行動群起，卻又逐漸採取了一致的反袁立場，日本政策的轉向尤其明顯。

帝制運動的收場，是革命黨與立憲派再度攜手下的產物，最具體的表現即是民國四年（1915年）十二月起於雲南的中華民國護國軍。護國軍由三方面的力量組成：以雲南將軍唐繼堯為首的雲貴軍人；與梁啟超有師生之誼的前雲南都督蔡鍔，梁從言論上反袁，蔡是軍事行動的首領；另一為勸說唐繼堯的革命黨人前贛督李烈鈞。護國軍起後各地響應，廣西將軍陸榮廷宣告獨立，粵、浙繼之，以居正為總司令的中華革命軍東北軍亦起於山東。護國軍起，袁世凱即未依計畫登基，至發現北洋軍舊部段祺瑞、馮國璋等不再支持，列強反對態度亦趨明顯，終在民國五年三月二十二日下令撤銷承認帝制。然袁世凱仍戀棧總統之位，護國軍集合各方反袁力量，組成護國軍軍務院，非要他下臺不可，各省要求袁辭職通電亦紛紛而起。袁世凱面對內外壓力，因尿毒症暴卒（民國五年六月六日）。中國政局進入新的階段。

蔡　鍔

習　題

1. 試描述袁世凱如何利用革命局勢攫取政治權力。
2. 試敘述中華民國建立初期，中國人經歷的民主經驗。

第二節　南北軍閥混戰

摘　要

袁世凱死後，以私人武力自重、爭奪權力為尚的軍閥，躍居中國政治舞臺。就實際影響觀察，現代中國的軍閥可以分成幾個層級：一種是控制中央政府的軍閥，如以段祺瑞為首的皖系，以曹錕為首的直系，以及張作霖主導的奉系。另一種是掌控數省以上的軍閥。最基本的形態是掌控某省地盤。不論軍閥的影響力層級如何，引致中國陷於分裂，政治、社會、經濟局勢極不穩定則一。軍閥能在現代中國史上存在十餘年，是社會、經濟和外來帝國主義勢力支持等因素造成的，相互為用，引發不同的影響層面。

袁世凱死後，副總統黎元洪繼位為總統，國務總理段祺瑞掌握實際權力，黎、段衝突時起。黎元洪與效忠清室的「復辟派」要角張勳相結，企圖抵制段的力量，卻讓張勳得以發動「復辟」。段祺瑞弭平「復辟」，以民國已因復辟而「亡」等理由，拒絕恢復國會。孫中山主張護法，決意另組政府，發動護法戰爭。

此後，南北軍閥為爭奪權力，陷入一片混戰。北方先後出現直皖戰爭與兩次的直奉戰爭，南方軍閥亦迭興戰事。孫中山以北伐為志，卻未能實現抱負而即逝世。繼承其志的國民黨人，日後發動北伐成功，軍閥時代，始告終結。

軍閥時代的概說

袁世凱死後，中國政局進入了新的階段，以私人武力自重、爭奪權力為尚的軍閥，躍居政治舞臺。就實際影響觀察，現代中國的軍閥可以分成幾個層級：一種是控制中央政府的軍閥，如民國五年到九年（1916–1920 年）間主要擔任總理的段祺瑞為皖系（段為皖人），清季在

北洋系統即與段氏齊名的馮國璋及民國十二年到十三年（1923–1924 年）憑藉賄選當選總統的曹錕為直系（馮、曹為直隸人），民國十六年到十七年（1927–1928年）掌控北京，自稱中華民國軍政府大元帥的奉系張作霖（其為奉天人）。自民國五年到十六年間，北京政府的元首更易八次，國務總理更易三十二次，政治人物上臺、下臺，猶如走馬燈，川流不息。另一種是掌控數省以上的軍閥，如以廣西為基地，向湘、粵發展的陸榮廷、自稱浙閩蘇皖贛五省聯軍總司令的孫傳芳。最基本的形態是掌控某省地盤，如山西的

段祺瑞

閻錫山。四川一度曾為七個軍閥分割，則是勢力最小的。但不論軍閥的影響力層級如何，引致中國陷於分裂，政治、社會、經濟局勢極不穩定則一。

軍閥混戰，戰火綿延，對中國帶來的傷害，難能勝數。軍閥時代的北京政府，軍費支出增長極快，以清末 1910 年的一億二百萬元計，民國七年（1918 年）為二億三百萬元，民國十四年（1925 年）為六億元，民國十六年達七億元。這個龐大的數字，還不包括北京政府的其他支出與地方政府的支出。軍閥頻興戰事，兵連禍結。民國九年的直皖之役，有六個省份慘受戰禍；民國十一年（1922 年）的第一次直奉戰爭，十省慘受戰禍，雙方傷亡三、四萬人；民國十三年的第二次直奉戰爭，多達十四省慘受戰禍，雙方傷亡亦共三、四萬人。

另一種統計顯示，自民國元年至民國十二年間，平均每年有七省處在戰爭中，自民國十三年至民國十九年間，平均每年有十四省處在戰爭中。即以四川省為例，自民國元年至國民政府已完成形式統一的民國二十二年（1933 年）間，省內竟共計發生了四百七十九次戰爭。戰火下的

中國人民生活，受到無窮的傷害，中國社會、經濟更受到無盡的破壞。

　　軍閥得以延續，很重要的原因在於兵源充足。由於農村經濟破產，人口過剩，成為軍閥招募軍力的泉源。依據 1920 年代一份針對山西太原的警衛旅士兵的調查，這批士兵幾乎都是三十歲以下的青年，年齡在二十到二十四歲者比例達 43.3%，其中 87.3% 來自務農或無職業的家庭，他們的收入每月在六元三角到九元間，但仍有 68% 的士兵會寄錢回去養家。軍隊成為失業遊民的去處。

　　至於軍閥領袖與下屬軍官，大都是不識之無的文盲。據統計，約有 87% 的團長級以上軍官出身農民或流民，文盲比例差不多也是 87%。另一份統計顯示，自 1911 年到 1928 年曾任團長以上的軍官一千三百人中，一百一十七人曾留學日本，二十九人是天津武備學堂的畢業生，六十一人畢業於保定軍校，二十人曾獲得舊功名，總計不超過 30% 的總人數曾經接受過正規教育，其餘多是文盲或半文盲。若干軍閥領袖更出身於下層社會，如張作霖即是土匪出身的。這些軍閥大都欠缺現代觀念，很難成為領導國家走向現代化的領袖。

　　掌控地盤則使軍閥得到可以持續下去的經濟生存空間，特別是向民眾榨取租稅，壟斷生產，發行通貨。例如土地稅方面，目前不能掌握全面的資料，但從個別省份大幅增長的情況來看，軍閥從徵收土地稅得到不少實際利益，江蘇的土地稅從民國十年（1921 年）的五十九萬元，至民國十二年增加到六十九萬元，即為一例。此外，徵收田賦也增加軍閥的收入。如四川的田賦，民國十三年約七百萬元，次年暴增至一千四百萬元。山東的田賦，如以 1902 年為一百計，民國十六年則暴增至四百六十八，都是顯著的例子。山西的閻錫山控制全省的麵粉、火柴、鹽等生產事業，大有收獲。軍閥更肆無忌憚地發行通貨，如民國十三年晚期，僅廣西一省就發行了紙幣五十億元，卻毫無發行準備；馮玉祥在民國十六年迫切需要軍費之際，自己買了四百銀元的紙，以石印用手工印了價值一百萬元的「軍用券」，讓軍隊用來購買商品與補給，但這種「軍用券」，卻只能在他控制的地區內流通。此外，販毒牟利，更屢見不鮮，據說西

南地區軍閥每年自「鴉片稅」得到的收入總數，往往超過一千萬元。至於以軍事行動進行勒索，更為常例，如湖南督軍張敬堯在潰敗前夕，猶勒索商人不已。這些形勢有利於軍閥的延續。

帝國主義列強的支持，也使軍閥勢力得以擴張，例如，日本支持段祺瑞，藉而牟取在華利益之擴展；蘇聯亦曾援助馮玉祥，使其不致潰敗。

總之，軍閥能在現代中國史上存在十餘年（1916–1928 年），自是社會、經濟及外在因素造成的，相互為用，引發不同的影響層面。

曇花一現的復辟鬧劇

袁世凱死後，副總統黎元洪繼位為總統，實際權力掌握在國務總理段祺瑞手中，黎、段衝突時起。段祺瑞主張參加第一次世界大戰，引起風波，黎元洪免除段的職務，政爭乃起。支持段祺瑞的各省督軍以武力威脅黎元洪，黎則引長江巡閱使兼安徽督軍張勳為助。

張勳是仍效忠清室的復辟派要角，部隊士兵仍留髮辮，號稱「辮子軍」。在黎、段之爭中，張勳進入北京，首先即迫使黎元洪解散國會，繼而發動復辟，推擁清廢帝溥儀重登帝位（民國六年〔1917 年〕七月一日）。復辟事起，黎元洪聞訊，逃入日本使館，電請

張　勳

副總統馮國璋代理總統一職，並重新任命段祺瑞為國務總理，發兵討張。復辟事起，各方聲討，段祺瑞宣誓「討逆」，張勳兵力薄弱，小戰即敗，溥儀再度退位，前後不及半個月。

護法戰爭

復辟事平，黎元洪宣告去職，副總統馮國璋繼任，段祺瑞復任總理。段祺瑞以民國已因復辟而「亡」等理由，拒絕恢復國會，而計畫推動新

國會的選舉，臨時參議院於民國六年十一月集會。孫中山於復辟一事尚未發動、國會被解散時，便主張護法，至此乃聯合西南地方軍閥唐繼堯等人，邀請國會議員南下廣州，並得海軍總司令程璧光響應，決意另組政府。由於南下國會議員僅百餘人，距離法定人數甚遠，因稱國會非常會議，另立中華民國軍政府，舉孫中山為大元帥，唐繼堯、陸榮廷分為元帥（民國六年九月），南北分立政府，兵戎相見，十月護法戰爭乃起。

第一次護法戰爭中，主張武力統一的段祺瑞雖派軍南下，但西南各省實力派軍人及各地護法勢力也採取武裝對抗，在主戰場湖南取得勝利。十一月直系將領紛紛通電主張停戰，段祺瑞被迫辭去國務總理一職。十二月，段祺瑞在徐樹錚協助下，策動包括直系曹錕在內的北方十省督軍，舉行督軍團會議反對恢復舊國會，向馮國璋施壓，馮則任命段祺瑞為參戰督辦。民國七年（1918 年）一月，馮國璋被迫下令向南方開戰，段祺瑞誘使直系的曹錕支持其武力統一路線，由吳佩孚率第三師兵進湖南。雖然戰事十分順利，陸續攻佔岳州、長沙、衡陽。但事後曹、吳在中央、地方權力分配上卻一無所得，心生不滿。而段祺瑞則在三月再任國務總理，直皖兩系紛爭不斷。

另一方面，南方護法政府迭有爭鬥，唐、陸等人並不支持孫中山，民國七年五月，軍政府改組，改大元帥為七總裁合議制，孫失去領導權，遠去上海，埋首著述。

南北軍閥混戰

北方的局勢大體由段祺瑞主控，新國會於民國七年八月成立，議員絕大多數為由皖系人物徐樹錚等組織之安福俱樂部成員，故稱安福國會。段祺瑞得到日本支持，一意以武力南向，與馮國璋頗有衝突，為緩和矛盾，二人同時去職。民國七年九月，安福國會選徐世昌為總統，段仍任參戰督辦。段雖不續任國務總理一職，轉任參戰督辦（後改邊防督辦），但於幕後操縱實權。馮去職後，返鄉經營實業，曹錕成為直系的實力派領袖❸。

　　徐世昌就任總統後，計畫解決南北二政府分裂的局面，在上海召開「南北議和會議」（民國八年〔1919 年〕二月），但並未成功。民國八年五四運動發生，段祺瑞主導下的政府受到各方抨擊。民國九年（1920 年）三月，吳佩孚得廣州軍政府六十萬元之助，率軍自湖南北返。加上張作霖因為皖系徐樹錚在內外蒙古擴張勢力，亦心生不滿，轉而聯合直系。七月十四日直、皖兩系正式開戰，三天後取得奉系支持的直系即已掌握戰局，段祺瑞失勢下野。

　　直皖戰後，吳佩孚力主召開國民大會，制定憲法，遭張作霖悍然反對未果。民國十年（1921 年）底張作霖推薦交通系的梁士詒組閣，引發吳佩孚不滿，批評梁氏親日賣國。次年一月，梁氏請假出京，二月孫中山開始北伐，則有配合張作霖等人行動之勢，奉軍也開始派軍增援關內。但廣州方面由於孫中山與陳炯明失和，北伐行動被迫中止，張作霖聯合皖系與直系抗衡的局面轉為不利。

　　直、奉雙方矛盾叢生，終至兵戎相見，第一次直奉戰爭爆發（民國十一年四月），奉軍敗退，撤回東北。

　　北方軍閥迭興戰事，南方亦同。孫中山收編粵軍二十營，由陳炯明統率，移駐粵東，於直皖戰爭時入廣州，孫中山即重返廣州，重建軍政府（民國九年十一月），再由國會非常會議舉為非常大總統（民國十年〔1921 年〕一月），擬揮軍北伐。陳炯明傾向聯省自治的主張（詳後），而不支持孫的軍事北伐，並以實際軍事行動反抗（民國十一年六月十六日），孫敗走上海，至民國十二年一月始聯合滇、桂等軍逐陳炯明，圖謀再起。

陳炯明

　　第一次直奉戰爭後，直系聲勢大振，以召集舊國會、恢復法統為號召，迫徐世昌下臺，另擁黎元洪復任（民國

❸ 民國九年馮國璋過世，曹錕成為直系領導人。

十一年六月），消除護法運動的正當性，而孫中山亦為陳炯明所逐，護法號召乃告結束。

　　曹錕早有總統之志，將及一年，即迫黎去職（民國十二年六月），賄賂國會議員（用費約一千三百五十六萬元），當選總統，十月十日就任。然直系內部暗潮叢生，吳佩孚獨斷專行，致使部屬馮玉祥、胡景翼等人漸次離心。民國十三年九月初，皖系浙督盧永祥控有上海，與直系蘇督齊燮元間矛盾叢生，戰爭爆發，盧敗走日本。第二次直奉戰爭亦於九月中旬開戰，奉系南下，直系諸軍反擊，不意馮玉祥倒戈，直撲北京，囚曹錕，吳佩孚敗走湖北，除長江流域的實力派軍人外，直系幾至完全崩解。

　　原先，孫中山與張作霖因反直系之故而結為同盟。自第二次直奉戰後，馮玉祥、張作霖共擁段祺瑞出山組織臨時政府，段任臨時執政，邀請孫中山北上共議國是。段等擬召開善後會議，孫則力主召開國民會議，意見並不一致，孫北上後未幾即逝（民國十四年三月十二日）。

　　善後會議於民國十四年二月至四月召開，卻無裨軍閥混戰之局的終止。先有直系孫傳芳於長江下游號召討奉，馮玉祥亦不堪奉系排擠而起，吳佩孚僅據有湖北一地卻自稱十四省討賊總司令，起兵反奉，一時之間，奉軍竟成公敵。然吳佩孚勢力大非昔比，孫傳芳據有蘇、皖後亦不再進逼，馮玉祥得蘇聯之助，擬置張作霖於死地，日本卻助奉軍一臂之力。至同年年底，吳佩孚經英、日勸解後，與張作霖和解，共同合作，以馮玉祥得蘇援，雙方聯合聲言討「赤」，馮部被迫於民國十五年（1926年）夏退綏遠，馮本人遠去蘇聯。

　　此時國民黨已發動北伐，吳佩孚南去，張作霖集結各派共同抵禦北伐軍，自稱中華民國軍政府大元帥。北伐軍勢如破竹，張作霖難能抵擋，於民國十七年五月三十日下令退兵，擬退守東北。六月四日，張作霖遭日本人設計炸毀其專列火車而身亡。孫傳芳、吳佩孚則早已兵敗下臺，分別逃匿租界渡其餘生。軍閥時代，乃告終結。

聯省自治

軍閥時代，中國兵連禍結，南北分裂，如何解決，有各種主張，其中以「聯省自治」運動最具代表性。自南北政府兵戎相見，湖南受禍尤烈，聯省自治運動在當地發展尤為蓬勃，而其他各省及政治人物、知識分子亦頗有鼓吹。

聯省自治的主張，主要在於以各省自立省憲，再由各省選派代表制定聯省憲法，以達統一。此一主張，於民國九年後達於高潮，湖南尤備。先由在同年六月第三度執掌湘政的譚延闓宣布自治，繼而譚去職，繼任者趙恆惕繼續推動，組織省憲起草委員會，以鼓吹聯省自治最力的李劍農任主席主持，經起草、審查、投票等程序，於民國十一年元旦公布。在此期間，趙曾出兵湖北，以援助鄂人自治名義協助鄂人驅逐湖北督軍王占元。然直系力量則趁此時擴展至鄂，吳佩孚攻湘，趙大敗，後雖經調停，然於此即可見，所謂聯省自治實係為割據各省之軍閥為維持割據局面，而方始擴大的一種主張。是以如浙、滇、黔、川等各省軍閥均曾響應，甚至第一次直奉戰後敗走東北的奉系張作霖，亦曾有此宣示。

湖南算是唯一具有自治形式之省份，但正如李劍農本人回顧其實況時，亦不得不長嘆省憲僅具形式，對於實際政治未曾產生任何良果。

民國初年的立憲工作

前述 1912 年袁世凱當選中華民國第一任大總統之前，參議院、眾議院即共同組織「憲法起草委員會」，7 月 19 日該委員會選擇以北京天壇祈年殿為會所。袁世凱就任正式大總統後，同年 10 月 31 日，委員會經過三讀通過了「中華民國憲法草案」，時人稱為「天壇憲法草案」（簡稱「天壇憲草」），也成為中華民國第一部正式的憲法草案。由於袁世凱不欲制憲，1913 年 11 月先取消與二次革命有關國民黨籍國會議員資格，次年 1 月 10 日更違法下令停止所有國會議員的職務，使得「天壇憲草」根本無法進行審議。

　　袁世凱死後，政局不穩，立憲工作幾無進展。1923年曹錕賄選總統之際，便「以制憲為詞，以重賄為餌」收編國會議員，其當選大總統後，國會旋即完成「中華民國憲法草案」（又稱「曹錕憲法」）的二讀、三讀程序，並於1923年10月10日曹錕就職大總統日公布。由於曹錕賄選的行為備受各方批判，使得這部憲法又被稱為「賄選憲法」，未得到反對派的承認。次年，第二次直奉戰爭中直系戰敗，曹錕被迫宣布辭職後，此一憲法亦被廢棄。

習　　題

1. 試描述軍閥能在現代中國史上存在的各種因素。
2. 試敘述軍閥對現代中國帶來的傷害。

第三節　民國初年的外交

摘　　要

　　辛亥革命爆發，西方列強以保護己身在中國的利益為原則，不願承認孫中山領導的臨時政府，反而支持袁世凱。袁世凱就任臨時大總統後，向英、美等六國銀行團進行借款（善後大借款），列強更藉此拓展了對中國的影響力。至袁世凱就任正式大總統後，列強才陸續承認中華民國政府。

　　民國成立後，在列強的策動下，中國西北、西南邊境屢屢釀生事端。外蒙與西藏即分別在俄國與英國的支持下，先後宣布獨立。屢經交涉，外蒙終而獲得獨立地位；西藏雖未宣告獨立，但事實上亦等於脫離中國。

　　日本是二十世紀時對中國造成最重傷害的國家。第一次世界大戰爆發，日本進犯山東，又向袁世凱政府提出「二十一條」。至大戰結束，各國於巴黎召開和會，西方列強答應德國前在山東一切利權，悉讓於日本。消息傳出，引發中國五四學生愛國運動，中國拒絕在對德和約中簽字。

山東問題遂成為中日兩國及世界列強間懸而未決的重大問題，美國因之出面，邀集有關國家召開華盛頓會議，訂立《九國公約》，大體解決了若干延宕多年的山東問題，《九國公約》亦是列強對華利益均勢下的某種保障。

辛亥革命後列強的反應

1911 年 10 月 10 日武昌起義後，軍政府即以同盟會《革命方略》的對外宣言為藍本，向各國駐漢口領事發出照會，聲稱「並無絲毫排外之性質」等項，並要求各國承認革命軍為交戰團體。10 月 17 日，漢口之英、俄、德、日、法五國領事行文軍政府，承認革命軍為交戰團體，各國將嚴守中立。但爾後英國輪船曾為清軍運送軍火給養，顯示列強並未嚴格遵守其「中立」的立場。

南京臨時政府成立，採取中華民國繼承清帝國的立場。孫中山發布〈告友邦書〉，願與各國人民平等交往，清政府所訂條約，繼續有效至期滿為止，清政府所借外債照舊償還，各國或個人所得權益依舊尊重，希望各國更篤交誼，待民國政府之成，並盼予以承認。然各國大都不予理會，反而支持袁世凱，例如，英國即曾在外交文書中表示「對袁世凱懷著極友好的感情和尊敬」。在這樣的局勢下，孫中山本來還曾主張要等到南京政府為各國承認方始辭職，但他的要求卻無法堅持。可見，辛亥革命後，列強的反應是以保護己身在中國利益為原則的，他們所支持的是能確保其利益的政府，而認為孫中山領導的南京政府並不具備這樣的條件。

袁世凱就任臨時大總統，為鞏固個人權位及維持政務運作，向英、法、德、美、俄、日六國銀行團進行借款，雖然不免略有問題（如美國退出），條件亦苛，但仍進行得相當順遂，民國二年（1913 年）四月成立（即善後大借款），即可顯示列強不願支持孫中山而支持袁世凱的態度，列強更藉此又拓展了對中國的影響力。袁就任正式大總統後，列強才陸續承認中華民國政府。

邊境之騷擾

中國西北、西南邊境向為列強侵略之對象，蒙、藏民族與漢族間的衝突尤為可利用的工具。於是，在列強的策動下，邊境屢屢釀生事端。

就蒙古言，俄早就有心染指，蒙族亦有心獨立，終至乘辛亥革命事起，外蒙即於 1911 年 11 月 30 日宣告獨立，並於 1912 年 11 月與俄簽訂《俄蒙協約》及《俄蒙商約》，條約內容已使蒙古在俄國的控制之下。條約公布後，中國政府提出抗議，輿論「征蒙」之論亦屢屢呈顯。袁世凱派使交涉，會談多次，延宕數年，至民國四年六月始簽訂《中俄蒙協約》，外蒙承認中國宗主權，俄國承認外蒙為中國領土，中國承認外蒙自治地位及俄人於《俄蒙協約》中所得一切權利。

俄國本身於 1917 年發生革命，情勢有變，對蒙古的影響力稍減。民國八年（1919 年），徐樹錚受命為西北籌邊使，進駐庫倫，強令外蒙撤消自治。然則，徐樹錚在民國九年（1920 年）回中國參與軍閥內戰戰敗後，俄國白軍即犯庫倫，1921 年 2 月陷城，外蒙活佛旋即再度宣告外蒙獨立。蘇聯紅軍於同年 7 月驅白軍，占庫倫，成立蒙古人民革命政府，仍奉活佛為元首。11 月，外蒙與蘇聯訂定友好條約，互相承認，並將為紅軍所占之唐努烏梁海另立為獨立國，改稱唐奴拓跋 (Tannu Tova)。1924 年活佛圓寂，外蒙改稱蒙古人民共和國，成為世界上第二個共產主義國家。

西藏為英國久欲染指之地。辛亥革命事起，駐藏清軍譁變，搶掠寺廟及藏民，漢藏衝突大起，達賴十三世即在英國支持下宣布獨立，進兵西康，勢脅川滇。民國元年四月，袁世凱命川滇軍進軍。英國則強力干預，抗議中國進軍，並要求不得干涉藏政，否則將不承認中華民國政府。袁被迫妥協，且以蒙事亦需處理，皆望商議解決。1913 年 1 月，蒙、藏訂立協約，互相承認為獨立國。同年 10 月，中、英、藏三方於印度西姆拉 (Simla) 召開會議，依英國代表之議，1914 年 4 月暫訂草約，分西藏為內外二部，青海南部及四川西部為內藏，其以南以西為外藏，劃為自治區，中國不在西藏駐兵、設官、殖民，僅可於拉薩派一大員、英國派

一商務委員，各置衛隊，達賴由中國授以封號。中國政府表示對此不能承認，然英、藏間則逕於 7 月簽約換文，是後藏軍屢屢東出，西康幾盡為所陷，事實上等於脫離中國。

對日交涉

日本為二十世紀時對中國造成最重傷害的國家。早在 1907、1910 及 1912 年，三度與俄簽訂密約，各自劃分在中國的利益範圍，東北、蒙古為主要區域。日本更屢屢利用中國內部問題，不斷擴張，所得尤多。如利用袁世凱與國民黨的鬥爭，在 1913 年 5 月與袁世凱訂立《滿鮮國境通商稅約》，使日本在南滿貿易居於絕對優越地位；又脅迫袁訂立《滿蒙鐵路借款預約辦法大綱》，盡占該區鐵路利權。

第一次世界大戰爆發，日本趁機奪取德國在東亞（尤其是中國）之權益，以對德宣戰之名，進犯久為德國勢力範圍的山東。日本對於中國政府的抗議與撤軍的要求均置之不理，利用大戰的機會，加緊對中國的侵略。民國四年（1915 年）一月十八日，日本駐華公使日置益向袁世凱提出「二十一條」：第一號為關於山東者，中國允許日本承繼德國在山東一切權利，山東省內及其沿海土地島嶼不得讓與或租與他國；煙臺或龍

「二十一條」簽字

口至膠州鐵路，由日本建造；開山東省內主要城市為商埠。第二號為關於南滿、東蒙者，中國承認日本在該地的優越地位；旅順、大連租借期及南滿、安奉兩鐵路管理期展至九十九年；日本得在南滿、東蒙享有土地租借權、所有權，為蓋造商工業房廠及耕作之用，自由居住往來，經營商工礦業；中國如允他國在南滿、東蒙建造鐵路或向他國借款建造鐵路，或將稅課作抵向他國貸款，或聘用政治、軍事、財政顧問、教習，皆須得日本同意，吉長鐵路歸日本管理。第三號為漢冶萍公司作為中日合辦，屬於該公司各礦的附近礦山，不准他人開採。第四號為中國沿海港灣、島嶼，概不讓與或租與他國。第五號為關於全部中國者，中國政府須聘用日人充政治、軍事、財政顧問；中國警察作為中日合辦，或聘用多數日人；中國所需軍械的半數以上，向日本採辦，或中日合辦軍械廠；中國允給內地所設醫院、寺院、學校以土地所有權；中國允由日本建造武昌至九江、南昌至杭州、南昌至潮州鐵路；日本對於福建籌辦鐵路、礦山、整頓海口（船廠在內），有優先投資權。

　　由於「二十一條」嚴重傷害中國的利益，袁世凱嘗試以各種方式來延宕日本的要求，例如將部分內容外洩，激起中國輿論的反對，亦且，日本的要求確也引起列強的不滿，一時之間似有轉圜餘地。日本旋即改變可能干涉其他國家利權的要求，如放棄在長江流域修築鐵路的要求，就讓英國改變態度。因而，袁世凱以個人進行帝制需獲日本支持，列強干涉之希望亦明顯落空等因素下，終於在五月九日提出覆文，除對第五號各項內容表示容日後協商外，其餘各號「即行允諾」。消息傳出，中國群情大譁，各式反日行動風湧而起。不過，袁世凱死後的歷屆北洋政府始終不承認，在各式和會上均要求改訂甚至廢除，從國際法觀點看，「二十一條」是日本強加於中國的要求，並未具備條約成立的要件，沒有條約的效力，從事實上言也未能執行。

　　但「二十一條」引起的現實效應是巨大的，袁世凱藉此更強化其推動帝制運動的心意，日本屢屢以「二十一條」為口實發動對中國擴大權益的行動，實為此後日本在中國勢力凌駕列強之上的起點。

從參加世界大戰到巴黎和會

袁世凱的帝制運動與列強無意積極
干涉有密切關係，至反袁行動有可能影響
彼等之利益，乃漸持反對。日本尤望在中
國內變之際攫取更多利益，除鼓動中國內
部各種反袁力量外，並聯絡列強表示反
對，帝制運動草草收場，與此亦甚有關係。

袁死後，北洋政府改換領導班子，段
祺瑞任國務總理，與梁啟超相結，在第一
次世界大戰戰局擴大、美國加入戰局的態
勢下，亦決意參戰。參戰問題引發中國國
內政局不安，溥儀復辟即因此而起，亦是
列強之間的角力，德國當然力圖阻止，美
國也曾三度反對，日本則擬假此強化對北

中國出席巴黎和會代表顧維鈞

京政府控制藉而牟利，英、法則支持日本以抵制美國。至段祺瑞弭平復
辟，日本加強了對他的支持。特別是孫中山以護法為名，發動護法戰爭，
段亦以武力相向，經日相寺內正毅之親信西原龍三為主要經手人，向日
本大量借款（通稱西原借款），自民國六年（1917 年）至民國七年（1918
年）所借日款約二億六千餘萬日圓，半數用以償還內外債，餘均用於對
南方發動戰爭。日本借款之用意在支持段統一中國，並得向長江流域擴
展利益。至段因軍閥內戰而下臺，仍不斷支持可任憑擺布的軍閥。

雖然，參戰問題引起了中國內部的動亂，中國仍然於民國六年八月
宣告參加世界大戰，但未派兵而係提供物資及勞工。大戰結束，1919 年
1 月於巴黎召開和會，中國既為參戰國乃遣代表出席。然會中對於中國
所提出之要求：收回山東利權及廢除「二十一條」等，並未獲所望。主
因在於段祺瑞早於民國七年與日本就山東利權條款換文，表示對日本承
繼並擴大德國在山東之利權「欣然同意」，日本對此堅持之至，甚至一度

以退出和會為要挾，英、美、法等國終為其所屈，答應於對德和約中明訂德國前在山東一切利權悉讓於日本。消息傳出，引發中國五四愛國運動，終使南北政府共組的中國代表團拒絕在對德和約中簽字。雖然，中國仍受屈辱，但拒絕簽字的動作，顯示民族主義情緒對中國自主外交的影響。更重要的是中國代表拒絕簽署對德和約（對奧和約則簽署），相關條款無法成立，使日本無法取得德國在山東利權的國際法依據，山東問題遂成為懸案。

華盛頓會議

　　第一次世界大戰期間，歐洲列強對中國影響漸小，日、美乘機崛起。自 1914 至 1918 年，歐洲列強對中國輸出普遍下降，日美則迅速上升。在中國輸入總額中，日本所占比例，由 20.7% 猛增至 38.9%；美國由 8.8%增加到 13%，雙方都力求加強對中國的壟斷地位。所以美國也曾對中國進行大量借款，如 1916 年北京政府即先後擬與美國資本家商借總數至少二千六百萬美元，日本自是竭力破壞。雙方即就此暫時妥協，由美國國務卿藍辛 (R. Lansing) 與日本特使石井菊次郎於 1917 年 11 月達成協議，「兩國政府對於中國政策的指導原則，達成了相互間的諒解」，顯然是兩個帝國主義國家對中國的分贓妥協。

　　至《巴黎和約》（《凡爾賽和約》）分別為中國政府及美國國會拒絕❹，山東問題成為中日兩國及世界列強間懸而未決的重大問題，尤以美、英二國對日本之擴張更感威脅。經美、英協議，由美國出面，邀集有關國家在華盛頓召開國際會議，討論列強軍備限制及太平洋遠東問題，以期約束日本，補救巴黎和會之不當。與會的國家有美、英、日、法、義、荷、比、葡及中國九國。

　　華盛頓會議於 1921 年 11 月 12 日揭幕，分限制軍備委員會（由英、美、日、法、義組成），太平洋與遠東委員會（九國組成）。中國對此次

❹　美國總統威爾遜雖簽署和約，但未獲國會通過，《巴黎和約》對美國即不產生條約的效力，美國也不是正式的簽約國。

會議甚表重視，希望藉此得稍制裁日本侵略，甚而廢除或修改不平等條約，除官方代表外，亦有民間代表，代表團人數超過一百三十人。會中，中國代表提出十項原則，經美國代表羅脫 (E. Root) 改併為四條，12 月 1 日通過，主要內容為尊重中國主權獨立及領土完整，保障各國在華商務、實業機會均等，各國不得利用中國現狀取得特別權利等。在某種意義上，是清末以來《門戶開放宣言》精神的延續。1922 年 2 月，訂立《九國公約》，允遵守以上四項原則內容。

中國其他要求並未圓滿解決，山東問題亦未於會中討論，另做會外商談，美、英兩國允從旁協助，終於在 1922 年 2 月達成協議，中國收回膠州灣，出資贖回膠濟鐵路，日本放棄建築濟順及高徐鐵路之權。但其他有關中日交涉，日本拒絕討論。

華盛頓會議解決了若干延宕多年的山東問題，《九國公約》亦大體為列強對華利益均勢下的某種保障。但中國內部問題重重，軍閥混戰曾無已時，列強對中國之特權依然如故，中國內部的反帝國主義、反軍閥的行動因之益趨蓬勃。

習　題

1. 試描述辛亥革命後列強的反應。
2. 試述日本在 1910 年代對中國的各種侵略行動。

第三章　中國的啟蒙運動：
五四新文化運動

第一節　五四新文化運動的背景

摘　要

　　一般習稱的五四運動，內容複雜而多樣。從宏觀的角度來看，可以將民國四年（1915 年）到民國十二年（1923 年）間的各種思想、文化、政治、經濟與社會的重大變革事件，都涵括在內；民國八年（1919 年）爆發的學生愛國運動（與後繼而起的相關事件），則稱之為「五四事件」。

　　中華民國建立後，局勢多艱。內部的環境難以符合知識分子的期望，外在帝國主義勢力對中國之政治、經濟壓迫，更未曾稍減，尤以日本之野心為甚，激起中國各階層人士的反抗。新生代知識分子就此躍登歷史舞臺，藉由報紙、期刊這些傳播媒體，宣傳新思潮、批評舊傳統，而以陳獨秀創辦的《新青年》為開路先鋒。《新青年》揭櫫擁護「德莫克拉西先生」（democracy，即民主）、「賽因斯先生」（science，即科學）的旗幟，鼓動風潮。新世代的知識青年也自行創辦各種引介思潮、討論問題的刊物，自寫自編，展現他們的關懷。

　　學校（尤其是大學）與社團也是傳播新思潮的重要媒介。學校方面，蔡元培擔任校長的北京大學是帶動新思潮勃興的最重要媒介。新世代知識青年更相互主動結合，組成各種社會團體，作為追求理想世界實踐的園地。宣傳新文化與新思潮報刊的出版，新學風的蘊積，知識青年社團的出現，都對新文化運動的推動產生了積極的作用。

五四新文化運動的定義

　　一般習稱的五四運動，內容複雜而多樣。從宏觀的角度來看，可以將民國四年（1915 年）到民國十二年（1923 年）間的各種思想、文化、政治、經濟與社會的重大變革事件，都涵括在內。舉凡因日本向中國提出「二十一條」後引起的反日民族主義思想，文學革命，引介新思潮，學生運動，工商界的罷市、罷工行動，以及知識分子的各種社會、政治活動，都可看做是五四運動整體歷程的基本面向。對五四運動的狹義解釋，則視之為學生愛國運動，主要的內容是由於第一次世界大戰結束後的巴黎和會，對日本要求繼承德國在山東的利權，完全讓步，激起中國人的普遍憤慨。民國八年（1919 年）五月四日在北京爆發了學生運動，學生出於愛國熱忱而發動的各種抗議、示威行動，旋即在中國各大都市蔓延，並得到社會各界的支持，工商界以罷市、罷工等行動響應，終於促使中國北京政府拒絕在對德和約上簽字。一般採取宏觀觀點的解釋，對五四運動的指稱，同時包含愛國運動和新文化運動，亦視之為現代中國的啟蒙運動，而對於民國八年的學生運動（與後繼而起的相關事件）則稱之為「五四事件」。

　　中華民國建立後，中國處境依然多艱，內部政局依舊不安，民主共和體制未能落實，帝國主義勢力仍持續侵入中國，頗令有心之士失望不已。他們嘗試就前此失敗之原由，痛加檢討，並謀出路，終而覺悟，認為過去的失敗原因在於僅有形式的工作，並未及於中國深層文化傳統結構的改造。於是即有新路向之開展，嘗試就清滌傳統的、保守的思惟觀念，建設時代所需、進步的思想觀念，掀起了波瀾壯闊的新文化運動，包括文學革命、引介新思潮、提倡各種政治、社會改革等等。一連串的行動與言論彼此關聯，相互影響。在運動開展的過程中，又以巴黎和會對中國利權做出不公平的處置，引發學生青年的抗議，進而席捲全國，社會各階層予以熱烈回應，迫使政府當局改變內政、外交政策。此後，新文化運動的發展越形蓬勃，然以同現實政治勢力漸次結合，竟致文化

思想改造的工作漸趨中止，轉向現實政治活動，捲起國民革命的浪潮。雖然，文化思想層面之工作未竟全功，運動期間，對中國傳統的激烈批判，也有負面的影響，但整個運動的影響力及於各個領域，為此後中國歷史進程的發展，另開新局。

　　整體而言，在五四運動舞臺上出現的人物繁多，透過他們的活動與言論形構而成的思想潮流也相當複雜。諸如民族主義、自由主義、個人主義、社會主義、馬克思主義、無政府主義、科學主義等等都是當時主要的思想潮流，「百家爭鳴」，這些思潮不但挖掘出文化、思想領域裡值得人們深思的諸般課題，也在現實生活中指導人們的人生態度、思惟模式與政治立場。這些思潮相互激盪爭輝，寫下中國現代史頁燦爛的篇章。

對中國內部問題的反省

　　中華民國誕生以來，在中國建立民主共和體制的理想，始終無法落實。先經袁世凱帝制運動破壞，繼而軍閥恣睢，以軍事實力強弱與戰爭勝負決定政權，其間還穿插著前清遜帝溥儀復位的鬧劇，政局動盪不安，較清季尤甚。這樣的局勢，刺激著新生代的知識分子深加反省。他們認為，由於民主共和體制缺乏社會基礎，國民未曾覺醒，以致政局紊亂如斯。如新文化運動的領袖人物之一的陳獨秀即強調，國民應該自覺居於主人的、主動的地位，才能實現「國民政治」，是以，陳獨秀呼籲國民自覺，自動地以國家主人的身分參與民主共和體制落實的行列。

　　另一方面，知識分子也對中國傳統的現代意義，進行了深刻的反省。當時不少知識分子認為中國傳統與現代生活幾不相容，是以，批判傳統思想與傳統形態的社會體制，不遺餘力。如陳獨秀以為，傳統中國思想與專制體制關係密切，特別是儒家的綱常名教，維護別貴賤尊卑的階級制度，與以獨立、平等、自由為原則之共和立憲政治絕不相容。又如魯迅（周樹人）以小說表達帝制傾覆，民國成立，卻不曾為廣大中國農民所與聞的觀點，也抨擊中國傳統為「吃人的禮教」。不論就政治層面抑或文化思想層面進行思考，倡言立說，率皆呈顯出這些知識分子對於中國

內部的環境不符期望的想法。

對外在局勢之反抗

帝國主義勢力對中國之政治、經濟壓迫，在民國成立後未曾稍減，尤以日本之野心為甚，民國四年提出「二十一條」，幾置中國於亡國之境。此後更日甚一日，不斷俟機擴大在中國之特殊利益。

日本人的行動，早就激起中國各階層人士的反抗。如民國四年五月時，漢口商民即曾因排斥日貨與日人發生衝突，各地排日風潮陸續興起。上海商界於同年四月組織「中華救國儲金團」，各地也出現了救國儲金團組織，皆顯示商界愛國抗日的情緒。在美的中國留學生也號召採實際行動抵抗日本。雖然，反日行動並未匯為持續不斷之洪流，但確實已為此後民族主義思潮及行動的勃興埋下種子。

伴隨中國國內反帝國主義思潮、行動而出現的，則是國際局勢及世界思潮的變化。美國總統威爾遜 (W. Wilson) 在第一次世界大戰期間揭櫫國際新秩序的理想，廢除祕密外交、主張民族自決等主張，都受到中國知識界的讚賞。第一次世界大戰結束，中國各界熱烈慶祝，全國學校放假三日，舉行慶祝勝利大會，旌旗滿街，鼓樂喧天，盛況空前，原因就是認為此後國際局勢將轉為對中國處境較為有利。不料列強於巴黎和會上對中國山東問題的處置，竟屈從日本的要求，將在對德和約中明訂日本承繼德國在山東享有之利權。消息傳來，不啻當頭一棒，冷水澆背，失望激憤，莫可名狀。既痛恨列強暴橫依舊，復以處理對日交涉之官員犧牲本國利權，更感憤怒，民族主義情緒達於極點，終藉由群眾行動宣洩表達，民國八年五月四日北京各大專學生集會示威遊行，則正是中國群眾表達愛國意志的起點。

新生代知識分子的出現

活躍在五四新文化運動舞臺上的是一批新生代的知識分子。和過去在戊戌維新與辛亥革命時代頭角崢嶸的知識分子相較，「五四」時代的知

識分子，大都誕生在十九世紀最後的二十年，他們的成長過程中曾受到前一世代知識分子（如康有為、梁啟超等人）的影響。不少人也曾投入風起雲湧的革命行列，如陳獨秀在辛亥革命期間即曾創辦岳王會，進行革命活動，魯迅與胡適也都曾在革命派的刊物上撰稿著文，宣揚理念。

這一批知識分子，都受過現代學術的訓練，陳獨秀與李大釗曾就學於日本早稻田大學，魯迅曾就讀於日本仙台醫學專校醫學科，胡適則在美國念完了從大學本科到取得博士學位的課程。他們在新文化運動時期大都登上了大學講壇，春風化雨，栽育了下一世代的知識分子。如傅斯年、顧頡剛等人都在北京大學修過胡適的課，胡適的學術觀點對他們的思想產生相當大的刺激；後來思想傾向於馬克思主義的李大釗，也影響了不少學生，如中國共產黨創始人之一張國燾就是在北京大學念書時受李大釗啟發，開始研究馬克思主義。這一群新世代知識分子在歷史舞臺上的活動，都產生各自不同的影響。

新文化運動的思想媒介：報刊風行

知識分子面對中國內外局勢之危急，反思很多，主要藉由報紙期刊這些傳播媒體表達出來。清季各式報刊，宣揚革命理念，已著有成效。新文化運動時期，宣傳新思潮、批評舊傳統的報刊，更陸續出現，蔚為大觀，以《新青年》為開路先鋒。

《新青年》是陳獨秀創辦的月刊，原名《青年》，第一號於民國四年九月在上海出版，第二卷起改稱《新青年》（民國五年〔1916 年〕九月），自第六卷第一號起成立編委會（民國七年〔1918 年〕一月），由陳獨秀、錢玄同、高一涵、胡適、李大釗、沈尹默輪流主編，成為知識分子齊一心力共同鼓吹新思潮的主要陣地。《新青年》創刊伊始，即宣稱要盡心灌輸「各國事情、學術思潮」，此後即成為宣揚「文學革命」、「思想解放」的論壇。《新青年》揭櫫擁護「德莫克拉西先生」（democracy，即民主），擁護「賽因斯先生」（science，即科學）的旗幟，以為只有「德先生」、「賽先生」才能救治中國政治上、道德上、學術上、思想上一切的黑暗。

陳獨秀

《新青年》

新文化運動時期的《新青年》很受歡迎，最高銷售份額達一萬五、六千份，是新世代的知識青年認識新思潮的重要憑藉。

新世代的知識青年也自行創辦各種引介思潮、討論各種問題的刊物，自寫自編，展現他們的關懷。如北京大學學生傅斯年、羅家倫等人共同創辦《新潮》；以北京中國大學學生王光祈、留日歸國學生曾琦等人為核心籌組而成的少年中國學會創辦了《少年中國》月刊；由郭沫若、郁達夫等留日學生為主成立的創造社則創辦《創造》等刊物。全中國各省的知識青年也陸續編印各種刊物，先後在言論市場上出現，頗受矚目，各有回響。保守估計，在「五四事件」爆發後半年裡，中國出現了約四百種新的白話報刊。

一般報刊也開始刊載各種引介新思潮與討論問題的文章。如在上海發行的《時事新報》，自民國七年三月四日起開闢〈學燈〉副刊，宗旨之一是要「促進教育、灌輸文化」，並表示願以之作為「社會學子立說之地」。當時的《晨報》、《民國日報》、《時事新報》、《京報》都闢有專門刊載這類文章的副刊，號稱「四大副刊」。

　　這些新報刊的出現，也影響了中國的出版界。在各種新思潮的激盪下，原先在中國出版界中有重大影響力的出版社，不但順勢推出各種引介新思潮的書籍，原先創辦已久的刊物也展開了改革工作。如當時在出版界中有相當地位的商務印書館，旗下之一的《婦女雜誌》出版多年，行銷全中國，但在新文化運動時期，該刊被批評是在提倡「賢妻良母主義」，與當時的「婦女解放」思想大相衝突。於是自七卷一期（民國十年〔1921 年〕）進行改革，編輯方針力求與時代思潮相呼應，大受歡迎，銷售數約達萬份。一般規模較小、以出版與新思潮相關的書刊為業務範圍的出版社，也陸續興起。

　　文化、出版事業蓬勃發展，吸引不少青年紛紛投入，不但為文化出版事業注入新血，知識分子也得到安身立命的職業。在傳統中國社會裡，知識分子的最主要出路是參加科舉考試，入仕為宦。新文化運動時代以後，投身文化、出版事業，成為中國知識分子人生道路的另一種選擇。知識分子或是擔任記者、編輯，或可成為以筆耕維生的職業作家。知識分子在中國社會裡扮演的角色，越形多元。

　　整體而言，新思潮的傳播與報刊、出版界的發展，相互為用。新思潮透過報刊與出版，更廣泛地傳播開來，孕育了一批批的新知識青年。響應新思潮，力圖革新的報刊與出版界也得到可以繼續發展事業的人才和資金。中國文化與社會的變遷，由此寫下了新的軌跡。

新文化運動的活動環境：學校與社團

　　除了新報刊作為傳布新思潮的媒介外，學校（尤其是大學）與社團也是重要的媒介。

　　學校方面，蔡元培擔任校長的北京大學是帶動新思潮勃興的最重要媒介。北京大學創立於「戊戌變法」時期，原稱京師大學堂，自民國五年十二月蔡元培受命主持北大校務後，開始進行改革，學風丕變。蔡元培主張大學為研究高深學問之機關，對各種學說，本思想自由原則，採兼容並收政策。蔡元培聘請教師，不問政治立場，但以學術為標準，如

劉師培曾支持袁世凱的帝制運動，因其
學術基礎深厚，仍被延攬到國文系任教。
教師思想多元，見解互異，學生由此得
到激盪琢磨，受益匪淺。在蔡元培領導
下的北大師資陣容中，既有標舉「文學
革命」的陳獨秀（擔任文科學長，即文
學院院長）以及甫自美國學成歸國的胡
適，而劉師培則對白話文運動深不以為
然，支持創辦批判白話文運動的《國故》。
蔡元培還鼓勵教師及學生組織宗旨不一
的各式社團，或以敦品進德為目標，或
以修業求知為鵠的，率皆對此後中國教

蔡元培

育學術的發展，樹立了楷模。其他各級學校亦頗有興革，孕育了新一代
的知識分子。

　　同時，新世代知識青年也相互主動結合，作為追求理想世界實踐的
園地。例如湖南出現了提出「革新學術，砥礪品行，改良人心風俗」宗
旨的新民學會（民國七年四月十七日成立）、以「介紹西洋近代思潮，批
評中國現代學術上、社會上各問題為職司」的新潮社在北京大學問世（民
國七年十一月十九日正式成立）、以「本科學的精神，為社會的活動，以
創造少年中國」為宗旨的少年中國學會於北京組成（民國八年七月一日
正式成立）等等，都是當時影響力很大的團體。這些社會團體，由新一
代知識青年主動組成，參與分子大多有同學關係（如新潮社成員為北大
學生，新民學會會員多為湖南第一師範學生），活動時間長短不一（如少
年中國學會至民國十四年〔1925 年〕年底始停止活動，是存在時間最長
久的社團），未必能積蘊深厚長久的社會影響力，但他們以志趣相結，論
學議事，進行思想文化宣傳，參與社會改造活動，是新一代知識分子躍
上歷史舞臺的重要表徵。

　　宣傳新文化、新思潮報刊的出版，新學風的蘊積，知識青年社團的

出現，都為新文化運動的推動產生了積極的作用。

習　題

1. 試從中國內部問題與外在局勢描述五四新文化運動的背景。
2. 試敘述五四新文化運動的思想媒介。

第二節　五四新文化運動的主要歷程

摘　要

　　文學革命揭開了五四新文化運動的序幕，以白話文學為主題，帶有強烈的精神改造、思想解放的意涵，以《新青年》為主要倡導園地，胡適則扮演了「首舉義旗之急先鋒」的角色。在具體的成就方面，以小說、新詩與散文等體裁留下了豐富的遺產。

　　引介各式西方思潮是新文化運動的重要內容之一，而以廣義的社會主義思潮造成最大的影響。美國哲學家杜威 (John Dewey)、英國哲學家羅素 (Bertrand Russell) 等西方思想家亦陸續來華講學，在中國知識界都造成一時轟動。

　　與引介新思潮同時，也出現以新思惟評判中國傳統文化的言論，居中國傳統主流地位的儒家思想與倫理觀點，更成眾矢之的。如被胡適譽為「打倒孔家店的老英雄」的北大教授吳虞，即說儒家「把中國弄成一個製造順民的大工廠」，他的言論曾引發熱烈的回響。批判傳統儒家「三綱五倫」禮教的言論，也甚為風行。一時之間，「打倒孔家店」、「打倒吃人的禮教」的言論，紛呈並現。

　　發生在民國八年（1919 年）五月四日的五四學生愛國運動，以北京為開端，先後波及於上海、南京等各大城市，並引發工人罷工、商人罷市的社會效應。終於迫使北京政府改變政策，諭令巴黎和會代表拒絕在對德和約簽字。參與運動的學生多受新思潮感染，經此之後更成為新文

化運動之生力軍，日後於不同領域內各有表現。亦且還產生了社會效應，鼓動其他階層人士益發關注國事，為此後歷史開展了新的契機。

文學革命的倡導與發展

清末以來，不少有識之士認為類似義和團的「抗洋」行動，是「無知愚民」招致的，於是紛紛投身於「開民智」的活動，企盼啟蒙凡夫百姓。與此同時，即出現各式的白話文報刊。經過這一段時期的積蘊，以白話文學為主題的「文學革命」主張，以《新青年》為主要倡導園地，揭開了此後新文化運動的序幕。為什麼要提倡文學革命？首先標舉這個口號的陳獨秀即表示，中國雖已歷經政治革命，但黑暗未嘗稍減，主因在於「盤踞吾人精神界根深蒂固之倫理、道德、文學、藝術諸端，莫不黑幕層張，垢污深積」，所以「今欲革新政治，勢不得不革新盤踞於運用此政治者精神界之文學」。也就是說，文學革命帶有強烈的精神改造、思想解放的意涵。

文學革命的理論，以「首舉義旗之急先鋒」的胡適，於民國六年（1917年）在《新青年》發表〈文學改革芻議〉後，漸有發展，論議迭出。如以寫散文知名的周作人，發表〈人的文學〉，主張以「人道主義為本，對於人生諸問題，加以記錄研究」；又如由茅盾、鄭振鐸等作家組成了文學研究會，主張文學是「人生的鏡子」，是「人生的自然的呼聲」；而如創造社則反對把文學、藝術當成工具，呈顯出文學史上浪漫主義思潮的觀點。文學革命的提倡者或響應者，理論觀點不盡一致，卻都顯示了新思潮趨向的涵義。

具體的成就方面，則以小說、新詩與散文等體裁留下了豐富的遺產。

魯迅的小說《阿Q正傳》，以農村流浪漢為主角，深刻地體現了中國農民的精神狀態，他的《狂人日記》則更企圖暴露傳統中國家族制度與禮教的弊害；郁達夫的小說《沉淪》抒寫了青年知識分子面對人生諸問題的苦悶心境，各自產生了不同的回響。

新詩方面，胡適的《嘗試集》是最早出版的個人詩集，頗受矚目；

胡　適

後如郭沫若的〈女神〉，充分反映了當時力求突破時代的「狂飆精神」；俞平伯、康白情、徐志摩等人的詩作也很受讀者歡迎。散文方面則呈顯出多種風格，魯迅以短小精悍的雜文抨斥時弊，周作人以淡雅清逸的筆調寫作小品文，朱自清則採譬喻比擬手法描寫景致。徐志摩、許地山等人的散文也各有特色。

女作家的出現，更值得重視。她們不再是傳統閨秀文學式的作家，而以女性的敏感對各種問題抒感寫懷，如冰心的散文集《寄小讀者》，陳衡哲的小說《小雨點》，都引起熱烈的反應。

引介新思潮

文學革命的發展過程中，即曾引介西方的文學理論與創作，這種向外引取借鏡的作法，是新文化運動的重要內容。各式西方思潮陸續地在這個階段中引介到中國來，各有不同的影響。胡適指出，當時各種期刊報紙引介的西方思潮，內容繁多，如《新青年》曾推出「易卜生號」、「馬克思號」，《新教育》出版「杜威號」，《建設》曾闡釋「全民政治」的學理。可見當時引介傳布思潮內容之廣泛。

同時並邀請西方思想家來華講學。首先是美國哲學家杜威 (John Dewey) 於民國八年（1919 年）五月抵華，至十年（1921 年）七月始離，先後在十一省講學或演講，內容以關於教育、哲學及政治思想為主。他來華的演講紀錄彙集為《杜威五大演講》，在他離開中國前，就再版十次，可見其受歡迎的程度。其次是英國哲學家羅素 (Bertrand Russell) 於民國九年（1920 年）十月來華，停留近十個月，他在上海、長沙等地發表了十八場演講，主題廣泛，涉及哲學、社會乃至共產主義問題等。此後又

曾有德國哲學家杜里舒 (H. Driesch) 等人來華講學。這些西方思想家來華講學的文稿，陸續譯成中文在各報刊發布，也有不少介紹他們思想的文章，在中國知識界都造成一時轟動。

這個階段中被引介進入中國思想界，造成最大影響力的西方思潮，是廣義的社會主義思潮。社會主義思想內容龐雜，此際的中國知識界，各有信仰者。北大學生黃凌霜等組成實社，奉無政府主義為宗。張東蓀則竭力宣傳基爾特社會主義 (guild socialism)。陳獨秀、李大釗等人歷經思想轉向，成為馬克思主義的信仰者，並扮演了中國共產黨早期領袖的角色，也是這個階段的事。

總觀新文化運動時期對各式新思潮的引介雖然繁多，但既無系統，對各式思潮的內容，也缺乏全面而真確的理解，即令曾呈顯出百家爭鳴的思想自由氣氛，然以基礎未固，在愛國運動的風潮下，啟蒙的理想也在救亡的主流訴求下，難竟成功。

批判中國傳統

與引介新思潮同時，也出現以新思惟評判中國傳統文化的言論。在當時的知識分子看來，傳統文化的各個面相都妨礙了中國的進步與發展，不但該被批判，還得打倒，即如胡適與陳獨秀所論：「舊文學、舊政治、舊倫理，本是一家眷屬，固不得去此而取彼」。居中國傳統主流地位的儒家思想與倫理觀點，更成眾矢之的，抨擊尤為猛烈。

如被胡適譽為「打倒孔家店的老英雄」的北大教授吳虞，即說：「儒教不革命，儒學不轉輪，吾國遂無新思想、新學術，何以造新國民？」他又有儒家「把中國弄成一個製造順民的大工廠」這樣的言論，引起熱烈的回響。批判傳統儒家「三綱五倫」禮教的言論，也甚為風行，如吳虞、魯迅都曾有「非孝」之論，不認為孝道是倫理的根本；對於女子「三從」之說亦大加抨擊，倡言婦女解放，求取獨立自主之人格。整體來說，儒家思想及倫理觀點，皆受到激烈的批判，一時之間，「打倒孔家店」、「打倒吃人的禮教」的言論紛呈並現。

　　中國歷史文化的其他面向，一樣普受訾議與評判。如吳稚暉認為要
把孔、孟、老、墨之書，「丟到毛廁裡三十年」，魯迅主張不要再讀「線
裝書」，皆顯示他們鄙夷傳統文化遺產的態度。胡適雖有「整理國故」的
主張，但卻表示「整理國故」是在「捉妖」、「打鬼」。在歷史研究領域中
也出現以顧頡剛為代表人物的「古史辨」學派，說「中國古史全是一篇
糊塗帳」，是「二千餘年來隨口編造」的產物，對傳統的「三皇」、「五帝」
等等歷史觀念，帶來很大的衝擊。

　　整體而言，這個階段對於中國傳統的批判，多流於意氣，浮誇鹵莽
之處所在多有，是以固然滌清不少傳統陳腐之處，卻難以開啟文化思想
改造工作的新契機，甚而在 1930 年代有「全盤西化論」的出現，在在顯
示現代中國思想意識改造工作仍有可為。

教育的改革

　　在五四新文化運動期間，改革教育體制也是眾所關懷的課題之一。
民國八年一月，蔡元培、陶行知、黃炎培等人共同參與組成了中華教育
共進社，對促成教育改革有很大的貢獻。對於學制系統改革的主張，也
在民國十一年（1922 年）落實，由民間團體全國教育聯合會提出的學制
系統草案，經北京政府略加變動即予頒行，史稱「壬戌學制」。壬戌學制
標榜「適應社會進化之需要」、「發揮平民教育精神」、「謀個性之發展」
等七項標準，都是與五四新文化運動基本精神相呼應的主張。民國十七
年（1928 年）國民政府完成北伐後，基本上繼續沿用壬戌學制。不過，
壬戌學制的規定大致以當時美式的學制系統為借鑒，具有比較濃厚的美
國色彩，是較為人所詬病的缺失。

　　在當時的教育改革行動中，大學生也熱烈參與。例如北大學生鄧中
夏等人在民國八年發起了北京大學平民教育演講團，「以教育普及與平等
為目的，以露天演講為方法」，「以增進平民知識，喚起平民之自覺心為
宗旨」，在北京街頭或農村展開演講。這種行動，清楚顯示了新生代的知
識分子參與社會活動的熱情與理想。

五四學生愛國運動

　　民國八年五月四日，北京大學等十三所大專學校三千餘名學生，持「還我青島」、「保我主權」等標語，高呼「收回山東權利」、「拒絕巴黎和會簽字」等口號，在北京街頭展開遊行示威，現代中國史上最具象徵意義的五四學生愛國運動於焉開展。這場學生運動以北京為開端，先後波及於上海、南京等各大城市，並引發工人罷工、商人罷市的社會效應，終於迫使北京政府屈服，更鼓動了新世代知識分子。

　　五月四日當天，示威學生先赴北京使館區抗議，再赴負責與日交涉之交通總長曹汝霖宅聲討，群情激憤，搗毀曹宅，房屋起火，參與學生三十二人被捕。翌日，為聲援被捕學生，實行罷課；六日，北京中等以上學校學生聯合會成立，成為學生議事組織。北京政府以蠻橫態度因應，風潮漸次擴大，如蔡元培被迫辭去北大校長，政府明令禁止學生再度集會，亦不接受學生要求懲治對日交涉之曹汝霖、駐日公使章宗祥等人，益激學生憤慨。五月十九日，學生再行罷課，日本公使向北京政府提出禁制學生運動之要求，日本軍艦更群集天津、上海等地，消息傳出，如火上加油。學生成立演講團向百姓宣講的行動，也被軍警驅散，政府並限令學生返校上課，嚴格取締學生活動。學生並不畏懼，仍集會、宣講不輟，六月三日、四日，政府大舉逮捕學生，總數達千餘人。如是更激起其他社會階層之響應，五日，上海首先罷市、罷工，各地陸續繼之而起，終迫使北京當局釋放學生，並於十日宣告免曹、章等人之職。學生又成立全國性組織，於六月十六日在上海成立全國學生聯合會，以政府仍未允諾不在《巴黎和約》簽字，繼續罷課。至二十八日，巴黎和會代表拒絕在對德和約簽字，並聲明保留中國政府對德約最後之權。至此，事態漸息，七月二十二日，全國學生聯合會宣言結束罷課，學生得到最後勝利，運動至此告一段落。

　　這場運動是現代史上學生首度以群眾力量迫使政府改變政策而產生作用的運動，影響至為深遠。參與之學生多受新思潮感染，經此之後更

北京學生示威行列

成為新文化運動之生力軍，日後於不同領域內各有表現。亦且還產生了社會效應，鼓動其他階層人士益發關注國事，為此後歷史開展了新的契機。

捲入現實政治

經五四學生愛國運動之勝利，新思潮之傳布，固然益形蓬勃，但也致使各式反軍閥、反帝國主義運動得此鼓舞而陸續出現。如山東於民國八年七月即發生學生發動罷市，阻止運糧給日軍的行動，以致濟南戒嚴，軍警逮捕學生，至翌年仍未停止。民國九年，直隸學生干涉商店販賣日貨而被捕，警方並封禁學生組織；湖南方面，亦在同年十二月發生學生排斥日貨為軍隊鎮壓，長沙學生聯合會因此發動驅逐湘督張敬堯的行動。凡此，皆顯示參與運動的學生希望在現實中能有所作為。

新文化運動的某些領導者也不滿於現實政治，在思想領域進行工作之外，並開始發表政論，批評時局，某些人更逐漸決心投身於實際政治活動。陳獨秀在民國八年六月散布打倒軍閥政府的傳單，被捕入獄；胡

適也曾與北大教授同仁等在民國九年八月發表〈爭自由的宣言〉，表示：
「我們本不願意談實際的政治，但是實際的政治，卻沒有一時一刻不來
妨害我們」，宣言中並要求北京政府廢除一切侵害自由的法律條例，保障
人民的言論、出版、集會結社等自由權利。這樣的行動與言論，清楚顯
示他們深刻體認文化思想事業很難擺脫現實政治環境的影響。

　　但是，這些知識分子參與政治，卻有兩種不同的行動類型。一種是
親身直接投入實際政治活動，如陳獨秀、李大釗等人原先主辦政論雜誌
《每週評論》，後來則漸感於只從言論著手，並不能改變現實政治環境，
於是選擇踏入政治、黨務活動的道路。陳獨秀、李大釗不但積極宣傳馬
克思主義，領導中國共產黨的建黨與黨務活動，同時亦與打算把革命事
業從頭做起的孫中山聯合，共同進行打倒軍閥、傾覆帝國主義勢力的國
民革命工作。又如參與五四學生愛國運動的北大學生張國燾、高君宇等
人，也加入了中國共產黨，從事工人運動；另一批北大學生如羅家倫、
段錫朋等人後來則加入了中國國民黨，從事黨務、政治工作。至於如文
學研究會成員茅盾、創造社成員郭沫若等，亦分別投身於反帝國主義、
反軍閥的宣傳工作，日後更成為與中國共產黨關係密切的文化人。凡此
等等，都顯示新文化運動之成員捲入實際政治領域的景況。

　　另一種參與政治活動的知識分子類型，則主要是在言論方面下功夫，
以發表政論文章，抨擊時政為取向，並未完全投身實際政治活動。如胡
適等知識分子，雖然認識到現實政治對新文化運動帶來了羈絆與妨礙，
但仍堅持以創辦雜誌、發表政論為主要活動範疇。如丁文江、胡適等人
即在民國十年組織了「努力會」，希望能促成中國政治的改善與社會的進
步，他們主辦政論雜誌《努力》，對當時變幻莫測的政界風雲表示過很多
意見，如胡適即曾為文支持聯省自治運動。但在基本上，這一類型的知
識分子與現實政治體制及活動還是保持距離，並未涉足政界官場。

　　與現實政治發生瓜葛之後，新文化運動的內容不免有所改變。《新青
年》原先是引介新思潮的重要陣地，但已漸變質，至民國九年九月後，
隨陳獨秀個人思想之轉向，竟成為中國共產黨的機關刊物，專門介紹馬

克思主義、報導工人運動的情況。如此轉變，同早先的方向已大有不同了。胡適開始發表政論文字後，亦頗不為一些友朋所諒，勸他應專注於思想文化工作，他日後更感於論政無裨現實，一度「封筆」。

是以，當新文化運動開始與現實政治牽扯在一起之後，趨向與作用已大有不同；而更伴隨著 1920 年代外在環境的重大變遷，謀求以思想文化改造的努力，一時之間戛然而止，留下許多讓後人應再繼續承續發展之空間。

習　題

1. 試描述五四新文化運動時期引介的新思潮與對中國傳統的批判言論。
2. 試敘述五四新文化運動的領導者逐漸投身於實際政治活動的情形。

第三節　五四新文化運動的影響

摘　要

新文化運動時期，各式思潮澎湃起伏，百家爭鳴，相互爭勝，也引發各種論戰，如「問題與主義論戰」、「社會主義論戰」、「科學與玄學（形上學）論戰」（或稱「科學與人生觀論戰」）等，都將思想解放帶入新的高潮。在這個時期裡，中國傳統雖普受抨擊，然如「學衡派」與梁漱溟等人，則嘗試融貫中西，轉化傳統文化，喻示了未來中國文化復興的路向之一。

現代意義的學術界在新文化運動時期也有長足的發展，以北京大學為起點。利用美國退還的庚子賠款餘額設立的中華教育文化基金董事會，則對協助中國現代學術、教育與文化事業的發展，有很大的貢獻。

新文化運動標舉的「民主」、「科學」兩大目標，啟蒙了無數的新世代知識青年。他們不願接受傳統家庭權威與倫理的無條件支配，嘗試建構與實踐新的社會倫理。婦女運動風起雲湧，婦女得到了接受高等教育

的機會，地位也大幅提升。此外，學生運動的風潮也不斷擴大，甚至逐漸和政黨合流，政黨也視學生是擴展力量的重要社會基礎，不但建立學生組織，也給予實質支持。學生與現實政治勢力糾結在一起，固然產生相當的影響，也製造了校園內無數的紛擾。學生從事政治、社會改造的行動，更為此後各種政治、社會運動的興起提供了社會基礎，不少新世代知識分子都參加了1920年代的反帝國主義行動與北伐軍事行動，知識青年成為此後促成政治、社會變遷的動力之一，寫下歷史的新頁。

思想的解放與思潮的澎湃

五四新文化運動雖然受到政治勢力的牽絆，未竟全功，但是影響甚為深遠。參與者身受新思潮的洗禮，對傳統文化、習俗的意義與價值進行過思考與批判，思想活潑、自由，各有己見，不人云亦云，議論觀點雖未必系統圓融，得成一家之言，然而確實呈顯了思想解放、百家爭鳴的景象。這一批新世代的知識分子，後來在各種領域中扮演不同的角色，彙集成歷史發展的新趨向。

各式思潮澎湃起伏，相互爭勝，對問題的思考與認知，各有不同，各據理相爭，引發論戰，又將思想解放帶入新的高潮。重要的論戰，如：民國八年（1919 年）七月起出現的「問題與主義論戰」，胡適主張「多研究些問題，少談些主義」，李大釗則認為主義與問題有不可分離的關係，一方面固然要研究實際問題，一方面也要宣傳理想的主義。民國九年（1920 年）底爆發「社會主義論戰」，持基爾特社會主義立場的論者、無政府主義者與馬克思主義者之間，針對社會主義的意義，社會主義與中國的關係及其實踐前景等問題，各有批駁。民國十二年（1923 年），又有「科學與玄學（形上學）論戰」（或稱「科學與人生觀論戰」），張君勱主張，無論科學如何發達，不能解決人生觀問題，丁文江等人批評他的觀點，認為科學可以概括一切，應該把科學方法應用於人生問題。歷史研究領域中也論戰不絕，如顧頡剛質疑傳統的中國古代歷史觀念，提出「層累造成說」，認為「時代越後，傳說的古史期越長」，他的觀點，

也受到批評，各方意見後來彙集成《古史辨》這套大書，是研究中國古代史的重要參考資料。各式各樣的論戰陸續出現，充分顯示知識分子各就己見抒論的景狀。

文化、思想、學術領域論戰的不斷發生，代表中國思想界各式思潮的蓬勃現象，這正是思想解放，引介新思潮，反思舊傳統的產物。

現代學術界的發展

在五四新文化運動階段，具有現代意義的學術界也有長足的發展，而以北京大學為起點。蔡元培擔任北大校長後，力行改革，學風丕變。教學體制方面，自民國八年起，北大仿照美國大學辦法，改採學系制和選科制，大學本科生可以就自己的興趣選擇就讀的學系與學科。北大又自民國七年（1918 年）起，設立各學門研究所，栽培高級學術研究人才，例如民國十年（1921 年）十一月成立了國學研究所，所內分設歌謠研究會、明清檔案整理會等，以現代科學方法與學術研究規範進行整理與研究。後來各大學也陸續設立研究所，如清華大學國學研究院等。課外活動方面，蔡元培也鼓勵教師及學生組織各式各樣的社團，例如以「不賭、不嫖、不娶妾」為基本戒條的「進德會」，就是以敦品進德為目標的社團，而如「新聞研究會」、「哲學研究會」等社團則以研學求知為鵠的。整體而言，北大的改革，標誌著現代中國高等教育發展的大方向，此後其他大學也各有興革，都為栽育建設現代國家所需的人才與累積學術研究成果，做出重大的貢獻。

在協助中國現代學術、教育與文化事業的發展方面，利用美國退還的庚子賠款餘額設立的中華教育文化基金董事會（簡稱中基會，1924 年成立），有很大的貢獻。中基會資助學術機構與大學的研究調查活動，支持學術文教機構提出的新計畫，中基會也主動提出開發新的學術文教計畫。所有的計畫申請案都必須依據現代的學術文教規範與流程，經過審核批准。由於內戰頻仍，中國政府無力支持學術文教的發展，例如北京各大學教師曾因教育部屢屢欠薪，集眾前往國務院「索薪」。當政府與社

會無法提供現代科學發展所需的必要支助時，中基會扮演了強力推動者
的角色。

中國傳統的挫折與復興

「五四」時代，新思想解放與新思潮固然蓬勃，但由於對中國傳統
進行了嚴厲的批判，言論思想界的文化意識危機相當嚴重。日後在 1930
年代有陳序經提倡「全盤西化論」，以為中國傳統皆無可取，唯有全心全
意的「西化」，就顯示知識分子將「傳統」與「現代」區分成截然對立的
思惟。

當新文化運動方始開展之際，即有知識分子對於運動開展的方向與
意涵，提出不同的意見，其中以「學衡派」最具代表性。「學衡派」是以
《學衡》雜誌為中心集結的一批知識分子，代表人物如梅光迪、吳宓等
人，也都是留學生，他們以《學衡》為主要言論機關，呈顯了另一種思
惟。梅光迪曾就白話文學問題，與胡適早有爭論。一般而言，學衡派對
白話文學表示不能同意，他們認為，「無論文言白話，皆須精心結撰，凝
鍊修飾，方有可觀」，對獨尊白話，鄙棄文言的主張也有嚴厲的批駁。關
於提倡引介西方文化思想方面，學衡派主
張，要先徹底研究西方文化的內容，加以
明確的評判採擇，不能因為引介西潮，而
以鹵莽滅裂的態度宣揚偏激的主張，一味
否定中國傳統文化思想。學衡派嘗試融貫
中西，轉化傳統的主張與看法，在那個普
遍爭隨西潮而去的時代裡，具有文化民族
主義的涵義。

一生特立獨行的梁漱溟，也在此時開
展對於中西文化的哲學進行比較思考的
路向，並提倡鄉村建設運動，以作為改造
中國的基礎。他的思考與行動，也引起一

梁漱溟

定回響，揭示對中國傳統文化思想進行再改造的某種契機。

在五四新文化運動的過程裡，中國傳統普受抨擊。但學衡派與梁漱溟等人的反省工作，則對後來中國傳統思想的發展，產生了影響。

政治社會變遷的動力

五四新文化運動標舉的「民主」、「科學」兩大目標並未完全落實，卻啟蒙了無數的新世代知識青年。他們不願接受傳統家庭權威與倫理的無條件支配，嘗試建構與實踐新的社會倫理。他們組織了各種社團，作為實踐理想的園地，像少年中國學會宣稱要「振作少年精神」、「研究真實學術」、「發展社會事業」、「轉移末世風氣」，可見一斑。新世代知識青年也以行動來創建理想的新式社會，「工讀互助團」（民國八年年底成立）就是這種想法的具體反映。「工讀互助團」標榜「本互助的精神，實行半工半讀」，要求成員「每日必須工作四小時」，「工作所得歸團公有」，「團員之衣食住、教育費、醫藥費、書籍費由團體供給」，體現了青年追求理想共同社會生活的熱情。雖然，「工讀互助團」很快地就因為經濟困窘，難以為繼，成員之間思想分歧、感情不盡融洽等等因素而告瓦解。但他們的行動，清楚顯示了新一代青年的志向。

在這個階段中，婦女的地位也大幅提升，婦女運動風起雲湧。清末就已出現提倡「女權」、「女學」的言論，到「五四」時代，與婦女生命處境相關的問題，在各種報刊上不斷出現，舉凡如女子解放、教育、婚姻自主、貞操等問題，都有各種熱烈的議論。像周作人翻譯日本作家與謝野晶子的〈貞操論〉，發表在《新青年》，這是一篇反對片面遵守的貞操觀與貞操即道德的文章，即引起了胡適、魯迅等人的回響。各式各樣的婦女社團也普遍活躍，當時至少有二十四個為婦運需要而結合的婦女團體，以「開啟婦女自覺、灌輸新知」等為主旨的「廣東女界聯合會」（民國八年成立），即為一例。女子也得到了接受高等教育的機會，在此之前，她們最多只能就學於女子高等師範教育而已。自從蔡元培在民國九年允許女子進入北大旁聽，是年暑期正式招收女子入學，向女子開放

中華民國學生聯合會總會成立

了大學之門。即使有機會踏上大學之道的女子人數不多（民國十一年〔1922年〕，中國大學的女學生總數是八百八十七人，民國十七年〔1928年〕時則只有一千四百八十五人），她們的成績是受到肯定的。

另一方面，學生運動的風潮也不斷擴大。「五四」愛國學生運動期間，中國各地都出現了學生自己的組織：學生聯合會，彼此往來合作，逐漸形成了團結全中國學生組織的意見，於是有「中華民國學生聯合會總會」的組成（民國八年六月十六日），以「聯絡感情、昌明學術、促進社會、輔衛國家」為宗旨，是中國歷史上第一個全國性的學生組織，意義重大。

但是，學生運動的發展也走上一些不健康的方向。例如學生竟干預校內人事的變動，像民國九年十月浙江第五師範學校更易校長，該校的學生自治會發布「怎樣可以做我們五師校長」的標準，提出十二道題目，要求新任校長回答，得到滿意的答覆後，才歡迎他走馬上任。若干學校還發動驅逐校長的學潮，如民國十一年武昌高等師範學校的學生要求校長進行改革被拒，即爆發風波，經過整整一學期的騷動，校長被迫離職。爆發於民國十四年（1925年）的國立北京女子師範大學的風潮更引起廣泛的注意，其起因也是學生與校長間的衝突，學生貼出公告要校長「幸勿擅入校門」，並向北京政府的教育部請願要求撤換校長，風潮不斷擴大，最後竟動用軍警力量逮捕學生，北京教育界為此一事件紛擾不休。

學生運動的性質也在 1920 年代逐漸改變，學生走出校園，參與現實

政治活動，和政黨合流，政黨也視學生是擴展力量的重要社會基礎，不但建立學生組織，也給予實質支持。中國共產黨正式創立前，即有「中國社會主義青年團」之成立（民國九年八月；十一年召開第一次全國代表大會；簡稱 S. Y.），後來改名為「中國共產主義青年團」（民國十四年；簡稱 C. Y.），是中國共產黨進行青年學生工作的組織機構，鼓動青年學生參與政治、吸收青年學生加入組織，以上海為例，民國十五年（1926 年）時成員即達二千二百八十五人。正在開展革命事業的中國國民黨，也在民國十三年（1924 年）三月通過「學生運動政策」，將學生視為「國民革命」的重要分子，在校園內建立黨組織。民國十四年的一份黨務報告顯示，國民黨黨員中以學生的比例最高，超過黨員總數四分之一。國民黨並在經濟上支助全國性的學生組織，像中華民國全國學生聯合會總會在民國十三年召開代表大會時，即獲得中國國民黨三千元的資助。民國十二年成立的中國青年黨，也極力爭取學生，成立了「國家主義青年團」（民國十四年）。各政黨爭取學生，不免發生激烈衝突，如分別支持中國青年黨與中國共產黨的學子即曾在校園內數度大打出手。學生與現實政治勢力糾結在一起，固然產生相當的影響，也製造了校園內無數的紛擾。

　　整體而言，「五四」愛國學生運動的成功，使學生自覺參與現實改造的工作是可能的，於是陸續出現了學生從事政治、社會改造的行動，更為此後各種政治、社會運動的興起提供了社會基礎，不少新世代的知識分子參加了 1920 年代的反帝國主義行動與北伐軍事行動，顯示知識青年是促成中國現代政治社會變遷的動力之一。

國民革命開展的起點

　　五四新文化運動後期的發展，捲入了政治勢力，文化思想改造工作未竟其全功，中國思想界也陷入了空前的混亂狀態。然而身受新思潮洗禮的新世代青年在參與政治活動之後，則成為現實改造的生力軍。從他們對於外在世界的認知，即可略見一斑。例如，民國十二年十二月，北京大學二十五週年紀念日時曾做過一次民意測驗，測試結果很可以反映

他們的看法。有一道題目是：「下列各種方法，你以為哪種可以救國？」結果，回答國民革命的有七百二十五票，其他選項的票數不足三十票；另一道題目要參加測試的人列舉心目中的國內領袖，回答孫中山的有四百七十三票，陳獨秀得一百七十三票，北大校長蔡元培一百五十三票。這項測驗，當然並不是普遍民意的反映，卻很能代表新世代青年的認知所在。

正在努力將革命事業從頭做起的孫中山，也深切體會時代變化的趨向。他對新文化運動有高度的好評，也指示革命黨人胡漢民、汪兆銘、廖仲愷、朱執信等人創刊《建設雜誌》，宣示「以鼓吹建設之思潮，展明建設之原理，冀廣為吾黨建設之主義成為國民之常識」，更顯示與新文化運動合流的努力。

1920 年代蓬勃發展的反軍閥、反帝國主義行動，在青年思想趨向的改變、革命黨人有意相結合的態勢下，迅速的開展，寫下此後歷史的新頁。

習　題

1. 試描述五四新文化運動時期的各式思潮論戰。
2. 試敘述身受五四新文化運動薰陶的知識青年如何轉變為促成中國現代政治社會變遷的動力。

第四章 國共合作與北伐

第一節 國共合作與國民黨改組

摘 要

發生在民國十三年一月的「國共合作」（或稱「聯俄容共」），是影響現代中國史最重大的事件之一。由於國共合作的出現，使得侷促廣州一隅的中國國民黨終於能夠在短短兩、三年內整合廣東地區的軍經政資源，並發動大規模的軍事行動（北伐），最終建立了主宰中國未來二十餘年政局的南京政府。

本節主旨在於說明：1.孫中山如何會在民國十三年選擇接受蘇聯的援助，並同意中國共產黨黨員以個人身分加入國民黨？2.莫斯科當局為何決定以國共合作的方式，幫助中國共產黨發展組織？3.國共合作如何進行，有哪些具體的方案與作法？

聯俄政策的出現

中華民國建立，並未帶來預期的政治革新，反而促成地方軍閥遂行武力割據，相互混戰。作為民國奠基者之一的孫中山，經過多年奔走之後，醒悟到若想貫徹革命理想，不僅必須組建一個團結一致的政黨，同時還要擁有能貫徹意志的軍隊。這樣的體會，使得孫中山分別在民國三年（1914 年）與民國八年（1919 年），兩度改組以他為效忠核心的黨組織。民國三年的中華革命黨入黨誓詞中明白規定要「附從孫先生」，「如有貳心，甘受極刑」。民國八年，孫中山再將中華革命黨易名為中國國民

黨，同時修訂黨章，以期能進一步吸收黨員。至於組建革命武力，民國六年（1917 年）孫中山在廣州成立軍政府時，即開始培植陳炯明，期望陳炯明統率的粵軍能成為日後北伐的主力。

除了在國內積聚實力，孫中山同時還期望獲得國外的奧援。他最期待的兩個國家，分別是德國與蘇聯。他認為，德國的人才與技術，足以資助中國發展建設；而蘇聯與中國國土鄰接，關係密切，不能不特別注意。孫中山的全盤構想，最後在莫斯科三番兩次派遣代表向他示好，加上陳炯明叛變（民國十一年〔1922 年〕六月十六日）的影響下，終於走上了「聯俄」的道路。

從民國九年（1920 年）到十二年（1923 年），蘇聯分別派遣吳廷康 (Gregori N. Voitinsky)、馬林 (Maring)、達林 (Serge Dalin)、越飛 (Adolf Joffe) 到中國來，與孫中山接洽合作事宜，探討借助國民黨之力，擴大蘇聯在中國影響力的可能性。尤其民國十年（1921 年）馬林在廣西桂林與孫中山一場長達九天的會談，馬林根據蘇聯的經驗向孫中山建議，革命要成功，一要改造黨組織，二要設立軍官學校，這一建議對孫中山產生了極大影響，日後汪精衛甚至公開認為，這一次馬林與孫中山的會面，可說是「聯俄」的起點。

孫中山見過馬林之後不到半年，發生了陳炯明叛變、砲轟總統府事件。陳炯明是孫中山長期培養的對象，他的叛變使孫中山加速了與莫斯科的合作計畫。民國十一年八月，孫中山在反攻廣州失敗後，回到上海，不久同意接納中國共產黨重要成員李大釗、陳獨秀、張國燾等人加入國民黨，作為聯俄政策的第一步。

孫越宣言

民國十二年一月，孫中山在上海接見蘇聯代表越飛，二人發表聯合宣言。宣言中二人同意，「中國最重要最急迫之問題，乃在民國的統一之成功，與完全國家的獨立之獲得。關於此項大事業，越飛君並向孫博士保證，中國當得到俄國國民最摯熱之同情，且可以俄國援助為依賴。」

孫越聯合宣言的最重要意義，在於公開宣布蘇聯將主動提供「援助」，幫助孫中山領導的國民黨完成北伐統一，聯俄政策至此已從構想落實為行動。不過，孫中山或許出於防範蘇聯在中國推動共產革命的野心，或者就是擔心莫斯科將利用國民黨擴張其在中國的影響力，總之，他特地在聯合宣言中加進但書：「孫逸仙博士以為共產組織甚至蘇維埃制度，事實上均不能引用於中國，因中國並無可使此項共產主義或蘇維埃制度成功之情形存在之故，此項見解，越飛君完全同感。」

事後證明，孫中山的這項顧慮確有必要，因為莫斯科提供孫中山的援助並非毫無代價，蘇共當局的用意，乃在於借國民黨之力統一中國，然後由潛伏在國民黨內部的中國共產黨黨員奪取黨的領導權，一舉在中國建立親莫斯科的共產政權。

蘇聯的企圖，國民黨內自然早有人洞悉，甚至孫中山自己也都心知肚明。一位老同盟會會員劉成禺就曾當面質疑孫中山，蘇聯向國民黨提供大筆金錢，又說盡甜言蜜語，無非是「誘我也」。孫中山回答說，蘇聯「非厚於我，欲借國民黨以實行其在華政策耳」，但是「共產黨能守吾黨範圍，吾默化之；不能，吾自有處理之法。」當然，孫中山在說這番話時所沒有料到的是，民國十四年（1925 年）三月他就去世了，以至於日後黨內為了是否與共產黨繼續合作而發生爭執分裂時，他已拿不出「處理之法」了。

就在孫越聯合宣言發表前不久，民國十二年年初，雲南軍閥楊希閔與廣西軍閥劉震寰在孫中山的號召下，聯兵攻入廣州，陳炯明向東撤退至惠州。在滇、桂軍的支持下，孫中山回到廣州重新主持軍政府，同時積極開展國民黨改組與聯俄事宜。

中國共產黨的初期發展

民國十年七月，中國共產黨第一屆全國代表大會在上海召開，中國共產黨正式誕生。當時中國共產黨在全國僅有五十多名黨員，參加這次代表大會的黨代表有十三人，其中大部分是知識分子，顯示中國共產黨

在建黨初期強烈的實驗性質。此外列席中國共產黨一大的還有兩名莫斯科共產國際的代表，其中包括了不久之後將在桂林與孫中山舉行會談的馬林。共產國際代表的列席，無非在於將蘇共的經驗傳授給中國共產黨黨人。對於莫斯科來說，中國共產黨的建立是其向外傳布共產主義理念，推動世界革命的一環。

事實上正因為出於這一企圖，所以蘇共當局從中國共產黨建黨開始，便不指望這一主要由知識分子參與的中國共產黨黨組織，能夠在推動社會主義革命上得到多大的成效。為急於求成，莫斯科當局更寄望於在中國內部尋找已經稍具基礎的合作對象，經多方嘗試，最後看上了由孫中山所領導的國民黨。

民國十一年一月，英國統治下的香港爆發了一場歷時五十多天的海員大罷工，由國民黨人領導的海員工會組織為要求增加工資，成功地動員了全香港的工人團體，令香港的海上航運、市內交通，甚至生產行業都陷入癱瘓。罷工期間，廣州的國民黨提供了大筆經濟援助，使得參加罷工的工人沒有後顧之憂。最後香港英政府終於作出讓步，取消了封閉海員工會的命令，同時答應為海員增加薪金。當時仍留在中國的共產國際代表馬林曾特地前往廣州考察罷工情形，對國民黨的動員能力留下深刻印象。馬林返回莫斯科後，蘇共領導人對於和國民黨合作產生了更大興趣。

至於新建黨不久的中國共產黨，在馬克思主義教義及共產國際指導下，亦積極嘗試推動工人運動。一大召開之後不久，中國共產黨便成立了從事工人運動的專責機構「中國勞動組合書記部」，在香港海員大罷工的鼓舞下，中國共產黨黨員亦企圖發動數起罷工事件，包括民國十一年江西省萍鄉縣的安源路礦工人罷工、河北省開灤煤礦工人罷工。然而，民國十二年二月的京漢鐵路工人罷工，終於招致了直系軍閥吳佩孚的武力鎮壓，由於京漢鐵路的營運收入是吳佩孚發放軍餉的主要來源之一，吳調集軍隊在鐵路沿線展開拘捕行動，事件造成五十多人死亡，許多工運領袖被捕入獄，同時開除了一千多名鐵路工人，各地工會組織亦紛紛

遭到查封，工人運動最終以失敗收場。

工運的挫敗經驗，更加深了莫斯科方面和中國共產黨本身與廣州的國民黨合作的決心。民國十二年六月，中國共產黨在廣州召開第三次全國代表大會，決定接受共產國際的指示，全體共產黨員以個人名義加入國民黨，但同時仍保留共產黨自身的黨組織，形成一個「黨內有黨」的局面。中國共產黨在三大決議中承認，「國內獨立的工人運動尚不強大」，「工人階級又尚未完全形成為獨立的社會力量」。

同年九月，蘇共當局任命資深的蘇共黨員鮑羅廷 (Michael Borodin) 為國民黨首席政治顧問。十月，鮑羅廷抵達廣州，面見孫中山，孫氏在與鮑羅廷作過長時間面談之後，向黨內宣布，聘請鮑羅廷為「吾黨的訓練師」，國民黨改組與國共合作的計畫正式啟動。

改組國民黨

孫中山在見過鮑羅廷之後，立即下定改組國民黨的決心，他在一次黨內會議中明白指出，辛亥革命之後「本黨勢力未見增長」，主因之一就是「黨中缺乏組織」。為此孫中山一方面成立了一個稱為「臨時中央執行委員會」的任務編組，負責黨務全面改組的籌備工作，另方面又任命鮑羅廷為該委員會顧問，委託他起草新的中國國民黨黨章。

經過近三個月的布置，民國十三年一月二十日，中國國民黨第一次全國代表大會在廣州召開。孫中山在開幕式上致詞時宣稱，辛亥革命成功之後，革命黨人不知道用什麼方法去建設國家，但是現在，「我們已經得到了辦法，所以此次召集各省的同志來廣州開這個大會，就是把這個方法公諸大家來採納。」至於是什麼辦法？他說：「第一件是改組國民黨，要把國民黨再來組織成一個有力量有具體的政黨；第二件就是用政黨的力量去改造國家。」至於黨的改組辦法，則是按照鮑羅廷所草擬的國民黨黨章，建構新的黨組織；鮑羅廷所草擬的這份國民黨黨章，其參考範本其實就是蘇聯共產黨黨章。

按照這份黨章，國民黨設全國代表大會為全黨最高機關，每年固定

國民黨第一次全國代表大會

舉行常會一次，休會期間則由中央執行委員會暫代其職權。黨章規定孫
中山為國民黨總理，總理對於中央執行委員會的議決有最後裁決權。中
央黨部之下分各省、各縣、各區黨部，區黨部下還有區分部，為黨之最
基層組織。各級黨部都有其執行委員會，下級黨部執委會須接受上級黨
部執委會之指揮，如有違反紀律者，須接受黨紀處分。這部國民黨的新
黨章，企圖建構的其實是一個層層節制、以求貫徹中心意志為目的的黨
機器；其所模仿的對象，正是蘇共列寧式政黨的集權體制。

黃埔軍校的建立

　　除了改組國民黨，鮑羅廷還幫助孫中山籌建了黃埔軍校，作為日後
革命武力的搖籃。民國十二年十一月，國民黨臨時中央執行委員會第十
次會議，通過了成立國民軍官學校的方案，校長則由蔣中正出任。在國
民黨一全大會召開之後，鮑羅廷應孫中山要求致電莫斯科，希望派遣軍
事人員來廣州。民國十三年年初，以蘇聯紅軍退役將領為骨幹的軍事顧
問團陸續抵達廣州，成為黃埔軍校的教官團。蘇聯除了派遣軍事人員來
廣州幫助國民黨訓練軍事人才外，還提供了為數龐大的經費與軍械，民

黃埔軍校開學典禮

國十三年十月至十四年年底，蘇聯貨輪多次運送軍火、裝備至廣州，目的即在於支助國民黨發展屬於自己的武裝力量。

　　民國十三年五月，黃埔軍校正式啟用，第一期學生在受訓一個多月後，六月十六日舉行了開學典禮。開學當天孫中山親往致詞，以「革命軍的基礎在高深學問」為題作了長篇訓話。他首先承認民國建立十三年來，只得到一個空名，革命還是失敗。對照俄國所發生的革命，後者所以成功的原因是有一支革命軍做黨的後援。孫中山因此呼籲，「要把以往的成敗，當作一場大夢，一概不要回顧他，要從今天起，重新來創造革命的基礎，另外成立一種理想上的革命軍。」演說完畢，由胡漢民代表宣讀〈孫中山致黃埔軍校訓詞〉：「三民主義，吾黨所宗，以建民國，以進大同。咨爾多士，為民前鋒，夙夜匪懈，主義是從，矢勤矢勇，必信必忠，一心一德，貫徹始終。」這份訓詞日後經譜曲，成為中華民國國歌。

　　黃埔軍校第一期學生只有五百人，為求速成，受訓時間並不長，開學後不到半年就畢業了。第二期學生在同年八月開學，人數增加到六百

人。第三期人數成長為一千多人，同年十二月入學。這三期學生合共二千二百多人，日後成為廣州國民政府北伐時，蔣中正所統率的第一軍的主力骨幹。

黃埔軍校創設不久，還在就學的軍校生就已參加保衛廣州革命政府的實際戰鬥。首先是廣州商人自組的商團民兵企圖推翻軍政府，商團背後的支持者則是香港的英國殖民政府。民國十三年十月十五日，商團與廣州軍政府發生衝突，經過一整天的巷戰，隔日商團終於投降。在這一次廣州商團事件中，黃埔軍校學生首度表現出優異的戰鬥能力。

民國十四年年初，已被逐出廣州兩年的陳炯明準備捲土重來，自稱「救粵軍總司令」，企圖進犯廣州。蔣中正率領的黃埔軍與粵軍展開第一次東征，擊潰陳炯明部，陳逃往香港。同年九月，陳炯明殘部在粵東潮州、汕頭一帶集結，準備再犯廣州。這一次蔣中正率領由黃埔軍與廣州其他地方軍隊合組成的聯軍，東進克復惠州、汕頭等城市，一舉肅清了所有陳炯明所留下的殘餘勢力。這次的軍事行動被稱作是第二次東征。此外，廣州當局還向粵南用兵，進軍雷州半島。民國十五年（1926 年）二月，由李濟深率領的南征部隊攻克海南島，至此，廣東省全境完全處在國民黨武力控制之下。

習　題

1. 試解釋孫中山在什麼樣的考慮下，選擇了「聯俄」的道路？莫斯科又為何選擇國民黨作為其合作夥伴？
2. 聯俄政策，為國民黨帶來了怎麼樣的轉變？

第二節　國民政府成立前後的南方政局

摘　要

國共合作開始進行不久，孫中山便逝世在北京。孫中山的病逝，直

接牽動了廣州政局的變化，他在世時隱伏不發的國民黨內部矛盾，尤其是因國共合作的推行而種下的黨內齟齬，在孫中山死後一舉爆發為權鬥政爭。

一開始，以國民政府要員廖仲愷的遇刺為導火線，贊成國共合作政策的國民黨左派聯合了軍事強人蔣中正、李濟深等，將國民黨右派及支持右派的軍人一一整肅放逐。不久，蔣中正與國民黨左派間亦出現了裂痕，「中山艦事件」的發生是轉換點，蔣中正與左派領導人物汪精衛、蘇共代表鮑羅廷發生衝突，左派在孫中山死後一度取得的政局主控權，隨著與蔣中正聯盟關係的結束而面臨考驗。

孫中山北上與逝世

民國十三年（1924 年）十月，第二次直奉戰爭期間，直系將領馮玉祥突然陣前倒戈，發動北京政變拘禁該系領袖曹錕，致使在山海關督軍的吳佩孚腹背受敵，不戰而潰。吳佩孚本人僅率殘部三千餘人自海路撤退至湖北。馮玉祥政變成功，將所部改稱為「國民軍」，並與奉系軍閥張作霖、皖系元老段祺瑞聯名邀請孫中山到北京共商國是，由此開啟了南北合作的一線希望。

孫中山在接到邀請後，立即回電決定前赴北京。十一月十日，孫中山發表北上宣言，主張「召集國民會議，以謀中國之統一與建設」。兩天後他在廣州的歡送會上演講，指出「我決意到北京去，拿革命去宣傳，……去宣傳主義，組織團體，擴充黨務。」十一月十三日，孫中山伉儷及汪精衛、戴季陶、孫科等隨行人員二十餘人自廣州啟程，經海路至上海。由於上海直接開往天津的輪船班次甚少，孫中山決定取道日本。十一月二十三日至二十八日，孫中山在日本神戶對中國僑胞、留學生，以及旅日國民黨員發表多場演講，陳述中國進行國民革命、驅逐帝國主義之必要。孫中山還提出大亞洲主義，要聯合全亞洲受壓迫的民族，一起抵抗歐洲的強盛民族。

十一月三十日，孫中山一行自神戶動身，十二月四日抵達天津。孫

中山在抵達天津當日，由於受到風寒，立即病倒，並爆發了肝病。

在孫中山抵達天津前，由於張作霖、馮玉祥兩位實力軍人的擁護，推段祺瑞出面籌組中華民國臨時執政府，段祺瑞並於十一月二十四日就任臨時執政。段祺瑞在就職之後，立即提議召開以全國各地實力派軍人為代表的善後會議，企圖協調各省力量，重建新的政治秩序。張作霖同時還積極與駐北京的各國外交使節團商議，準備承認各國前此與中國所簽的各項不平等條約，以作為承認臨時執政府的交換條件。

孫中山到達天津後，不僅病倒，病中又聽聞段祺瑞的臨時執政府預備召開善後會議，進行政治分贓，同時還要承認與列強所簽的各項不平等條約。北方軍閥的這些作法，與孫中山素來提倡的國民會議理念根本背道而馳，因此孫中山雖然已到達北方，卻與主掌北京政局的各派軍頭完全欠缺對話的可能。

民國十三年十二月三十一日，孫中山抵達北京，下榻於北京飯店。由於病情逐漸惡化，為了覓求較佳的醫療環境，孫中山決定前往北京協和醫院就醫。經醫師連日會診，皆無法斷定確實病因，最後在協和醫院進行開刀手術，才發現肝臟幾乎已完全硬化，院方宣布孫中山病情已進入肝癌末期。

孫中山病重，隨侍在北京的國民黨重要幹部遂集會討論研擬遺囑事宜，經多次交換意見，擬成草稿，由汪精衛抄錄而成今日所見之「國父遺囑」。民國十四年（1925 年）三月十一日，孫中山自知不久於人世，命汪精衛將遺囑呈上，親自簽名。不久之後，孫中山開始呼吸困難，幾乎不能言語，只是反覆說著：「和平、奮鬥、救中國」幾個字。隔日上午九時三十分，孫中山病逝於北京住處鐵獅子胡同，享年五十九歲（1866–1925 年）。

孫中山病逝後，靈柩暫置北京西山碧雲寺，及至日後國民革命軍完成北伐，才於民國十八年（1929 年）六月一日將孫中山遺體運回生前擇定的安葬地南京紫金山。

權力繼承之爭

民國十三年十一月，當孫中山準備動身前往北京前，特地任命胡漢民為軍政府代理大元帥；他帶去北京的隨行人員中，則包括了得力助手、國民黨的另一重要人物汪精衛。然而，孫中山未料到自己竟然病逝北京，因此事先並未安排好政治上的接班人，也沒有對國共合作所隱藏的矛盾與可能爆發的衝突留下對策。孫中山的猝逝，首先引起的是國民黨內部的權力繼承危機。

民國十四年五月八日，在北京辦完孫中山喪葬事宜的汪精衛並未直接返回廣州，而是先到汕頭去拜訪當時正督師進行第一次東征的蔣中正。依據日後蔣中正在日記中留下的隻字片語，汪精衛轉述孫中山「病瞀中猶以微息呼介石，綿懷不已」，而蔣在聽聞後「嗚咽良久」。隨後汪精衛開始和蔣「傾談黨事，並謀個人行止，欲得公（蔣）一言而決」。兩天後，蔣中正再與汪精衛「長談」，「汪勸公（蔣）行參謀長職權」。由於蔣中正當時除黃埔軍校校長外，還身兼粵軍參謀長，故汪精衛勸蔣中正「行使職權」的意思，無非就是要蔣好好利用這個職位，做出一番大事來。

汪精衛

汪精衛這次與蔣中正的汕頭密談，籌畫的其實是如何在孫中山死後的廣州政局中，奪取領導權。由於蔣中正是國民黨內新崛起的少壯派軍人，手中握有廣東最精銳的黃埔系統軍隊，儼然已看好成為明日的軍事強人。汪精衛欲在孫中山去世後的權力鬥爭中取得優勢，必須先取得實力派將領的支持，蔣中正遂成為他極力拉攏的對象。

當時廣州軍政府轄下的武裝力量，除蔣中正的黃埔「黨軍」之外，

其實還有一大批來自各省的地方軍隊，包括由譚延闓率領的湘軍、朱培德的滇軍、個人效忠色彩強烈的福軍（統帥為廣東人李福林）、同樣來自雲南由楊希閔所率的滇軍、來自廣西的劉震寰所領導的桂軍，以及其他來自江西、湖北、河南，甚至陝西的多股小部隊。可以說，廣州軍政府基本上就是由一群成色混雜的地方部隊所組成的軍人集團。不過在這些群聚廣州的各支部隊中，勢力最大、人數最多的，仍是由廣東本地人所組成的粵軍，其名義上統帥為許崇智，其下則分立為錯綜複雜的派系。蔣中正便是這一支部隊的參謀長，不過蔣是浙江人，他在粵軍中毋寧只是幕僚人員，而非真正的帶兵官。

汪精衛挑中蔣中正的真正原因，其實還在於汪看上黃埔系統日後必有所作為。蔣中正所率領的這支隊伍，仿效蘇聯紅軍編制，由蘇聯教官訓練，甚至使用蘇製武器，在廣東的各軍隊派系中，是軍容最齊整、裝備最現代化的部隊。另外一個主要原因，則是汪精衛本人屬於國民黨「左派」，傾向支持國共合作，因而他所倚賴的軍事強人，也必須和他一樣有相同的政治立場。蔣中正在這一點上，和汪精衛沒有太大歧異，蔣氏在當時的國民黨內亦屬於聯俄政策的支持者。至於時任軍政府代理大元帥的胡漢民，則被歸類為國民黨「右派」，對國共合作持不信任態度。胡漢民的支持者，就是粵軍內的某些將領，尤其是粵軍第一軍軍長梁鴻楷。

國民政府成立

汪精衛之所以積極布置與蔣中正的結盟關係，目的在於即將來到的國民政府主席之爭。成立國民政府，事實上是孫中山在世時就已擬定的發展計畫。民國十三年一月國民黨召開第一次全國代表大會時，決議案的第一條就是國民黨必須依大會所通過之政綱，組織國民政府。及至孫中山病逝北京，汪精衛等國民黨中央執行委員返回廣東，又遇上楊希閔、劉震寰二人企圖串通雲南的唐繼堯與粵東的陳炯明圍攻廣州。民國十四年六月，由蔣中正的黃埔黨軍與許崇智的粵軍聯手，擊潰了楊、劉兩支部隊，楊希閔、劉震寰逃往香港，廣州內憂外患暫告解除，軍政大權完

成了初步整合，成立國民政府的條件才大體成熟。

　　經過一番周密布置，汪精衛在孫中山去世後的國民黨高層權力競賽中，已取得了領先地位。民國十四年七月一日，廣州軍政府正式改組為國民政府，汪精衛如願以償當選為國民政府主席，而胡漢民僅獲任命為外交部長。當時的廣州政府並非國際間所普遍承認代表中國的政府，故胡漢民所取得的外交部長一職，實際上形同虛銜。這自然是汪精衛的刻意安排。

　　汪精衛這次能夠取得國民政府主席職位，成為孫中山名義上的繼承者，最主要的支持者其實是鮑羅廷。鮑羅廷雖然只擁有國民黨顧問的頭銜，然而他實際上形同蘇聯駐廣州的代理人，莫斯科的經濟與軍事援助，一律由鮑羅廷經手，鮑本人在「革命經驗」上的「導師」地位，亦讓國民黨內其他人士敬畏。可以說，孫中山去世後的廣州政局，實際上已由鮑羅廷主導，鮑羅廷屬意的國民政府檯面領導人，自然是支持國共合作的國民黨左派，這其中包括了汪精衛、蔣中正，以及國民黨內主管財經事務、新當選為國民政府財政部長的廖仲愷。由這三個人所構成的政治、軍事、財經「鐵三角」組合，可說是鮑羅廷進一步主宰廣州政局的如意算盤。只是鮑羅廷並未料到，國民黨右派在黨內權力鬥爭中節節失利之餘，竟鋌而走險，暗殺了廖仲愷。這次暗殺事件，給廣州政局投入了影響深遠的變數。

廖仲愷被刺與廣州變局

　　民國十四年八月二十日，距廣州國民政府成立不過一個多月時間，當天上午九時五十分，新任財政部長廖仲愷在國民黨中央黨部門口遇刺身亡。一起遭槍殺的還有國民政府監察委員陳秋霖。兇手在行刺後被警衛擊成重傷，送醫後

廖仲愷

不治死亡。

　　廖案的發生立即牽動了國民黨內部左、右兩派的衝突，國民黨為此特地成立了由許崇智、汪精衛、蔣中正三人組成的特別委員會，授以「政治、軍事及警察一切全權」，以應付局勢。特別委員會當即宣布廣州戒嚴，四天後，下令拘捕幕後主謀胡毅生等三人。由於胡毅生是胡漢民的堂弟，廖仲愷案最後終於導致胡漢民受牽連下臺。胡漢民不久被汪精衛以養病為名送往蘇聯，事實上形同放逐。

　　廖案的發生，不僅造成以汪精衛為首的國民黨左派暫時取得了廣州政局的全面控制權，同時還促使國民政府轄下規模最龐大的武裝力量粵軍，進行了一次翻天覆地的重新整編。就在拘捕胡毅生的命令下達之後不久，特別委員會隨即進一步逮捕了多名粵軍將領，其中包括與胡毅生關係密切的粵軍第一軍軍長梁鴻楷。不久之後，粵軍名義上的總司令許崇智在猝不及防的情況下，被迫辭去所有職務，九月二十日，許崇智被送上開赴上海的客輪，等於被逐出自己的根據地。至於許崇智轄下部隊，在一一解除武裝後重新改編，分別被納入蔣中正的黃埔黨軍與另一名粵軍將領李濟深的部隊之中。李濟深原是許崇智手下的一名師長，在這一次「倒許」行動中，他與蔣中正聯手演出了迅雷不及掩耳的軍事突擊，成功壓制了忠於許崇智勢力的反撲。因此，在許崇智下臺後，李濟深順理成章成為粵軍新的頭號強人。

　　新成立的國民政府也將廣東原有的各個派系武裝部隊進行整編，一改過去軍政府時代派系錯雜、山頭林立的局面，八月組建為具有清晰序列的「國民革命軍」。其中黃埔黨軍改為第一軍，蔣中正擔任軍長；湘軍編為第二軍，譚延闓為軍長；滇軍編為第三軍，朱培德任軍長；粵軍改為第四軍，許崇智出任軍長；福軍改為第五軍，李福林為軍長；第六軍（原粵軍之一部）由李濟深擔任軍長。至此隨著國民政府成立，廣州的軍政系統亦出現了新的面貌。九月許崇智垮臺後，原第四軍為李濟深接掌。程潛所部（湘軍）成立第六軍，由程擔任軍長。民國十六年三月，桂軍李宗仁部納入國民革命軍編制，李出任第七軍軍長。

在左派掌握政權的狀況下，民國十四年十一月下旬離開廣東的中國國民黨反共領袖，包括張繼、林森、居正、鄒魯等人，在北京西山孫中山靈前召開第一屆中央執行委員會第四次全體會議，決定取消共黨加入國民黨者的黨籍，解除鮑羅廷顧問之職，懲戒汪精衛。然廣州方面不予承認，斥為非法，但是他們仍自行於上海設置中央黨部。這一批決議分共的國民黨人，通稱為「西山會議派」，中國國民黨正式分裂。

「中山艦事件」

從國民政府成立到許崇智遠走上海，初步看來，國民黨左派大獲全勝，右派勢力在黨內似乎消聲匿跡。不僅胡漢民遭到流放命運，其他諸如戴季陶、林森、鄒魯等國民黨內有名望的右派反共人士亦一一被迫離開廣州。然而左派的勝利只是暫時的，半年後，民國十五年（1926年）三月二十日在廣州發生的「中山艦事件」，國民黨左派內部開始出現分裂，蔣中正與汪精衛的同盟關係宣告結束，這一事件日後遂被蔣中正本人認為是國民黨與共產黨「消長的分水嶺」。

事實上，「中山艦事件」預示了國民黨左派陣營內部的危機與分裂，事件後蔣中正逐漸向過去敵對的右派勢力靠攏，國民黨的蔣中正時代亦在不知不覺中來臨。

「中山艦事件」的起因究竟為何，至今仍存在諸多謎團。根據蔣中正個人的說法，是共產黨人陰謀綁架他，並企圖以中山艦將之送往海參崴。然而中國共產黨方面的說詞，則是並無任何綁架計畫，純粹是蔣氏「背叛國民革命的陰謀」。事過境遷之後，進一步就各項證據加以排列比對的結果，中山艦事件極可能是一場人為製造的嚴重誤會，目的在挑起當事人蔣中正與汪精衛、鮑羅廷間的猜忌，而且竟然得逞。至於挑起這場誤會的不是別人，正是失勢的國民黨右派人士。

國民黨右派反共勢力在國民政府成立之後遭到左派與共產黨的聯手整肅，幾近土崩瓦解，為了進行報復反撲，他們看準了蔣中正與汪精衛之間可能出現的嫌隙，偷偷散播汪精衛與莫斯科方面正聯手準備罷黜蔣

中正的消息。蔣氏天生善疑，很快便相信了真有這個陰謀存在。民國十五年三月十八日至十九日，蔣氏發現中山艦行跡可疑，遂認定中山艦就是那艘「準備將他綁架往海參崴」的船。二十日清晨，蔣中正動員手下的黃埔黨軍，宣布廣州戒嚴，同時下令逮捕了他主觀認定可能參與策動陰謀的五十多名共產黨員，還扣留了中山艦。在廣州城內的蘇聯顧問則統統遭到監視，衛隊也被迫繳械。

「中山艦事件」的發生，震動了整個國民政府內部，各方開始尋求解決的方法。由於當時鮑羅廷北上陝西與馮玉祥商談合作條件，同時順道回莫斯科述職，不在廣州，蘇聯方面遂決定由駐廣州大使館人員出面與蔣中正討論如何善後。最後蘇聯決定將素來反對蔣氏北伐計畫的軍事顧問季山嘉 (Kissarka) 等人遣送回國。國民黨中央委員會則在召開臨時特別會議後，向蔣中正作出讓步，同意「工作上意見不同之蘇俄同志暫行離去，另聘其他顧問」，同時查辦受蔣氏懷疑陰謀綁架他的海軍局代理局長李之龍等人。至於國民政府主席汪精衛，由於對蔣氏不滿，同時了解蔣中正實施戒嚴的目標是針對他，遂於會議後稱病隱居起來，不久悄悄離開了廣州。

大約一個月後，國民政府與國民黨中央執行委員會於四月十六日召開聯席會議，推舉湘軍領袖譚延闓為國民政府主席，蔣中正為軍事委員會主席，以接替汪精衛遺留下來的兩項空缺。蔣中正在三月二十日發動的軍事政變，竟使得他在國民黨內的地位更上了一層。

習　題

1. 孫中山逝世後，廣州軍政府存在哪些危機？這些危機最後分別以何種方式化解？

2. 「中山艦事件」前後，國民政府內部情勢出現何種轉變？

第三節 北伐與國共決裂

摘 要

廣州國民政府民國十五年所發動的北伐，名義上統一了中國，結束自袁世凱病逝之後綿延已十年的軍閥混戰局面。然而北伐的軍事行動，進一步引發了國民政府內部尖銳的權力鬥爭。在這一場政爭中，蔣中正藉著強大的軍事力量，以及占有上海的優勢，發動對共產黨的突襲清剿，正式和國民黨左派以及莫斯科方面劃清界線。也由於此，中國國民黨出現了黨史上的第一次大分裂——「寧漢分裂」。

然而表面上仍與共產黨保持合作關係的武漢政府（國民黨左派），此時也面臨著考驗。共產黨的工農運動如火如荼展開，激怒了武漢方面所賴以撐持局面的軍隊，最後汪精衛只好宣布「分共」，以挽回軍方的支持。至此「國共合作」完全落幕，國民黨與共產黨結束了短短三年多的合作關係後，走上競逐之路。

北伐的發動

「中山艦事件」可以說是蔣中正證明自己已成為廣東頭號軍事強人一次淋漓盡致的展示，同時還證明黃埔黨軍已具有左右廣州政局的能力。事實上，事件發生後不久，蔣中正就已發現整件事是個誤會，於是他在四月中把囚禁中的李之龍給釋放了，卻反過頭來把造謠生事的國民黨右派分子一一抓了起來。此時的蔣中正無疑對國共合作仍抱著支持態度，也因此當鮑羅廷四月底終於趕回廣州時，雙方表面上仍維持著緩和的關係，鮑羅廷甚至接受了許多蔣氏所提出的關於黨務的改進方案。

至於反對蔣中正北伐主張的蘇聯軍事顧問季山嘉與羅茄覺夫(Victor Rogachev)，則被遣送回國，鮑羅廷返粵之後，也不再反對北伐。民國十五年（1926年）三月底，湖南軍閥唐生智為爭奪湖南省全境的控

國民革命軍誓師北伐

制權，與盤踞湖北的吳佩孚系部隊開戰。四月下旬，唐生智敗退至湘南衡陽，求援於廣州國民政府，六月二日其部改組為國民革命軍第八軍，由唐出任軍長，兼前敵總指揮。六月五日，國民黨召開中執委臨時全會，通過迅行出師北伐案，並任命蔣中正為國民革命軍總司令。七月九日，蔣總司令正式誓師北伐。

北伐初期的軍事進展出乎意料地順利，早在正式誓師北伐前，唐生智所部改組後，李宗仁的第七軍由廣西、李濟深的第四軍由廣東分別進入湖南，與唐生智合力作戰。七月十一日克復長沙，八月二十二日占領岳陽，湖南全境為革命軍所有。八月底，李濟深的第四軍在湖北汀泗橋與吳佩孚主力相遇，經數晝夜血戰，雙方反覆搶占陣地據點，吳佩孚甚至親自督戰，下令處決退卻將領，仍抵擋不住國民革命軍的攻勢。汀泗橋失守後，吳佩孚部隊退往武漢三鎮。九月一日，第四軍抵達武昌城外，九月六日革命軍占領漢陽，隔日又下漢口，九月二十日，唐生智率領的第八軍攻克武勝關，十月十日於圍城月餘後，第八軍攻下武昌，吳佩孚兵敗逃往四川，投靠四川軍閥楊森。北伐發動才四個多月，便一舉攻下湘、鄂兩省，而且擊潰了當時中國勢力最龐大的軍閥集團之一，取得了

第一階段的勝利。

轉戰贛、閩

　　然而，北伐初期的勝利，並沒有為身為國民革命軍總司令的蔣中正帶來太多好處。事實上，由於湘、鄂戰事之功，多半歸於李濟深的第四軍，以及新編入革命軍序列的唐生智第八軍，蔣中正直屬的黃埔系第一軍反而因表現不好，受到各方嘲諷。例如汀泗橋一役，由於第四軍表現英勇突出，遂因此得到「鐵軍」封號；反觀第一軍，連蔣氏自己都承認「成績不良」，甚至在包圍武昌的過程中，還曾因犯了戰術上的錯誤而造成傷亡，成為其他派系軍隊的笑柄。

　　除此之外，「中山艦事件」之後，蔣中正的軍事強人角色，也日漸造成國民政府內部其他人士的不滿。北伐開始不久，國民黨內部已經傳出有人準備「迎汪倒蔣」，找汪精衛回廣州，以抗衡蔣氏擴權。其他譏諷蔣氏搞軍事獨裁的蜚短流長更是無日無之，蔣中正以其軍人本色來管理國民黨黨務，引起的黨內爭議正逐日擴大。更引起蔣氏戒心的是，各種跡象顯示，共產國際代表鮑羅廷正私下與唐生智暗通款曲，有支持唐生智以取代他的打算。蔣中正在這樣險惡的環境下，深知若不能另闢局面，遲早會在政治鬥爭中敗下陣來。

　　民國十五年八月二十九日，就在汀泗橋戰役獲致決定性勝利當天，蔣中正作出轉往江西開闢戰場的決心。該年九月起，蔣中正將自己領導的第一軍主力及李宗仁的第七軍調往江西戰場，同時下令何應欽率部分軍隊向東南進取福建。原本孫傳芳在國民革命軍「打倒吳佩孚，聯絡孫傳芳，不理張作霖」的口號下，抱持坐收漁人之利的觀望態度，至此則與國民革命軍正式對決。

　　蔣氏在攻打贛、閩的過程中，採取了大量收編招降江西、福建原有地方勢力的辦法，以避免直接的軍事決戰。這種作法一來可以壯大本身力量，二來也儘可能爭取在兵不血刃中，減少戰力耗損。

　　進攻江西的部隊進展尚稱順利，但戰況慘烈不下於兩湖。九月中旬，

革命軍迫近省會南昌，在近兩個月的圍城後，十一月上旬終於城破❶，九江則於稍早攻占，號稱東南五省聯軍總司令的孫傳芳退往江蘇。至於攻打福建的何應欽，則在十二月中旬進駐福州。三個多月間，蔣中正以自己的第一軍為主，配合桂系李宗仁的第七軍、程潛的第六軍與朱培德的第三軍，占領了江西、福建兩省，同時還收編了不少原奉孫傳芳為領袖的地方小軍閥。在此期間，四川、湖北等地也陸續有一些地方軍加入國民革命軍的陣營，以至到民國十六年（1927年）三月攻占上海前夕，革命軍編隊已從北伐開始之時的八個軍，擴張到了四十四個軍。非但如此，原北京政府的海軍總司令楊樹莊，亦投降國民政府，改編為國民革命軍海軍。北伐過程中這種招降式的收編手段，雖然在很短的時間裡使國民革命軍表面上聲勢大壯，然而背地裡卻也註定了北伐成功後各省軍閥依舊盤踞，甚至民國十九年（1930年）還演出一場大小軍閥合縱連橫、捉對廝殺的混戰（即「中原大戰」）。只不過，傳統的舊軍閥如今搖身一變成為新軍閥，蔣中正則扮演了居間協調、必要時加以號令干涉的實力人物。

國民黨內鬨

民國十五年八月底，蔣中正決定開闢贛、閩戰場時，對國共合作其實已經失去了信心，然而基於本身羽翼未豐，同時戰事進行中仍需要廣州方面的財政接濟，因此他與鮑羅廷之間並未真正公開翻臉。然而私底下，鮑羅廷已積極培植唐生智，計畫以唐取代蔣中正；蔣氏則全力進取上海，企圖奪下這座中國第一大城市，憑上海的財力與國際地位，自立門戶。

正由於蔣、鮑之間各懷鬼胎，對於未來的分道揚鑣早有心理準備，因此在蔣中正攻下南昌之後，即與鮑羅廷就國民政府究竟應該遷往南昌或武漢，有激烈的爭辯。蔣中正至此開始與國民黨右派合作，堅持國民政府與國民黨中央黨部應留在南昌，支持蔣氏此一主張的政壇巨頭包括

❶ 南昌一地即發生三次激烈的攻防戰，孫傳芳所部才受到重創。

國民黨中執會代主席張靜江，和國民政府代主席譚延闓。至於已經前赴武漢的鮑羅廷，除了拉攏國民黨左派成員於民國十五年十二月在武昌召開「中國國民黨中央執行委員會暨國民政府委員臨時聯席會議」，以求搶先掌握國府決策權外，並動員基層黨部發起「迎汪運動」，企圖將在國民黨中仍甚具威望的汪精衛從巴黎找回來，以抗衡蔣中正。

　　為了避免過早與鮑羅廷決裂，南昌方面最後做出了讓步，同意中央黨部及國民政府遷至武漢。然而蔣中正的軍事行動並未嘗稍歇。民國十六年二月十九日，由桂系將領白崇禧率領的第七軍攻入杭州，距上海僅一百八十多公里。

　　隨著麾下大軍逼近國際都會上海，蔣中正開始謀求與日本、英國等在中國擁有殖民地的帝國主義國家進行交涉，企圖取得這些國家的信任與支持。對於鮑羅廷，以及他背後的莫斯科當局來說，蔣中正的這個動作暗示了其與蘇聯的合作關係已行將結束，他開始尋求其他國際強權的支持，以走出對莫斯科的依賴。

　　鑑於親蔣中正的軍隊即將攻入上海，總部設在上海的中國共產黨決定搶先一步奪取對這座大城市的控制權。在白崇禧攻占杭州的當天，中國共產黨控制下的上海總工會發動大罷工，並演變成工人武裝暴動。孫傳芳很快動員軍隊將暴動鎮壓下來，一百多人遭到處決。這場流產的工人暴動，證明了當時中國的舊軍閥勢力，只有靠著另一股軍事力量，才有推翻的可能。

　　民國十六年三月十日，國民黨二屆三中全會在武漢召開，由於國民黨左派在會上占了主導力量，此次中全會成了挑戰蔣中正權勢的一次會議。會上蔣中正雖也被選為中執委，但卻被排除在主席團之外，而其軍事委員會主席的職務亦遭剝奪。對於這一發展，身在南昌並未與會的蔣氏早有心理準備，因而乾脆不予理會。

　　此時蔣中正正忙著調兵遣將，準備隨時進占上海。事實上，就在三中全會左派痛批蔣氏的同時，蔣中正卻正忙著與上海的大資本家們打交道，以爭取迫切需要的經濟援助。二月間，上海聯合商會會長虞洽卿便

代表上海的資本家，親赴南昌拜訪蔣中正，與蔣氏討論未來的合作條件。

三月二十二日，國民革命軍東路前敵總指揮白崇禧率兵攻進上海；二十三日，南京亦為國民革命軍所下。四月一日，蔣中正得到由上海多位巨商聯合籌措的一筆總額高達二百萬美元的貸款。同一天，去國近一年的汪精衛從法國途經莫斯科返抵上海，兩天後，汪、蔣在上海會談，蔣氏勸汪不要前往武漢，汪不置可否。

四月五日，汪精衛與中國共產黨總書記陳獨秀發表了一項聯合宣言，重申國共團結合作的必要。隔日，汪精衛悄悄離開上海前赴武漢。至此，國民黨左、右派各以武漢、南京為據點的態勢已然形成，這次的國民黨內鬨，遂被稱作「寧漢分裂」。

上海清黨

民國十六年三月二十一日，國民革命軍先頭部隊已進逼上海郊區，中國共產黨為搶先取得上海市區的控制權，於當天中午透過上海總工會組織武裝工人糾察隊，進行了另一次總罷工，其目的主要在奪取警察武裝。罷工行動在隔日傍晚，也就是白崇禧的部隊占領上海當天，宣告結束。

蔣中正於三月二十六日抵上海，隨即發表公開聲明，指出他無意使用武力改變上

由中國共產黨所組織的上海工人糾察隊

海國際租界的現狀，同時他的部隊還將負責恢復秩序，解除「非法分子」的武裝。蔣中正的聲明，明白預警了他將對中國共產黨所控制的武裝工人糾察隊進行清剿，以消除美、英、法、日等國的疑慮。三月二十七日，

蔣中正下令禁止上海總工會集會，同時他還分別在上海與杭州籌組由右派勢力所控制的工會，以制衡中國共產黨的工會組織。三月三十日，蔣中正宣布上海實行戒嚴。

四月十二日凌晨四時，在白崇禧的指揮下，由正規軍與上海黑社會幫派聯合組成的武裝部隊，襲擊上海總工會與工人糾察隊。近三千名配有一千七百枝長槍和幾十挺機槍的工人糾察隊，在幾個小時內就被解除了武裝，幾百名欲反抗的工人糾察隊員被殺。十三日，中國共產黨號召上海工人進行罷工，並企圖動員殘餘的武裝力量向軍隊反擊，結果死傷百餘人，還有近百人被捕。十四日，軍隊與憲警聯合展開「清黨」，拘捕了一千多名共黨分子，中國共產黨在上海地區的黨組織，數天之內幾乎完全被瓦解。從四月十二日起連續一個月內，上海有二百多名中國共產黨黨員被逮捕，其中近一百人被槍決。中國共產黨重要領導人周恩來一度亦在清黨行動中被捕，最後化名逃脫。除了上海外，南京、蘇州、杭州、福州與廣州也都激烈地展開清黨行動，這幾個城市，當時是蔣中正與國民黨右派勢力較強大的地方。

蔣中正在上海發動清黨，無異明白昭告了與國民黨左派、中國共產黨、蘇聯的徹底決裂。這一轉變，同時也為民國十三年（1924 年）國民黨改組以來即屈居下風的國民黨右派，扳回了劣勢。孫中山為了獲取蘇聯的援助，不惜冒著引發黨內左右兩派路線與權力鬥爭的風險，遂行國共合作；然而，當內鬨終於演成流血衝突時，孫中山已不在人世，此時夾在左右兩派中間的共產黨，終於成了眾矢之的。

從「寧漢分裂」到「寧漢合作」

國民黨右派一方面在東南各省進行清黨，一方面在南京召開中央政治會議，宣布自民國十六年四月十八日起，國民政府正式遷都南京。會議同時選出完全為右派勢力控制的國民政府新成員，由右派精神領袖、在廖仲愷遇刺後遠走蘇聯的胡漢民，出任國民政府主席。會議的參與者皆是國民黨右派的重要人物，包括蔣中正、吳稚暉、張靜江等。這一場

中央政治會議，無異與一個多月前在武漢召開的二屆三中全會互別苗頭。會議同時還發出了一份通緝名單，聲稱「共產黨竊據武漢，破壞國民革命之進行，數月以來，肆行殘暴，叛黨叛國，罪禍貫盈」。近兩百人的通緝名單上為首的是鮑羅廷，其次則是陳獨秀。

蔣中正在上海發動清黨後，由鮑羅廷主導的武漢方面立即作出回應。四月十八日，國民黨左派人士在武漢召開中執委特別會議，宣布蔣中正為「叛徒」，不僅將之開除黨籍，同時還下令通緝。然而，武漢當局的這些舉動，對於改善其頹勢並無幫助。此時武漢的國民政府僅控有湖北、湖南兩省，南京的國民政府卻擁有東南與西南各省地方軍閥的支持，同時，陝西的馮玉祥與山西的閻錫山亦傾向支持南京，武漢政權陷入孤立無援之中。

事實上，武漢當局真正的危機還在於內部軍人的叛變。首先是駐兵宜昌的夏斗寅倒戈攻打武漢，而駐守長沙的一名團長許克祥亦在五月二十一日發動「馬日事變」，包圍由共產黨把持的國民黨湖南省黨部與總工會，搜捕了共黨分子三千多人。許克祥的兵變，事實上係出自湘軍將領、三十五軍軍長何鍵的授意。武漢政權內部將領的叛變，最主要原因是中國共產黨在兩湖地區的農村進行過於激烈的農民運動，鬥爭地主，許多軍人在家鄉的親族受到波及，影響軍心，終至演成部隊譁變。

在內外雙重壓力下，汪精衛七月十五日終於向黨內提出「分共」要求，稍後並擬定一份「統一本黨政策決議案」，要求凡國民黨黨員不得同時加入共產黨，否則停止職務。事實上，此時不僅國民黨左派失去與共產黨合作的意願，中國共產黨同時也不耐於再與汪精衛結盟。中國共產黨不但宣布退出國民政府，還責罵汪精衛「公開贊助反革命軍官」。中國共產黨的轉變，與莫斯科的態度有很大關係，由於蘇共總書記史達林 (J. Stalin) 對於武漢局勢的發展極不滿意，決定調鮑羅廷回國，同時改弦易轍，直接以武裝暴動奪取政權。八月一日，由中國共產黨直接控制的賀龍與葉挺兩支部隊發動了「南昌暴動」，明白向武漢當局挑戰。國民黨左派與中國共產黨三年半的「國共合作」關係，至此終於壽終正寢。

　　隨著武漢分共，國民黨左右兩派之間多年的爭執與內鬥，表面上似乎得到了解決的契機，「寧漢合作」遂成為可能。民國十六年八月初，經過多番磋商，汪精衛與南京方面的幾位實力派將領，以及右派元老許崇智等人，達成了復合協議，條件則是要蔣中正下臺。由於多位黨內大老的逼宮，以及唐生智在武漢以「東征」為名向南京進軍，蔣中正終於屈服，於八月十一日向黨內遞出辭呈，隨即帶了兩百名衛隊返回浙江奉化故里。這是蔣氏政治生涯中的第一次下野。

　　逼蔣中正去職的，其實是國民黨內一干素來對蔣不滿的人士，以及諸如李宗仁、唐生智等實力將領。然而，蔣的下臺，並不代表這群倒蔣勢力彼此間就能相安無事，反而是內鬨連連，政爭愈烈。蔣中正下臺後，唐生智的「東征軍」並未罷兵，原本在徐州擊敗北伐軍的孫傳芳也趁勢率部南下，而與李宗仁、白崇禧、何應欽指揮的國民革命軍第七軍、第一軍在龍潭發生激戰。孫傳芳戰敗，僅率少數幹部北逃，南下部隊主力被殲滅或繳械。

　　由於此時北伐戰事遇到瓶頸，要求蔣氏復職的聲浪又起。最後在馮玉祥、閻錫山等資深軍人的敦促下，民國十七年（1928 年）一月九日，蔣中正通電宣布繼續行使國民革命軍總司令職權。

　　蔣中正復出後，國民黨內的反蔣勢力或是倒臺（如汪精衛、唐生智），或是轉與蔣氏合作（如桂系軍人李宗仁），蔣氏因而得以繼續積極推動北伐的軍事部署。經過這一番倒蔣風波，國民黨過去左、右兩派壁壘分明的政爭模式，如今已明顯朝向擁蔣、反蔣兩極化的方式轉變。

　　在蔣中正的指揮下，民國十七年五月一日，北伐軍攻克山東濟南；五月底，進抵河北保定。眼見北伐軍勢不可擋，據有北京的奉系軍閥張作霖決定撤回東北根據地。張作霖此舉引起一向支持他的日本軍方嚴重不滿，六月四日，日人在皇姑屯車站炸毀張作霖欲駛返東北的專車，張作霖傷重不治。六月八日，北伐軍進入北京，國民政府下令將北京易名為北平。

　　張作霖死後，其子張學良整頓內部後，決定歸順國民政府。張學良

與東京方面多番協商，取得日人諒解後，民國十七年十二月二十九日，東北全面改懸青天白日滿地紅旗❷，國民政府發布任命張學良為東北邊防司令長官，北伐宣告完成。經過十多年的分裂狀態，至此，中國又回到名義上由單一政府統治的局面。

習　題

1. 試描述北伐進行期間，國民政府內部政爭的演進情況。
2. 從「寧漢分裂」到「寧漢合作」，轉變的關鍵何在？

---

❷　中華民國國旗原為五色旗，國民政府則以青天白日滿地紅旗為國旗。

第五章　南京國民政府統治下的中國

第一節　南京國民政府的成立與施政

摘　要

　　北伐戰事告一段落，以軍事行動完成統一的中國國民黨，依據孫中山的學說作為建設國家政治體制的依據，先後通過《訓政綱領》、〈確定訓政時期黨政府人民行使政權治權之分際及方略案〉，建立起「訓政體制」，「以黨治國」。持民主立場的知識分子（如胡適、羅隆基等），或是其他黨派的政治人物（如中國青年黨、「第三黨」、中國國家社會黨），對國民政府的「訓政體制」，都有嚴厲的批評。

　　崛起於北伐戰爭的各方軍事領袖，如新桂系、國民軍系，以及長期雄霸山西的閻錫山等人，各擁地盤，並不完全聽從南京國民政府調度指揮。國民黨內部各派系政治人物亦彼此相結，大力抨擊南京政府領袖蔣中正的作為，引致政局動盪不安，甚至更發動戰爭，人民受創慘烈。如「改組派」、「西山會議派」結合了閻錫山，於民國十九年（1930年）在北平另立中央政府，引發「中原大戰」，人民飽受苦難，以河南省為例，因戰事死亡人口即達十二萬餘，是民國史上摧殘力最大的內戰。「中原大戰」後，掌控地方各省大政的軍人，反抗南京政府的事件仍層出不窮，特別是以抵抗日本侵略為號召，尤能激動人心。民國二十二年（1933年）爆發的「閩變」，即是一例。這些事件的規模雖然不大，亦皆迅即平息，但在一時之間仍影響了政局。

　　國民政府面臨內憂外患，仍嘗試有所建樹，較諸前此軍閥統治下的中國，大有進展，奠定了此後因應長達八年的中日戰爭的基礎。

國民政府「訓政體制」的成立

　　北伐戰事告一段落，以軍事行動完成中國統一的國民黨，依據孫中山的學說作為建設國家政治體制的依據。孫中山的基本觀點是，中國國民缺乏知識與政治能力，因此必需創造一個「過渡時期為之補救」，「行約法之治以訓導人民」，強調必須在國民必需具備一定的條件後，才能採行西方的民主體制。國民黨即依之為據，創制立法，建立起「訓政體制」。

　　民國十四年（1925 年）制定的《國民政府組織法》就規定「國民政府受中國國民黨的監督指導，掌理全國政務」，初步確立「以黨治國」的體制，此後更全面地落實。民國十七年（1928 年）十月三日，國民黨中常會通過《訓政綱領》，規定「中華民國於訓政期間，由中國國民黨全國代表大會代表國民大會領導國民，行使政權」，「中國國民黨全國代表大會閉會時，以政權託付中國國民黨中央執行委員會執行之」，「指導監督國民政府重大國務之施行，由中國國民黨中央執行委員會政治會議行之」；民國十八年（1929 年）三月二十一日，國民黨第三次全國代表大會通過〈確定訓政時期黨政府人民行使政權治權之分際及方略案〉，畫分黨、政府與人民的權限及實現方略，規定「中華民國人民，須服從擁護中國國民黨，誓行三民主義，接受四權使用之訓練，努力地方自治之完成，始得享受中華民國國民之權利」，還規定國民黨最高權力機關，「於必要時，得就人民之集會、結社、言論、出版等自由權，在法律範圍內加以限制」。民國十八年六月，國民黨中央執行委員會三屆二中全會決議，訓政期限為六年，擬於民國二十四年（1935 年）結束，然則這項決議於民國二十四年屆期時，並未實現。

　　雖然「訓政體制」的政治與法律架構已基本建立起來，但是無法得到廣泛的支持，國民黨第三次全國代表大會決議以孫中山的「遺教」做為「訓政時期中華民國最高之根本法」，頗受非議。蔣中正在內戰中，發

現對手制定約法的主張受到輿論好評，遂主導南京國民政府在民國二十年（1931 年）五月召開「國民會議」，會中通過《中華民國訓政時期約法》（詳見 102～103 頁），為「訓政體制」建立進一步的政治與法律基礎，但並未改變「以黨治國」的實質。

對國民政府「訓政體制」的批評

不論國民政府「訓政體制」依據的理論為何，究其實質，乃是一個由單獨一黨壟斷政治權力的政治體制。亦且，「訓政體制」依據的理論是孫中山的學說，他的學說是否為放諸四海皆準的真理，頗有商榷餘地，胡適就說：「上帝我們尚且可以批評，何況國民黨與孫中山？」國民政府還以法律形式來鞏固權力，如民國十七年三月公布《暫行反革命治罪法》，規定「宣傳與三民主義不相容之主義及不利於國民革命之主張者，處二等至四等有期徒刑」，用法律箝制言論自由與政治自由。一般堅持民主立場的知識分子、與國民黨政治主張不同的政治人物，對這樣的政治體制及其作為，都有相當嚴厲的批評。

知識分子方面，如胡適即曾嚴詞抨擊國民黨內部的一個提案：凡中國國民黨黨部以書面證明為「反革命」的人，司法機關必須以「反革命罪」處其罪刑，對於這個明顯以政黨力量干涉司法、並且與人權理念大相衝突的提案，胡適撰文批評，並想通過新聞媒介，向社會傳達他的抗議聲音。沒想到，他發出去的抗議稿件竟被扣留，不准發布。胡適也和擁有美國哥倫比亞大學政治學博士學位的羅隆基等人在《新月》雜誌撰文，對「訓政體制」與「人權」問題，多所議論，結果《新月》因此被扣留在郵局，無法外寄。可以想見，「訓政體制」下的知識分子雖然有不同的意見，但未必能掌握向社會大眾傳播意見的管道，言論自由受到一定程度的限制。

知識分子關心國是，提筆撰文，自身未必即欲涉足政壇。政治人物則不同，他們提出政見，致力於政治實踐，企盼能創造理想的政治體制。當時活躍的政治人物很多，各有主張與立場。民國十二年（1923 年）成

立的中國青年黨，向來主張「國家主義」，除了不斷申言反對「荒謬的共產主義」，堅決反共之外，也喊出了「打倒一黨專政的中國國民黨」的口號，批評「訓政體制」。又如以鄧演達為首的「第三黨」（原稱中華革命黨，民國十七年春成立，後改稱中國國民黨臨時行動委員會），主張實行「平民革命」，建立「平民政權」。此外如張君勱結合張東蓀等人組成中國國家社會黨（民國二十一年〔1932 年〕在北平發起籌備），批評在國民黨一黨專政下，應該統一的軍政、中央行政「不能統一，不知所以統一」，對於思想言論與政治主張，「不應統一，不能統一，而硬欲統一」，嚴詞批評之外，更進一步地主張「集中心力之國家民主政治」。

綜合而論，「訓政體制」的批評，一方面顯示了人們對民主、法治、人權等理念的共同關懷，深化了中國民主思想的深度，一方面則啟蒙群眾、爭取國民、參與政治，在當時的時空背景下都有重要的意義。

內戰紛起

對國民政府「訓政體制」的批評言論，有思想層域的影響，來自國民黨內部的軍事反對行動與中共的軍事割據活動，在當時造成的影響則更為實際。崛起於北伐戰爭的各方軍事領袖，如新桂系（以李宗仁為首，成員有白崇禧、黃紹紘等人）、國民軍系（以馮玉祥為領袖）、以及長期雄霸山西的閻錫山，各擁地盤，並不完全聽從南京國民政府調度指揮。北伐之後，中國兵額大增，據民國十七年的估計，軍隊一年所需軍費，僅經常費即達五億四千餘萬元，全國年收入不過四億元，裁軍勢在必行。於是，召開編遣會議，著手進行商議事宜，唯各方軍事領袖沒有實現會議決議的意願。

當時針對裁軍也有人提出以北伐戰功作為標準，留下有戰績的部隊，裁撤沒有戰功的部隊，但不為蔣所接受。蔣中正主導的裁軍，除了裁減各集團軍的兵力外，又增加中央直轄的憲兵部隊，變相擴張其直屬第一集團軍的實力，而壓制其他三個集團軍，引發不滿。

新桂系首起抗爭，民國十八年三月，國民政府下令討伐，戰火乃起，

時距全國統一尚不滿三個月。戰事雖迅即結束，新桂系失敗，然已敲響此後一連串各方「新軍閥」群起反抗南京國民政府的鐘聲。

軍人還與國民黨內部各派系政治人物彼此相結，與中央政府敵對，更大力抨擊南京中央政府領袖蔣中正的作為。民國十八年三月，國民黨第三屆全國代表大會召開，反對蔣中正的各派政治人物皆無所獲。汪精衛為首的「改組派」以「護黨救國」為口號，大肆活動。國民黨內較早提出反共主張的「西山會議派」成員，如鄒魯、謝持等人，亦不滿蔣中正，奔走於各方勢力之間。在各方勢力的擁護下，閻錫山於民國十九年（1930年）四月就任中華民國陸海空軍總司令，另立中央。這場反抗行動聲勢浩大，召開擴大會議（民國十九年七月），公布《中華民國約法草案》，標榜民主、法治，頗受輿論界及知識分子好評。不過，軍事角力是決定這場行動成敗的關鍵，蔣中正得到東北軍領袖張學良的幫助，終而獲勝。是役史稱「中原大戰」，雙方鏖兵半年多，投入的兵力達百萬之眾，戰區廣達八、九省，人民受創慘烈，以河南一省為例，因戰事死亡人口即達十二萬餘，逃亡在外者亦達一百一十餘萬，是民國史上傷亡及損害最大的內戰。

「中原大戰」後，蔣中正注意到擴大會議公布約法草案受到好評，因而決定推動制定約法的工作。民國十九年十月三日蔣中正主席遂在開封通電主張召開國民會議，制定約法。由於這是汪精衛及擴大會議的訴求，蔣中正的主張又在未先得到南京中央支持的狀況下提出，爭端又起。由於南京中央不通過蔣中正提出召開國民會議並制定約法的政策，引發蔣的不滿。最後，在蔣中正的主導下，反對此政策最力的胡漢民於民國二十年（1931年）二月失去職務及自由，被幽禁在南京的湯山。胡漢民在近似政變的狀況下遭到拘禁，又造成廣東及廣西聯合反對中央，另組中央黨部和政府。適逢九一八事件發生，蔣中正下野，孫科率十九路軍北上，擔任行政院長，危機才暫告解決。

此後，掌控地方各省大政的軍人，反抗南京中央政府的事件仍層出不窮，特別是以抵抗日本侵略為號召，尤能激動人心。民國二十二年（1933

年），馮玉祥即以抗日為名組織「察哈爾民眾抗日同盟軍」；同年，陳銘
樞等人也在福建打出「抗日、反黨、反蔣（中正）」的旗號，建立「中華

馮玉祥

閻錫山

李宗仁與白崇禧

共和國人民政府」（史稱「閩變」）；民國二十五年（1936 年），兩廣的軍事首腦如陳濟棠、李宗仁等人也以抗日為名，組成「中華民國國民革命抗日救國軍」，預備揮軍北上，由於面對中央軍強勢兵力的反制，廣東的空軍又歸順中央，事件始告一段落。這些事件的規模雖然不大，亦皆迅即平息，但在一時之間都影響了政局。

　　整體言之，在國民政府「訓政體制」之下，只達成了中國形式上的統一，不少省份的掌政者並不完全聽從南京中央政府的號令，往往自行其是，內部的整合及統一都面臨考驗。

建設成果

　　國民政府面臨內憂外患，仍嘗試有所建樹，在一定程度上呈顯了建設國家新局的情勢。

　　在財政金融方面：整頓稅收，劃分中央與各省稅別，民國二十年裁撤釐金。又進行幣制改革，民國二十二年，國民政府規定一切交易改用新鑄銀元計算，以統一幣制，是為「廢兩改元」；民國二十四年十一月，國民政府更公布「法幣政策」，以中央、中國、交通三銀行發行的鈔票為法幣，白銀收歸國有，集中管理準備金，管理外匯，維持法幣的對外匯價。從此，中國脫離銀本位制而步入紙（外匯）本位制。

　　交通方面，國民政府亦有所建樹。㈠鐵路：一度曾計畫完成聯結南北、東西概略成井字形之鐵路網，即平漢－粵漢、津浦－京粵、隴海、粵滇、京湘－湘滇。就實際建設而言，自民國十七年至二十六年（1937年），中國共展築、新建鐵路總里數達二千八百六十公里，主要的有粵漢鐵路接通，隴海鐵路延長至陝西，完成浙贛、同蒲、淮南、江南、蘇嘉、滬杭甬等鐵路。㈡公路：增築成果亦佳，至民國二十六年，公路約增加十一萬公里，其中以西南（南京至雲南）與西北（漢口至新疆）兩大公路幹線最為重要，在抗戰中發揮鉅大的運輸功能。㈢航空：民國十九年，中美合辦中國航空公司；民國二十年，中德合辦歐亞航空公司；民國二十六年，廣東自辦西南航空公司。這些航空公司的飛航路線，遍及國內

各大都市及偏遠地區。㈣水運：沿海及內河航運日漸展開，到民國二十四年時，全國輪船約有三千九百餘艘，載重七十一萬餘噸。㈤郵電：民國二十四、二十五年間，全國郵局總數已增至一萬五千餘所，代辦所一萬二千七百餘所，即使窮鄉僻壤亦有郵路相通。至於長途電話及無線電亦發展極快，除沿海地區外，通至西南、西北偏遠省份。

工業方面：民國二十一年起，國民政府積極實施經濟建設方案，原則上，重工業中的基本化學工業及基礎礦業，歸中央興辦，其餘由地方政府與人民合辦；輕工業則由民間經營，政府予以扶助。至民國二十五年，全國工廠已有二千八百二十六家，工人四十萬餘人。鐵的產量，民國十六年（1927年）為二十五萬噸，民國二十六年增為八十三萬噸。煤的產量，民國十六年為二千四百多萬噸，民國二十六年增為三千七百多萬噸。

農業方面：當時農村經濟甚不景氣，水、旱災頻仍。尤其是民國二十年的長江大水災最為嚴重，災民多達四千餘萬人。為振興農業，國民政府於民國十八年組織中國農業推廣委員會，改進農業生產方式，普及農業知識。民國二十二年設立農民銀行，以低利貸款予各地農村信用合作社，作為改良農業、推廣農村教育及衛生實施之用。水利方面，自民國十七年起，陸續成立華北水利、導淮、黃河水利及廣東治河等委員會，辦理修堤、灌溉及疏濬等工作。導淮工程於民國二十六年五月完成，不僅解決江蘇北部的水患問題，並開闢良田數萬頃。

社會建設方面，國民政府嘗試進行內政改良，「新生活運動」的推行即為一例。民國二十三年（1934年）二月，軍事委員會委員長蔣中正於南昌剿共時，鑑於社會道德敗壞、風氣萎靡，發起「新生活運動」，呼籲全國國民以禮、義、廉、恥，為日常生活衣食住行的規範；以整齊、清潔、簡單、樸素、迅速、確實，為生活行為的準繩，使生活軍事化、生產化及藝術化。中國是以農業為主的社會，社會建設亦以鄉村建設為重心，五四新文化運動以後，部分知識分子發起「鄉村建設運動」。此一運動又可分成三派：㈠平民教育派，以晏陽初為代表，主張廣設平民學校，

以培養國人的知識力、生產力及公共心；㈡鄉村生活改造派，以陶知行為代表，主張生活是教育的中心，鄉村學校為改造鄉村生活的中心；㈢鄉村建設派，以梁漱溟為代表，主張以鄉農學校為中心，一面從事社會改良運動，一面推動農村建設工作。北伐完成後，國民政府將鄉村建設運動列為政府的政策，於民國二十二年成立農村復興委員會，從自治、教育、衛生等方面著手，全面推展鄉村建設。另外，為改善租佃關係，使佃農獲得合理利益，國民政府亦在廣東、湖南、湖北及浙江等省試行「二五減租」政策。二五減租是將全年農作收穫總量的 25% 歸於佃農，其餘 75% 由地主與佃農平分，亦即地主可獲總量的 37.5%。此項政策，以陳誠在湖北推動最力，也與他後來出任臺灣省主席後實行的「三七五減租」，內容幾近相同。

除積極從事農村的復興與建設外，國民政府亦推行「合作運動」。合作運動，是設立合作社、產業合作社、運輸批發合作社及消費合作社等，作為實行民生主義的一種方法。至民國二十五年，已有三千七百餘所合作社，社員達一百六十四萬餘人。

其他方面的建設成果，亦頗可觀：

㈠軍事方面：民國十八年起，國民政府規定高中以上學生，利用暑假接受三星期的軍事訓練。民國二十二年六月公布《兵役法》，行徵募並行制，民國二十五年付諸實施。民國二十二年七月，在江西廬山創辦軍官訓練團，每年暑期徵調高級軍官受訓。陸軍方面，為統一武器裝備，存強去弱，民國二十四年成立陸軍整理處，以減少大單位、充實小單位、加強特種兵為原則，計畫逐年整編。海軍方面，民國十七年成立海軍署，翌年擴充為海軍部，至民國二十五年，已有戰艦五十三艘。空軍方面，成就最大。民國十七年首先於陸軍軍官學校內成立航空隊，而後屢次擴大組織；民國二十年，在杭州筧橋成立中央航空學校，專門造就空軍人才。至民國二十六年，中國空軍共有九個大隊，大小飛機八百餘架，機場二百六十二處。

㈡外交方面：北伐之後，國民政府積極對外交涉，以收回主權。民

國十八年至二十年間，中國陸續收回天津比利時租界、威海衛租界及廈門英租界；與比利時、義大利、丹麥、葡萄牙、西班牙、希臘、捷克等國，訂立平等互惠通商條約；與美國、德國、挪威、荷蘭、瑞典、英國、法國、日本等國，另訂關稅新約，各國承認中國享有關稅自主權。

㈢學術教育方面：無論高等教育、中等教育、小學教育及社會教育，均有可觀的發展。學術方面，民國十七年設立中央研究院，是專業的學術研究機構，對中國現代學術發展有一定的貢獻。另也設立北平研究院等其他學術研究機構。高等教育方面，專科以上學校，由民國十七年的七十四所，增至民國二十五年的一百零八所。中等教育方面，與北伐前相比較，民國二十五年時的中學（包括普通中學、職業學校、師範學校），數目約增加四倍，共有三千二百六十四所；學生人數約增加五倍，共有六十二萬餘人。小學教育方面，民國十八年，學齡兒童就學率為 17%，至民國二十五年已增加到 43%，人數達二千三百餘萬人。民國二十四年，頒布義務教育計畫，原期於十年後讓全國學齡兒童均接受四年義務教育，但對日戰爭爆發，計畫遂為之延擱。社會教育方面，一般社會教育機構，如民眾教育館、圖書館、美術館等，及學校式的社會教育機構，如民眾學校、補習學校，此時期亦成長迅速，數目由民國十七年的一萬零七百七十三所，增為民國二十五年的十五萬八千零三十八所；學生人數亦由二十一萬餘人，增至三百八十六萬餘人。

面臨內憂外患的國民政府，在這些年的建樹，較諸前此軍閥統治下的中國，大有進展，奠定了此後因應長達八年的中日戰爭的基礎。

習　題

1.試描述國民政府「訓政體制」成立的理論依據。
2.試論述知識分子和政治人物對國民政府「訓政體制」的批評。

第二節　外患與中國的反應

摘　要

　　南京國民政府成立後，日本變本加厲侵略中國。「中原大戰」結束，日本認為有機可乘，即於民國二十年（1931 年）九月十八日在瀋陽發動「九一八事變」，進兵東北，至翌年一月二日入錦州，整個東北在一百天內完全淪失。國民政府基於國內外因素的考量，主要採取不抵抗政策，對日本武力可以退讓，交涉絕不放鬆。請求國際聯盟（簡稱國聯）制止日本行動，要求恢復東北原狀。但日本卻扶植清廢帝溥儀在東北建立「滿洲國」政權，完全渺視國聯的動作。「九一八事變」後，日本野心更不曾稍止，動作頻頻，先後在上海發動「一二八事變」，進占熱河，進而更發動「長城戰役」，隨後並開始策動「華北自治」。

　　日本逐步進逼，激起了中國民族主義的重重波濤，「抗日」、「救亡」的行動與呼聲，綿連不絕。國民政府對日本的挑釁多所忍讓，採取「先安內後攘外」的政策，卻不能完全得到國民的體諒，抗議群起，學生青年扮演了打前鋒的角色。當時規模最龐大的學生救亡行動是民國二十四年（1935 年）爆發於北平的「一二九運動」。學生的行動猶若陣陣驚雷，震動了中國大地。

　　在日本進逼的「國難」時期，知識分子各以獨特的方式因應危局。或「為救亡圖存之學」，將學術工作和現實環境緊密的結合在一起。或是創辦政論刊物，以言論報國，其中最具代表性的是民國二十一年（1932 年）五月創刊的《獨立評論》週刊。

　　在這個階段，中共也在學術、文化思想領域裡挑起重重鬥爭。諸如「中國社會性質論戰」、「中國社會史論戰」等論戰，都有相當的影響。一般思想左傾的文化界人士，也在中共的指揮下結合在一起，成立「中國左翼作家聯盟」、「中國社會科學家聯盟」等團體，進行活動。國民政

府相當注意這些「左翼文化運動」的成員與團體，採取了各式防範與取締措施，然而成效不著。「左翼文化運動」對中共的「革命」取得「勝利」，在思想與意識形態領域中扮演了相當重要的角色。

「九一八事變」

　　日本對二十世紀中國帶來的傷害，不可勝數。國民政府成立後越發變本加厲，不斷滋生紛端。民國十八年（1929 年），中、蘇中東路事件爆發時，關東軍參謀阪垣征四郎大佐、石原莞爾中佐即力主占領滿蒙，被日本政府制止。民國二十年（1931 年）七月，藉口萬寶山韓僑與農民的衝突，以及日本間諜中村被殺，軍方的態度更為積極。日本昭和天皇雖曾特別下詔整飭關東軍軍紀，阪垣、石原等佐（校）級參謀則決定發動事變。

　　「中原大戰」結束，東北軍領袖張學良留駐北平，日本認為有機可乘，民國二十年九月十八日，日軍自導自演，炸毀瀋陽附近柳條溝的一段鐵路，以此為由進兵瀋陽北大營，「九一八事變」爆發，日本揮軍東北，至翌年一月二日入錦州，整個東北在一百天內完全淪失。

　　面對「九一八事變」，基於國內外因素的考量，國民政府主要採取不抵抗政策，對日本武力可以退讓，交涉絕不放鬆。主政者以為在國際上，歐美列強受經濟恐慌的壓力，無暇制止日本的侵略；在國內，江西剿共正在開始，兩廣又脫離中央獨立，而長江、淮河和運河的水災嚴重，政府實在窮於應付。另一方面，日本內閣亦請天皇制止事變擴大。但是，關東軍卻聲稱如果天皇強行約束行動，將在滿洲獨立。至此，日本文人政府固已無法有效約束軍隊，甚至連高級將領亦難以完全掌握中下級軍官的行動。

　　國民政府當時的交涉之道是請求國際聯盟（簡稱國聯）制止日本行動，要求恢復東北原狀。民國二十年十二月，國聯決議組團調查，但當國聯調查團在民國二十一年（1932 年）三月抵達中國之際，日本卻已經扶植溥儀登上「滿洲國執政」的寶座了（民國二十一年三月九日；後於

國聯調查團

民國二十三年〔1934 年〕三月一日稱帝），完全藐視國聯的動作。期望
國聯制裁日本的行動，更在日本於民國二十二年（1933 年）宣告退出國
聯後完全落空。

　　「九一八事變」後，中國失去了約十分之一的領土，十分之七的大
豆產額，三分之一的森林，三分之一的鐵礦，五分之二的鐵路與輸出貿
易，損失慘重。日本並迅速將東北殖民地化，成立「南滿鐵道株式會社」，
作為統制的經濟中樞，農村與土地則受「滿洲拓殖會社」的支配。日本
在中國的經濟力量也大幅增長，民國二十年後，短短四、五年間，日本
在華北新增投資即達七三三〇〇萬元。

其他外患

　　北伐完成以後，除了日本之外，蘇聯也曾是主要外患，當時蘇聯即
積極圖謀介入東北及新疆。民國十八年，蘇聯企圖完全掌控中東鐵路，
其駐東北外交人員並涉及介入中國內政。張學良因此強制接管中東鐵路，
逮捕涉案的俄僑。

蘇聯則先於七月十七日宣布對中國斷交，展開邊境的侵擾行動，進而分兩路進兵，正式展開軍事侵略行動，東路占領同江、富錦，西路攻陷札蘭諾爾及滿洲里。其後因怕刺激日本，未有進一步的軍事行動，這也是國民政府完成北伐後，在日本武裝侵略之前，首次面對的外國武裝侵略。

新疆方面，蘇聯則從民國二十年起，先後與金樹仁、盛世才締結協定，並協助新疆當局對抗以甘肅馬仲英為首的回軍。最後到民國二十五年（1936年）初，蘇聯甚至與盛世才締結具有同盟性質的軍事協定，中國主權嚴重受損，而蘇聯則在新疆擁有實際的主導權。

日本逐步進逼

日本軍方在「九一八事變」後，並未遭到國內外的有力約制，野心不曾稍止，動作頻頻，民國二十一年一月二十八日又在上海發動「一二八事變」。中國軍隊奮起抵抗，激戰至三月，日軍屢攻不下，又受到國際壓力，於是始告停火，與中國簽訂《淞滬停戰協定》，退出上海。

民國二十二年，日軍又進占熱河，進而發動「長城戰役」，中國軍隊力抗不懈，雖有捷報，但無法全面擊退日軍。國民政府為了爭取時間，該年五月三十一日，忍辱與日本簽訂《塘沽停戰協定》，冀東形同淪失，日本力量直進河北，又開始策動「華北自治」，大有製造第二個「滿洲國」之勢。

日本逐步進逼，激起了中國民族主義的重重波濤，「抗日」、「救亡」的行動與呼聲，綿連不絕。

學生運動

在這樣的情勢下，國民政府則採取「先安內後攘外」的政策，對日本的挑釁多所忍讓，這樣的政策與態度並不能完全得到國民的體諒，抗議群起，學生青年更扮演了打前鋒的角色。民國二十年「九一八事變」爆發後未幾，南京、上海一帶的學生就向國民政府請願，要求出兵抵抗，

鬧出學生毆打外交部長王正廷的風波。當年十一月，日軍在天津挑釁，更激起平、津一帶學生的憤怒，除了罷課進行反日宣傳活動外，還派遣代表南下請願，全中國各地學生群起效法聲援，到月底，聚集在南京的請願學生竟達二萬之眾。十二月，北京大學學生組成了「北京大學全體同學南下示威團」，到南京遊行示威，部分成員被軍警逮捕，事態頓時擴大。經過多方疏導，學生的行動方始暫時平息，然已埋下此後學生更積極參與抗日救亡行動的種子。

當時規模最龐大的學生救亡行動是民國二十四年（1935 年）的「一二九運動」。民國二十四年，日本步步進逼華北，局勢危急，甚而在河北扶植傀儡政府：「冀東防共自治委員會」，以殷汝耕為委員長，通電脫離中央，宣布自治。北平的學生群情激憤，喊出「華北之大，已經安放不下一張平靜的書桌」的口號，十二月九日，各大學、中學學生走上街頭示威抗議，開始罷課。十二月十六日，學生再度群聚街頭，和軍警發生衝突，學生七十五人受重傷，二百九十七人受輕傷，八人被捕，二十五人失蹤。北平的學生運動浪潮旋即傳播全國，在其他三十五個城市裡，也發生了六十五次的學生示威運動，學生的行動猶若陣陣驚雷，一時之間，震動了中國大地。

知識分子的回應

在日本進逼的「國難」時期裡，知識分子對如何因應危局，各有獨特的回應方式。例如當時的日本學界有「滿（洲）蒙（古）在歷史上非支那（中國）領土論」，為日本進占東北（滿洲）、扶植「滿洲國」的行動提出「理論」依據。於是一群歷史學者如中央研究院歷史語言研究所所長傅斯年（後曾任臺灣大學校長）等人集合起來，計畫撰寫一部《東北史綱》，論證東北就像江蘇、福建一樣一直是中國的領土（第一卷於民國二十一年出版）。又如時任北平燕京大學教授的顧頡剛創辦「禹貢學會」及《禹貢雜誌》（民國二十三年三月創刊），極力進行中國邊疆區域的研究與調查工作，「為救亡圖存之學」，「希望在真實的學術裡尋出一條民族

傅斯年   《獨立評論》書影

　　復興的大道來」。知識分子的學術工作，和現實環境緊密的結合在一起。

　　　學術領域之外，知識分子對現實世界的情勢，也各有主張，透過政
論刊物具體的表達出來，最具代表性的是《獨立評論》週刊（民國二十
一年五月創刊，二十六年〔1937年〕七月停刊）。《獨立評論》是以胡適
為中心的一群思想立場都比較接近、私人之間也頗有情誼的知識分子創
辦的，不但是他們抒發己見、議論國是的園地，也刊布了一般知識分子
的心聲與見解。大體而言，《獨立評論》刊載的文章，一方面仍繼續批評
國民政府的訓政體制與作為，另一方面則對因應國家危局的策略，提出
各式主張。但是，《獨立評論》作者群的主張並不完全一致，針鋒相對的
言論很多，論戰頻頻，其中以「民主與獨裁論戰」最引人矚目。國民政
府成立以來，內戰紛起，日本逐步進逼，是以若干知識分子（如蔣廷黻、
丁文江等）即認為，中國想要切實達成「統一」、「建國」的目標，必須
先採行專制獨裁，特別是仿行當時蘇聯的「無產階級專政」亦或義大利、
德國的「法西斯獨裁」；和這樣的主張相對立的知識分子（如胡適、陶希
聖等）則明白反對這種主張，強調中國應該採行西方式民主憲政體制的

必要性，胡適更表明，「除了一致禦侮」之外，只有「廢除黨治、公開政權、實行憲政」，才能「收拾全國的人心」。「民主與獨裁論戰」是特殊時空下的產物，呈顯了民族主義與民主（自由）主義的緊張關係：當國家民族面臨存亡絕續的關頭，是否就該放棄實現民主體制的信念？這場論戰衍生的問題，值得深思。整體而言，《獨立評論》作者群的主張並不一致，但彼此間坦率地交流意見、相互辯難，是中國知識分子議論時政的典範。

　　一般知識分子面臨重重「國難」，在自己的學術工作崗位上戮力以赴，也提筆為文，以言論報國，在中國歷史留下了特殊的篇章。

「左翼文化運動」

　　中共的「革命」行動，不僅在政治、軍事領域中發展，學術文化領域中也是行動頻頻，在中共的指揮下，打出「左翼」的旗幟，以國民政府與一般不接受共產主義主張的知識分子為敵，挑起文化、思想領域中的重重鬥爭。

　　1920 年代末期，不少立場偏向中共（亦或曾加入中共）、思想左傾的知識分子對於北伐的結果與當時中國共產主義運動遭受的失敗與困局，普遍感到失望，因此針對著「中國社會往何處去」的問題進行檢討，爆發了「中國社會性質論戰」。論戰的焦點是帝國主義勢力入侵帶來的影響、「封建主義」與「資本主義」在中國社會的地位問題。又由於對「中國社會性質」的探討，與如何解釋中國社會的歷史發展過程密切相關，又掀起了「中國社會史論戰」。特別是郭沫若在民國十九年（1930 年）發表《中國古代社會研究》，以馬克思主義觀點解釋中國社會的歷史發展過程，並對中國歷史的階段進行分期，他的解釋，受到嚴厲的批評，以《讀書雜誌》這份期刊為主戰場，燃起了「中國社會史論戰」的戰火，各方論者對中國歷史發展階段等課題，大發論議。此後又有「中國農村社會性質」論戰，對於中國農村經濟的現狀、農村社會的性質與未來，有熱烈的論辯。這些論戰在當時的歷史與社會科學研究領域中都頗受矚

目，產生相當的影響。

「左翼」文化團體的出現

一般思想左傾的文化界人士，也在中共的指揮下結合在一起，成立各種團體，進行活動。首先問世的是主張要「站在無產階級的解放鬥爭的戰線上」的「中國左翼作家聯盟」（簡稱「左聯」；民國十九年三月二日在上海成立），奉當時思想已然左傾的魯迅為精神領袖。「左聯」（包括各地支部）的成員未必都是中共黨員，但是中共在「左聯」設立了黨團組織，派任黨團書記。「左聯」的方針大計與許多活動都經過中共中央宣傳部文化工作委員會討論，由「左聯」黨團決定，再由「左聯」的常務委員會具體執行，可見中共和「左聯」的密切關係。「左聯」以外，在其他學術文化領域活動的左派人士也組織了各種團體，例如「中國社會科學家聯盟」（民國十九年五月十日成立）、「中國左翼美術家聯盟」（民國十九年七月成立）、「中國左翼劇團聯盟」（民國十九年八月成立；後改名「中國左翼戲劇家聯盟」）等等，中共為了加強對這些團體的領導，設立

魯迅與青年

「中國左翼文化總同盟」（簡稱「文總」；民國十九年七月成立），日後成立的「中國新聞記者聯盟」、「中國教育家聯盟」等團體也都歸「文總」領導，可見中共對於在學術文化領域展開鬥爭行動的重視。

這些團體除了本行的工作外，也承擔起宣傳、吸收青年、挑起學術文化界中的批判鬥爭言論等等任務。像「左聯」成員就在報刊發表雜文，諷諭時政，介紹、翻譯馬克思主義的文藝理論，更配合時局發表各種宣言。「中國社會科學家聯盟」成立了「中國社會科學研究會」，組織、指導青年學習馬克思主義理論。不少左傾的文化界人士還進入電影界，或寫劇本或執導電影，也創作電影的主題曲，如現今中共政權的「國歌」：田漢作詞、聶耳作曲的〈義勇軍進行曲〉就是電影〈風雲兒女〉的主題曲。這些團體對當時若干不與共產黨同道的知識分子和言論，也進行批判鬥爭，像「左聯」先後批判過「民族主義文學運動」、「文藝自由論」等等主張。此外，對一般知識分子創辦的刊物和意見也有批評，如林語堂創辦了宗旨是「以自我為中心，以閑適為格調」的《人間世》，刊載小品文章，「左聯」成員對之大加韃伐，魯迅就批評《人間世》是「麻醉品」，措辭嚴厲。

國民政府對「左翼文化運動」的反制

國民政府對這些參與「左翼文化運動」的成員與團體，相當注意，採取了各式防範與取締措施。民國十九年公布《出版法》，規定書刊出版的各種原則，成為查禁書刊的法源，僅在民國二十年，因「宣傳共產主義」、「鼓吹階級鬥爭」等理由被查禁的書刊就有一百四十餘種。國民黨中央宣傳部還成立了「圖書雜誌審查委員會」（民國二十三年），規定圖書雜誌出版前須將稿本呈送該會審查。國民政府也緝捕「左翼文化運動」的成員，民國二十年一月逮捕了柔石、胡也頻等「左聯」五位成員，後被祕密槍決，這五位青年被稱為「左聯五烈士」，他們的死，讓國民政府受到相當的批判。

雖然國民政府有意防範與抑制「左翼文化運動」的發展，但是成效

不著，各種「左翼文化運動」的成果仍然有相當的影響。例如艾思奇將馬克思主義哲學觀點通俗化的小冊子《大眾哲學》（原名《哲學講話》）自民國二十四年出版，到民國三十八年（1949 年）中共政權建立時為止，再版三十二次，發行了上百萬冊之多，對宣傳馬克思主義哲學有很大的影響力。「左翼文化運動」對中共的「革命」取得「勝利」，在思想與意識形態領域中扮演了相當重要的角色。

習 題

1. 試描述學生與知識分子對於外患入侵的反應。
2. 試論述「左翼文化運動」的發展概況。

第三節　中國共產黨的發展

摘 要

中國共產黨在民國十六年與國民政府完全決裂之後，陷入了發展的困境。在城市裡，共產黨的工人運動遭受國民政府無情的鎮壓，毫無發展空間可言。包括毛澤東在內的少數中國共產黨幹部於是率領一小股紅軍，嘗試在極偏僻的山區農村建立根據地，以打游擊方式與圍剿的國民政府正規軍周旋。中國共產黨將這種農村根據地稱為「蘇維埃」，簡稱「蘇區」。

「蘇區」的發展策略，後來證明是中國共產黨在當時環境下最有效的生存方式，最大的江西蘇區甚至擴展到統轄有兩百多萬人口。南京政府雖然一再動員龐大軍力對蘇區進行圍剿，尤其是五次圍剿江西蘇區，仍未能將中國共產黨完全消滅。

然而面對國軍一再進攻，中國共產黨最後仍被迫放棄既有的蘇區根據地，集體向西轉進，在更落後、更偏僻的中國西半部，尋找發展的可能性。這一大規模的軍事突圍，在中國共產黨黨史上稱為「長征」。

武裝暴動與建立蘇維埃

　　對於中國共產黨黨人來說，民國十六年（1927 年）七月，國共合作的徹底結束，是一次沉重無比的打擊。中國共產黨幾乎在一夕之間喪失了多年來賴以生存的空間，同時還折損了不少黨員。苦心經營的上海工人隊伍，在蔣中正的強力清剿下，土崩瓦解；廣州、武漢、長沙等據點亦紛紛被國民黨實力軍人重新奪回。此時共產黨能控制的武力只剩粵軍將領張發奎轄下的一個軍和一個師，分別由賀龍和葉挺指揮，另外任南昌公安局長的朱德亦控制有兩個連的兵力。這些部隊加起來，大約有一萬六千人，集中在江西北部一帶。

　　七月中旬，莫斯科共產國際向中國共產黨中央下令，要求動用這些殘存的武力，在南昌發動暴動，之後再向南方挺進，最終回到廣州建立根據地，奪取出海口，以便獲取共產國際的援助，重新舉行「北伐」。

　　八月一日，賀龍、葉挺等部在南昌舉兵，收繳了駐南昌另外幾支部隊的武裝，數日後依計畫向廣東進兵。由於這是中國共產黨首次以自身武力所進行的軍事行動，故日後中國共產黨遂以「八・一」作為「建軍節」。不過葉、賀的部隊尚未進抵廣東，便遭到國民政府粵軍部隊的阻截，最後只能逃向廣東、江西、福建交界一帶的山區。

　　在「南昌暴動」後不久，中國共產黨中央於漢口召開「八・七會議」，會上將國共合作失敗的責任完全推諉到前任總書記陳獨秀身上，瞿秋白取代了陳獨秀主持中央臨時政治局，同時在共產國際授意下擬定了一個大膽的農民暴動計畫，在中國共產黨影響力較大的湖南、湖北、江西、廣東四省農村同時動員農民進行秋收暴動。四省的暴動最後統統遭到政府軍的反擊，以失敗收場，領導湖南省農民暴動的毛澤東率領殘部退向江西省山區，與南昌暴動殘存的朱德部隊會合於江西、湖南交界上的井崗山，合組成當時中國共產黨較具規模的一支武裝力量，並自稱「工農紅軍」第四軍，一共只有三千多人。

　　從民國十六年十月到十八年（1929 年）年初，毛澤東與朱德在井崗

中國共產黨在中央蘇區開會的情形

山盤據年餘，其間又加入了彭德懷從湖南軍閥何鍵部隊中叛逃帶出的八百多人，自成了一個小局面。然而在國軍不斷的圍剿下，毛、朱、彭等人陸續率部撤向贛南、閩西的廣大山區，尋找更大的發展空間，最後終於在江西南部鄰近福建的瑞金一帶，建立了工農兵政權，並套用俄語自稱為「蘇維埃」。

在民國十六年至十九年（1930年）間，中國共產黨從各地暴動中殘存下來的武裝部隊，分別在江西、福建、浙江、湖南、湖北、河南、安徽，甚至廣西等地的邊界山區，進行武裝割據，建立起大小不一的「蘇維埃」，其中以毛澤東、朱德等人領導的贛南、閩西蘇維埃為最大，極盛時管轄有二十一個縣城，二百五十萬人口，稱為「中央蘇區」。

五次圍剿

民國十九年十月，蔣中正主導的南京政府在「中原大戰」中告捷後，決定轉移力量對盤踞在華南山區的紅軍進行圍剿，以防中國共產黨武裝力量進一步擴大。該年十二月，蔣氏調集了十萬兵力，針對中央蘇區進行第一次圍剿。紅軍雖然在人數、裝備上均遠居劣勢，然而其所採取的

山區游擊戰術，先誘敵深入，再各個擊破，使得國府圍剿部隊鎩羽而歸。在瑞金西北方一百公里遠的龍岡地區，圍剿部隊死傷被俘近萬人，一整個師遭到殲滅，師長甚至被活捉。民國二十年（1931 年）一月，第一次圍剿以失敗收場。

遭到一次失敗，蔣中正並不死心，民國二十年四月，他又調集二十萬軍隊，任命何應欽為南昌行營主任，再向中央蘇區進行第二次圍剿。期間蔣中正甚至通令各地，此後對中共一概以「赤匪」相稱，至於投降中共者，則稱之為「匪奴」。面對這次圍剿，中國共產黨仍然施展游擊戰術，在山林間繞圈子誘使政府軍入其圈套，再予以一一殲滅。從五月中旬至下旬，國軍連續吃了幾場敗仗，損失達三萬人，紅軍並繳獲二萬多枝步槍，第二次圍剿仍以失敗告終。

民國二十年七月一日，蔣中正下達第三次圍剿令，調集三十萬兵力，親任總司令，兵分三路，對中央蘇區進攻。此時中央蘇區的紅軍數量已增加到三萬多人，憑其快速移防的機動性，令大部隊行動的國軍掌握不到行蹤。國軍雖仰賴優勢兵力，一度克復興國、雩都、瑞金等蘇區重要城市，然而並無法真正消滅紅軍。八月初至九月中，就在前兩次圍剿失利的同一片山區，政府軍再度遭到重挫，損失三萬多人，丟掉近一萬五千枝槍。第三次圍剿仍舊宣告失敗。

第三次圍剿儘管遭遇挫折，但國軍仍有實力再戰。然而民國二十年九月十八日，「九一八事變」爆發，蔣中正為忙於處置與日方的衝突，遂將剿共事宜暫時擱置了下來。民國二十一年（1932 年）年中，國民政府在與日本簽訂《淞滬停戰協定》，結束了三個多月來的上海淞滬戰役後，終於有餘力再對湖南、湖北、安徽、河南等地的中國共產黨根據地用武。在外患頻仍之際，蔣中正提出了「攘外必先安內」的口號，民國二十一年七月，南京當局動員了五十萬兵力，左右開弓，向鄂豫皖、湘鄂西一帶的紅軍進行夾擊。與此同時，國民政府亦動員情治系統力量，對潛伏在上海的中共黨中央進行圍捕。

事實上，自民國十六年上海清黨之後，國、共雙方特務人員便在上

海展開長達數年的暗中較勁，直到民國二十一年年底，中國共產黨黨組織愈來愈難在上海立足，才決定遷入江西瑞金。不過，中國共產黨在上海、南京等國民政府中樞地帶的潛伏滲透工作並未曾稍歇，事實亦證明中國共產黨的地下工作確實為國民政府帶來許多破壞。

　　民國二十二年（1933年）年初，由於對湘、鄂、豫、皖一帶共黨蘇區的軍事圍剿取得不錯的戰果，再加上中共黨中央已撤往瑞金，蔣中正決定再集結大軍對江西中央蘇區進行第四次圍剿。這一次政府軍調動了三十多個師的兵力，重重包圍紅軍所盤踞的山區，一度收復了幾個紅軍長期占領的縣城，最後雙方形成僵持局面。然而該年一月三日，已據有東北的日軍突然進攻山海關，隨後入侵河北、熱河，三月初承德陷落，日軍再在長城沿線發動攻擊，華北局勢全面告急，平、津岌岌可危。這一情勢的發生，逼使南京方面不得不抽調軍隊北上，原本在江西督軍的蔣中正只好暫時放棄進一步的剿共計畫，對中央蘇區的第四次圍剿半途而廢。

　　民國二十二年五月三十一日，中日雙方簽訂《塘沽停戰協定》，北方邊患的壓力稍減。十月初，蔣中正在南昌召開「剿匪」軍事會議，訂定對中共中央蘇區的第五次、也是規模最大的一次圍剿計畫。此時經過數年經營，中央蘇區的紅軍人數已達到八萬之眾。鑑於前此幾次圍剿行動在戰術上的缺失，蔣中正決定第五次圍剿的工作必須步步為營，以廣築碉堡、建構據點為基礎，鋪設公路將布建起來的據點一一連接，以縮小、壓制紅軍所盤踞的地區。圍剿行動持續了大半年，到民國二十三年（1934年）七月間，中央蘇區的範圍縮小到只剩下以瑞金為中心的幾個縣城，糧食、鹽、以及其他軍需品日漸短缺，兵員同時也明顯不足，為此中國共產黨還曾在蘇區範圍內徵召農民，以補充折損嚴重的紅軍部隊。

　　民國二十三年十月初，政府軍攻克瑞金北方的石城縣，距瑞金只剩數十公里路程。至此紅軍頹勢已無挽回可能，除非突圍另謀出路，否則將只剩全軍覆沒一途。十月中旬，紅軍主力五個軍團突破政府軍封鎖，向西轉進，放棄經營多年的中央蘇區。至此國府第五次圍剿宣告勝利，

中共紅軍則開始了號稱「長征」的流竄逃亡。

「長征」

所謂的「長征」，一開始無異於整個中央蘇區的大搬家。八萬紅軍，帶著大小輜重，連印刷機、修理軍械的機器，以及與莫斯科聯繫用的大型電臺也都扛著走，結果行軍速度緩慢不說，還在山林間的羊腸小徑上擠成一團，成了尾隨追捕的政府軍的靶標。十一月下旬，紅軍穿過湖南省邊界進入廣西，準備渡過湘江後向北進入湘西與另一支紅軍——賀龍的二軍團與蕭克的六軍團——會合。

然而這一計畫早已在南京方面的掌握之中，國府調動粵、湘、桂各路軍隊，沿途設下重重封鎖，等著紅軍自投羅網。十一月底，紅軍在廣西東北部的全州、興安之間，準備渡過湘江時，遭到湘、桂軍夾擊，紅軍主力連同中國共產黨中央機關人員花了五天時間才陸續完成渡江，然而在護衛防守過程中折損了一半以上的兵員，甚至有一部分紅軍還來不及渡過湘江便被殲滅。紅軍人數從長征開始的八萬人銳減到只剩三萬。此時政府軍沿著湘西南的武岡、城步、綏寧、靖縣、會同等地組成一道防線，準備紅軍一旦北上便予以迎頭痛擊。中國共產黨領導階層面對此一局勢，乃臨時改變主意，往西進入貴州，十二月中旬紅軍抵達貴州黎平，經過黨內會議決定，放棄北上與湘西紅軍會合的計畫，轉而深入貴州境內，往政府軍力量較薄弱的黔北進軍。

遵義會議

民國二十四年（1935 年）一月五日，紅軍進占黔北重要城市遵義，次日起中國共產黨中央政治局在這裡舉行為期三天的「遵義會議」，會上毛澤東、劉少奇、彭德懷等人聯合起來指責以秦邦憲為首的黨中央戰術、戰略錯誤，導致紅軍無可彌補的損失。會議促成了中國共產黨中央領導層的改組，在毛澤東等人的支持下，張聞天接替秦邦憲出任中國共產黨總書記，毛澤東則獲選為中央軍委主席，掌握了軍事指揮權，同時連跳

兩級，從原來的中國共產黨中央委員一下子成為政治局常委。這是毛澤東頭一次進入中國共產黨中央的決策層內，因而遵義會議遂成為毛日後邁向個人權力高峰的重要起始點。

　　吸取了近三個月來的流竄經驗，遵義會議決定放棄原來搬家式的大部隊行軍，將一切笨重裝備丟棄，改採輕裝靈便的方式，以閃避政府軍的追捕圍剿。從民國二十四年一月到四月底，紅軍隊伍在貴州省境內與追兵形成捉迷藏局面，由於國民政府在貴州缺乏有力的地方部隊，設若不是國軍窮追不捨，紅軍很可能像在江西時一樣，在貴州境內成立新的蘇區。

　　這支從中央蘇區竄逃出來的紅軍，此時自稱為第一方面軍，原本希望能進入湘西與賀龍、蕭克所率的第二方面軍會合；在被趕入貴州後，又希望能從遵義北上打進四川，與盤踞在川北、擁有八萬兵力的第四方面軍會師。不過因為四川地方軍閥武力強大，堵住了一方面軍北上的通道，逼使一方面軍只能繼續向西前進。四月底，紅一方面軍進入雲南，數天後更渡過金沙江，前進到西康，然後沿著縱谷地形北上進入川西，六月中旬終於在四川西北方的懋功與紅四方面軍會合。

紅軍隊伍

抵達陝北

　　從離開貴州到抵達懋功為止，紅一方面軍所行經的地區沿途都是崇山峻嶺與少數民族居住地，紅軍在一個多月的急行軍裡，傷患、掉隊、自殺、攜械逃亡者甚眾，因而當紅一方面軍到達懋功時，只剩約一萬人，除去中國共產黨中央機關人員，兵員才八千，而且衣衫襤褸，彈藥缺乏。相形之下，從容在川西等待的紅四方面軍不僅有八萬之眾，而且戰鬥力強。然而就領導權的歸屬來講，千里迢迢來到川西的紅一方面軍卻是名正言順的中國共產黨黨中央，這使得紅四方面軍的領袖張國燾產生了另立黨中央、爭奪總書記權位的念頭，兩軍之間不免生出許多嫌隙。

　　民國二十四年九月初，由於雙方不滿情緒日益擴大，終於導致分裂。毛澤東與其他黨中央成員率原紅一方面軍的主力向東北前進，穿過甘肅，於十月在陝北地區落腳，結束了長達一年的「長征」。至於與黨中央分道揚鑣的張國燾，則率領原紅四方面軍的主力回頭企圖攻打川西重鎮成都，並且另立黨中央，自任總書記。不過攻打成都的行動由於遭到川軍的抵抗而失敗。民國二十五年（1936 年）三月，紅四方面軍放棄經營多時的川西根據地，進入西康，經過近半年與政府軍的鏖戰，此時紅四方面軍只剩下四萬多人。

　　民國二十五年六月，自湘西根據地撤出的賀龍、蕭克所率的紅二方面軍抵達西康省甘孜縣，與紅四方面軍會合。紅二方面軍在出發「長征」前，原有兩萬兵力，經過七個月的作戰行軍，此時也只剩三千多人。兩股紅軍會合後，張國燾挑選了其中的精銳二萬多人向甘肅河西走廊進發，自己則率餘眾北進寧夏，企圖在甘、寧兩省間創造出一個根據地。然而西進河西走廊的軍隊遭到政府軍的堅強抵抗，在古浪、武威、張掖、高台諸縣爆發了一連串戰鬥，最後這支部隊逃入祁連山區，再突圍而出，進入新疆，以尋求蘇聯的保護。結果，兩萬多人的部隊僅剩七百人存活下來。

　　至於由張國燾親率北上寧夏的部隊，則在民國二十五年十一月與早

一年前即已抵達陝甘寧邊界的紅一方面軍會合。此時三路紅軍終於會齊，總合兵力也不過兩萬餘人，而追剿圍堵的政府軍已對以陝北保安縣為中心的中共中央形成三方夾擊之勢。面對隨時有遭殲滅的危險，中國共產黨高層遂議定將部隊分成兩路，準備分向山西和陝南山區發展。

就在此關鍵時刻，親抵西安視察剿共軍情的蔣中正突然於民國二十五年十二月十二日被東北軍統帥、西北剿匪總司令部副司令張學良及西北軍將領楊虎城綁架，爆發了「西安事變」（詳見本書第七章）。

西安事變迫使蔣中正答應暫時停止剿共，甚至與中國共產黨握手言和，共同合作抗日。全民對日抗戰的呼聲，日益高昂。對中國共產黨而言，「西安事變」則是起死回生的轉捩點，國民政府圍剿行動的中止，使紅軍在流竄兩年之後，終於在陝北落下腳來。民國二十六年（1937年）一月，中國共產黨中央正式遷入延安，直到民國三十六年（1947年）三月，國軍將領胡宗南率軍攻入延安為止，中國共產黨在延安的根據地，一共維持了十年時間。

習　題

1. 毛澤東與朱德等人在江西建立武裝根據地的經驗，對中國共產黨日後的發展有何影響？
2. 遵義會議在中國共產黨發展過程中的重要性何在？

第六章　近代的臺灣

第一節　清代的臺灣

摘　要

　　清帝國滅掉鄭氏政權之後，為了避免敵對勢力入據臺灣，不利於東南海防，才站在消極防堵的立場，將臺灣收入清廷的版圖。因此，採取消極治臺的政策。為了防止臺灣發生動亂，一方面限制移民，同時也採取封山禁令，禁止漢人移民越界開墾。因此，清帝國的政策與行政區劃的增加，不僅遠遠地落在人民移墾的腳步之後，更往往必須在臺灣內部發生重大變亂，或是外來勢力入侵，造成壓力以後，才有進一步的發展。

　　清帝國治臺政策由消極轉為積極，主要是同治十三年日軍侵臺之役後的發展。沈葆楨在清帝國採納其建議後，一方面展開開山撫番的工作，同時為了招徠開墾者，也取消了原有的渡臺禁令。除此之外，沈葆楨也在臺灣展開洋務運動的建設。繼沈葆楨之後，丁日昌、劉銘傳，繼續推動相關的建設，特別是劉銘傳的建設功績更是清廷統治臺灣兩百年間，最受人稱道者，臺灣也因此成為當時中國最近代化的省份。

　　劉銘傳離職後，臺灣洋務建設的速度相對的減緩。繼而在甲午戰爭，因為滿清戰敗而割讓給日本。

清帝國消極治臺政策的形成

　　清帝國對於將臺灣納入帝國版圖一事，自始並不積極，甚至曾經只要鄭氏政權投降入貢即可。因此，康熙二十二年（1683 年）施琅攻克臺

灣後，清帝國也曾打算將臺灣的漢人移民遣送回中國大陸，而放棄臺灣。由於施琅力爭放棄臺灣將不利於中國東南海防，且如果與清帝國對抗的力量入據臺灣，更將造成威脅，清帝國才改變政策。由於清帝國對領有臺灣一事，是站在消極的立場，因此對臺灣的開發並不積極，甚至以政策阻礙臺灣的開發。

雖然在施琅建議下，清帝國仍將臺灣收入版圖，不過對於原有臺灣的漢人移民，則規定只要是沒有妻室產業的人，仍然必須逐回中國大陸，交由原籍管束；若是有犯徒罪者，不論有無妻室產業，一概押回原籍治罪，並且不許再次來臺。清帝國不僅對於在臺的漢人移民採取嚴格的管制措施，也推動了一系列消極治臺的統治政策，其中最明顯的是在限制中國大陸人民移民臺灣部分，包括要求要移居臺灣的中國移民，必須得到批准才准來臺，對偷渡者則採取嚴處的政策；至於取得批准來臺的移民者，不准攜帶家眷；在臺的漢人移民，也不准回中國大陸招來家眷。同時，更以廣東屢為海盜淵藪為由，禁止粵民渡臺。這些政策，除了延緩廣東籍的漢人移民來臺的時間及數量外，對於臺灣開發影響最大的是嚴格限制移民資格。

消極治臺政策的展現

嚴格限制移民資格，不准移民攜眷在先，來臺居住者亦不得返鄉招來家眷，清帝國的禁令充分表現了治臺政策的消極及特殊性。因為清帝國對領土內的移民雖然有所限制，不過除了臺灣之外，主要乃是針對東北地區而發，東北乃是女真族的興起之地，也是清帝國的根據地，為了避免漢人過多而喧賓奪主，有其特殊的考量。至於臺灣收入大清帝國的版圖之後，限制漢人的移民，在本質上就凸顯了清帝國不願積極開發臺灣，以免漢人移民過多，可能造成對清帝國的統治造成挑戰的危險，因而才採取消極的態度。因此，鄭氏政權時代臺灣漢人男多於女的現象並沒有改變，亦有部分移民與原住民通婚。

既然消極治臺的政策，本質上是為了防止臺灣發生動亂，因此除了

對有意移民者採取限制之外，對於已經來臺的漢人移民也限制其深入內山，以免發生衝突、動亂。特別是在康熙六十年（1721 年）發生朱一貴事件以後，更進行所謂的封山禁令，對於違禁越界的事件採取嚴懲的態度。不過，無論是限制中國大陸東南沿海居民渡海，或是禁止來臺的漢人移民侵入「番界」，清帝國的禁令都受到了人民的挑戰。因此，清帝國的政策以及行政區域的發展，總是跟隨著人民的腳步之後，才進行設官治理的動作，甚至只是移墾的增加，仍不足以刺激清廷積極的作為，往往必須配合內部重大的變亂，或是外來的壓力，才能夠造成臺灣行政區域的改變（詳見 131 頁）。此一現象，充分展現了清帝國治臺政策的消極面。

行政力量薄弱與吏治不良

在清帝國消極治臺的政策下，臺灣的行政區劃與官員配置不足，是行政力量無法有效控制臺灣的重要因素。不僅體制上編制不足，而且早期許多地方官都駐在府城，未赴縣治。諸羅、鳳山兩知縣直到朱一貴事件以後，才分別赴縣治上任，可以看出政府機能未能有效運作的現象。加上地處帝國邊陲的臺灣，制度不上軌道，給與胥吏差役需索的空間，吏治自然更形敗壞。在大清帝國體制下，縣以下往往必須仰賴士紳階層的協助，才能有效進行社會控制。清領初期，臺灣士紳階層尚未形成，不僅不利於社會控制，也難以制衡貪官污吏。貪官污吏的需索，使農民的負擔更為沉重，這也是當時臺灣社會不安的一個重要因素。

分類械鬥

在清帝國行政官員、駐防兵力有限的情況下，往往無力維持地方治安。而移民面對經濟或是社會的衝突，便招群結黨，以求自保。一旦發生衝突，往往以分類械鬥的方式私了。

基本上，械鬥發生的原因，大抵可以分為三種：(1) 經濟性因素：人民常為爭奪田地、水源，發生結黨私鬥；(2) 社會性因素：遊民人數眾多，

好勇鬥狠，嘯聚成群，常因細故發生大規模衝突；(3) 政治性因素：由於行政區劃不足，官方行政、司法權力鞭長莫及，加上吏治敗壞，人民衝突往往未循體制解決。

械鬥的群體動員，與彼此之間自我的凝聚與認同有關，其中以原鄉祖籍的認同最受重視，閩客鬥、漳泉鬥以及泉州內部分縣的械鬥發生頻率最高，較著名的械鬥，如彰化的漳泉械鬥、噶瑪蘭的漳泉客械鬥。另外還有以姓氏及職業同行間發生的械鬥，如西螺的李、鍾、廖三姓的械鬥、挑夫械鬥。

移民來自不同的原鄉，並非械鬥發生的主因，而是械鬥各方動員的社會網絡或條件。換言之，是在官方行政力量不足，也欠缺士紳階層社會控制的狀況下，成為械鬥雙方進行有效動員的一種社會條件。

三大民變

不良的吏治與官方對民間結社或是械鬥的鎮壓，是引發抗官民變的主因。在清帝國統治臺灣期間，有三次規模較大的民變，分別是康熙六十年（1721 年）的朱一貴事件、乾隆五十一年（1786 年）的林爽文事件，以及咸豐十一年（1861 年）的戴潮春事件。

朱一貴事件的主因是吏治不良，由於臺灣知府苛政，引發民怨，朱一貴便帶頭反抗。朱一貴事件是清帝國治臺之後第一次大規模民變，也是三大民變之中唯一閩客合作的反亂，但在勢力擴大之後，朱一貴卻與客籍首領杜君英發生衝突，造成內鬨。清帝國自中國大陸派兵來臺平亂，逮捕朱一貴和杜君英，事件方告一段落。此次民變不僅使清廷重新檢討在臺灣的統治機制，也嚴懲在事件中逃到澎湖的各級文武官員。

肇因於查緝會黨的林爽文事件，是繼朱一貴事件後又一次波及全島的大規模民變。林爽文為人豪爽，為庇護同為天地會的黨人受到牽連，乾隆五十一年（1786 年）於彰化縣大里杙（今臺中大里）起事。林爽文起事以後，一方面與在臺駐軍作戰，另一方面則因其為漳州籍，受到泉州籍義民掣肘。由於林爽文勢大，清廷一再派兵增援，才徹底平定。在事

件過程中，諸羅縣縣民曾經大力抵抗林爽文，事後清廷特將諸羅改名為嘉義。此事件是清帝國統治期間，臺灣規模最大、影響最大的叛亂事件。

　　戴潮春事件的發生與林爽文事件類似，皆是由清帝國查緝會黨所導致。戴潮春家境富裕，因開發土地與人爭執而成立會黨。同治元年（1862年），戴潮春因怕官府查緝會黨受牽連，被迫起事。戴潮春起事不久，因為原籍漳州，得不到泉州人有力的支持，因而出兵攻打彰化泉州人主要聚居地鹿港，形成漳泉對立的問題。泉州人倒向官方，清廷官方又會同地方鄉勇清剿，戴潮春終不敵被殺。此事歷三年始平，歷時最久，也是清帝國首次動用臺勇平定臺灣亂事。

行政區域的演變

　　清帝國領有臺灣之初，在福建省下置臺灣府，下轄臺灣、鳳山、諸羅三縣，以後臺灣府下的縣、廳及行政單位，隨著開發的程度，續有添置。康熙六十年朱一貴事件後，對清帝國的統治造成重大的衝擊，加上臺灣中、北部已有相當開發，必須加強管理。因此，雍正元年（1723年）才進行較大規模的行政區域調整，在諸羅縣北方設立彰化縣及淡水廳。雍正五年（1727年），更以澎湖在軍事上的重要地位為由，獨立設廳。

　　乾隆年間，以吳沙為代表的漢人移民大舉入墾蛤仔難（宜蘭地區），不過並未得到官方開墾的許可。嘉慶年間，海盜蔡牽及其黨羽多次窺伺、入侵，才使官府逐漸重視這個地區的開發。嘉慶十六年（1811年），鑑於漢人移民已超過六萬，恐滋生事端，加上為了防範當地可能成為盜匪的根據地，才增設噶瑪蘭廳。

　　同治十三年（1874年）及光緒元年（1875年），沈葆楨因為日軍犯臺及原住民叛亂兩度來臺，並提出增設行政區劃的建議。清帝國方於光緒元年才在艋舺（萬華）設置臺北府。至此，在福建省轄下的臺灣，設有臺灣、臺北兩個府。

　　光緒十年（1884年）中法戰爭，劉銘傳奉命督辦臺灣軍務。次年，在劉銘傳力陳臺灣的重要性之下，清帝國決定在臺灣建省，設臺灣巡撫，

下轄臺南、臺灣、臺北三府（後又設臺東直隸州）。光緒十三年（1887 年），劉銘傳上奏擬將省會設在彰化縣境的橋孜圖（臺中市南區）。但因為省會尚未建設完成，所以劉銘傳決定暫駐臺北。經過三年的建省工作，光緒十四年（1888 年），臺灣與福建正式完成分治，同時完成行政區劃的調整。

光緒二十年（1894 年），正式以臺北為臺灣省會。此後，臺北成為臺灣的政治中心。

清帝國領臺與臺灣經濟的轉變

清帝國領臺前，對外貿易一直是臺灣經濟的主流。荷蘭基於貿易考量，占領澎湖不成後，才選擇臺灣本島作為重要的商業據點及殖民地，自然重視對外貿易；鄭氏政權在臺灣，也以對外貿易作為其經濟活動的重點之一。

清帝國雖然以異族入主中原，但承繼中國歷來天朝上國的心態則是一致的，因此，不但不重視對外貿易，甚至進而限制對外貿易。如此一來，被收入清帝國版圖的臺灣，經濟發展的方向，為了適應清廷的政策，有了大幅度的轉變，從對外貿易發達之地，漸次轉而成為鎖國政策之下，中國經濟圈的一環。

當時，臺灣輸往中國大陸的主要是米，從中國大陸輸入的則是日用品。此一分工現象，固然是臺灣受限於自然環境，缺乏許多日用手工業產品的原料所致。但是，清廷的政治考量可能也是強化的因素之一。如限制臺灣打鐵舖的數量，便使得臺灣本地對中國大陸鐵製品的需求增大，清廷要求將定額的米糧輸往中國大陸，也多少限制了臺灣農村作物的選擇。

西力東漸的衝擊

鴉片戰爭前後，洋商引進廉價的南洋米，使得臺灣米在中國大陸市場受到打擊。由於臺灣與中國大陸的貿易中，米是臺灣輸出的大宗，因

此臺灣米在中國大陸市場受到打擊，使得以米交易作為主軸的臺灣，經濟力量大不如前。

咸豐八年（1858 年）與十年（1860 年），《天津條約》、《北京條約》陸續簽訂❶，根據條約的規定，臺灣開港，臺灣的歷史又走進了另一個階段，對外的國際貿易再一次成為臺灣經濟的重心。

開港以後臺灣對外出口的主要項目，依序是茶、糖、樟腦，進口的主要商品中則以鴉片最受到注目。其中過去未曾成為臺灣重要作物的茶，在讓獨獨（J. Dodd，讓獨獨是當時中文文獻的記載，目前多譯為陶德）引進新的茶種及製造技術後，即迅速發展起來。

西方文化的衝擊

臺灣開港以後，對臺灣本土文化的衝擊，最重要的當屬於精神層面的基督教。當時來了不同教派的傳教士，不過有組織在臺灣傳教的以基督教長老教會規模最大，其次則是天主教。臺灣的長老教會大致分為兩支：由英國傳入的主要是在臺灣南部，由加拿大傳入的則主要在臺灣北部進行傳教事業。為了在臺灣落實其傳教的理想，減低臺灣社會對基督教的排斥，長老教會的牧師除了傳教之外，也著手推動近代教育及醫療，對臺灣近代文化的發展有相當貢獻。當時長老教會發現臺灣識字者不多，傳教不易，因此用羅馬拼音來建構臺灣各族群的文字系統，如福佬話、客家話、阿美族等原住民語，以利訓練傳教士和傳播教育。創辦於光緒十一年（1885 年）的《府城教會報》（《臺灣教會公報》的前身），即為臺灣歷史最久的報刊。羅馬拼音創造的「白話字」經過百年的傳承、發展，對於臺灣文化的傳承有相當程度的貢獻。

在臺灣北部影響最大的是馬偕（George Leslie Mackay，1844–1901 年），他在淡水創辦學校，開臺灣北部近代教育及臺灣女子學校教育之先河。此外，馬偕也以醫術為住民服務，他為病人拔牙更是傳為美談。臺

---

❶　《天津條約》簽訂後，雖經批准，但 1859 年未及換文生效，即發生所謂的第二次英法聯軍，故其生效係在咸豐十年（1860 年）換文之後。

灣南部的教會以臺南府城和打狗為傳教的重點區域，除了傳教士的培養外，近代教育機構與女子學校也陸續成立。其中甘為霖牧師（Rev. William Campbell，1841–1921 年）設立盲學校，開始臺灣的特殊教育。至於在醫療方面，最早到南部傳教的馬雅各（James Laidlaw Maxwell，1836–1921 年）本身就是醫師，他在安平、打狗等地傳教，同時也設立醫館。

臺灣北部經濟地位的提升

由於茶葉適合在當時臺灣北部丘陵地種植，無論是輸出較多的烏龍茶 (Formosa-tea) 或是其次的包種茶，皆是以此為生產重心。由於茶葉輸出占臺灣當時輸出總額的一半以上，北部通商口岸（淡水、基隆）的貿易額逐年增加，最後甚至超過了南部的通商口岸（臺南安平、高雄）。但是，南部地區是糧食作物——稻米——的主要產地，由於未輸出的稻米無法反映到貿易額上，僅從經貿數字來討論臺灣南北經濟力量的消長，臺灣南部的經濟力容易被低估。不過，總體而言，開港之後北部地區生產力的提升，是不言可喻的。

同時，由於茶葉的附加價值較高，茶農較南部的蔗農在生產行銷過程中，所受到的剝削又較少，因此，茶農的生活情況較南部的農戶為佳，消費能力也比較強。無論如何，在開港以後，臺灣北部經濟地位較從前重要，已是不爭的事實。

牡丹社事件

開港後的涉外事件中，牡丹社事件影響清帝國治臺政策最大。同治十年（1871 年），琉球漁船因遇風漂至臺灣東海岸南端八瑤灣（今屏東縣滿洲鄉），成員進入牡丹社部落區後，除少數人外，皆遭到高士佛（滑）社原

牡丹社事件中之原住民

住民殺害。兩年後，日本使節試探清帝國的態度，當時清帝國一方面表示琉球、臺灣皆為所屬，此事不煩日本過問，但卻也傳遞生番「原為化外，未便窮治」的訊息。

同治十三年（1874 年），日本以清帝國並未實際統治「番地」，未擁有主權，直接出兵臺灣。清帝國在日軍抵達琅璚後，除向日本抗議外，並派船政大臣沈葆楨率輪船部隊來臺。沈葆楨抵臺後，積極進行部署。不過，日本已以強勢武力，迫使牡丹社番屈服。最後，清帝國與日本簽訂《北京專約》，承認日本出兵為保民義舉，撫恤遇害的難民，並補償日本在琅璚地區所修道路建物的費用。由於此一條約承認日本的「保民義舉」，成為日本主張領有琉球的藉口。

「開山撫番」

同治十三年及次年，沈葆楨因為牡丹社事件及原住民作亂，兩次來臺。他在整頓臺灣防務時，認為「番地」是滋生事端的地區，因此，應該採取「開山撫番」政策。在李鴻章支持下，先分南、北二路，同時展開「開山撫番」的工作，翌年另在中路展開。由於「開山撫番」必須投入新的開墾人口，為了招徠開墾者，沈葆楨奏請清帝國取消原有的渡海禁令。此後，不僅原有的「番界」被打開門戶，中國大陸往臺灣移民的狀況也較過去受限制的時期，不可同日而語。整體而言，就外在的國際現勢的演變來看，當時在臺灣進行「開山撫番」乃是整頓防務所必須。同時，日本出兵臺灣所根據的理由之一，是清帝國並沒有實際擁有臺灣「番地」的主權。透過「開山撫番」政策，證明清帝國能在「番地」實際行使主權，對於阻絕外人對臺灣領土的野心，自然有正面意義。

從另一個角度來看，自從臺灣開港以後，茶、糖、樟腦是主要的出口大宗物資，茶與樟腦的產地皆鄰近內山，因此「番界」的存在，也就影響了茶、樟腦業的發展，就此而言，「開山撫番」政策並不只是國防或是治安的需要而已，同時也帶有強烈的經濟動機。在「開山撫番」政策的實施過程中，一旦撫「番」不成，則剿「番」的行動勢必隨之展開。

在沈葆楨執行此一政策後，後來的劉銘傳更積極的展開他所主持的「開山撫番」大業，這對於臺灣「番地」的開發，有相當重要的影響。

洋務運動與臺灣

同治七年（1868 年），是臺灣與洋務運動發生密切關聯的重要年代。那一年，江蘇巡撫丁日昌向曾國藩建議，應該考慮將臺灣建設為南洋海防的中心。同年，福州船政大臣沈葆楨則派員來臺探勘煤礦。其後，丁、沈相繼來臺主持政局，對於臺灣的洋務建設，有開風氣之功。

沈葆楨來臺期間，曾派人赴英採購開礦設備，在基隆正式展開新式煤礦的開採工作，使臺灣礦業的發展往前更進了一步。同時，他也購買了新式的輪船，行駛臺灣、福建之間，改善了海運交通。

丁日昌於福建巡撫任內，在光緒二年（1876 年）底來臺，次年四月離臺。時間雖短，在臺灣的發展方向上，則提出他的遠見。在他任內的臺灣府試還特別錄取淡水廳所屬的原住民一名，首開原住民透過考試進入仕途之例。同時，他還建議修築臺灣的縱貫鐵路，架設府城到安平和旗後（今高雄）的「電線」（電報線）。問題是，他的計畫固然遠大，卻並非當時總理衙門施政的重點，因此得不到清帝國的支持，也使其大失所望。

劉銘傳治臺的建設

清帝國統治臺灣的兩百多年間，劉銘傳的事功最為人所稱道。

劉銘傳繼承了沈葆楨及丁日昌在臺灣推動的洋務事業，開始興建西部的縱貫鐵路，光緒十九年（1893 年）基隆到新竹的工程完工，並正式通車。在鐵路工程之外，他也大規模開挖基隆的煤礦。同時，臺灣與中國大陸之間的海底電纜，亦在劉銘傳的主導下鋪設完成。

在其他方面，劉銘傳戮力推動的土地改革工作，是臺灣近代化事業中重要的一環。他一方面藉著土地的調查，清查臺灣實際的耕地面積及田地的狀況；另一方面則希望解決臺灣大租戶、小租戶、佃農構成的「一

劉銘傳洋務運動中之「騰雲號」

田二主」或「一田多主」制的傳統土地所有制，使小租戶成為真正的地主及租稅負擔者。但是，由於執行者的心態及技巧與其他因素，造成相當多的反彈，彰化甚至發生大規模的民變，使清查土地的政策無法繼續貫徹。加上主要的大租戶是劉銘傳籌措建設經費的重要支持者❷，因此最後決定維持大租戶，改採「減四留六」政策，小租戶只須交給大租戶原本大租的六成，並在減少繳交大租之後，代替大租戶成為租稅負擔者。因此，土地改革成果有限。至日本領臺後，在後藤新平的主導下，才完成相類的土地調查及土地改革事業。

　　雖然，劉銘傳的鐵路建設及其他洋務事業，如同中國大陸的洋務運動一樣，也存在不少問題，但是，就洋務的建設而言，相較於中國本部各省，處於邊陲的臺灣，已有相當的成果。

「劉去邵來」的歷史意義

　　光緒十七年（1891 年），劉銘傳被免去臺灣巡撫，由邵友濂接任。劉銘傳時代推動的鐵路、煤礦等建設事業，或中輟或縮小，劉銘傳時代

❷　在大租戶中，板橋林本源家族和霧峰林朝棟家族都是劉銘傳的重要支持者。

積極進取的洋務政策，發生關鍵性的轉變而改採比較保守的路線。此一改變，使得本來急速發展的洋務事業，受到了相當程度的打擊。不過，就清帝國整體的考量而言，「劉去邵來」並不是單純的臺灣省行政最高首長的更換而已，更重要的意義是：劉銘傳時代臺灣洋務運動冠於全國的速度，已經不再被清帝國所支持。因此，邵友濂採取較持穩的建設態度，並不只是劉銘傳與邵友濂之間見解不同而已，事實上也應該被理解為清帝國治臺政策的一種轉變。

《馬關條約》與臺灣割日

光緒二十年八月下旬，出乎西方列強的意料之外，日本在中日甲午戰爭中獲得勝利。當時，英國基於維護其在華商業利益考量，亦有意出面調停。但是，日本認為北洋艦隊尚未覆滅，既有戰果尚不足以獲取足夠的利益，根本無意停戰。

九月，清帝國再起用恭親王奕訢主持總理衙門，他衡量時勢傾向議和。日軍越過鴨綠江占領遼東各地後，他更召見英、美、德、法、俄諸國駐華使節，明白請求各國出面調停。其後，中國派張蔭桓、邵友濂為議和代表，與日本代表伊藤博文、陸奧宗光於廣島會面時，日本仍必欲造成更有利之軍事情勢，拒絕展開和談。

光緒二十一年（1895年）初，中國應日方要求，派李鴻章赴日本馬關（下關）談判，日本卻主張，如要停戰談判，中國應先交出山海關、天津、大沽作為和談的保證。李鴻章力爭，仍不得要領。適逢日本好戰分子暗殺李鴻章，造成國際關切，日方才肯停戰議和。

三月，陸奧宗光將日方擬議的和約條款送交李鴻章，伊藤博文甚至要求李鴻章明白表示接受與否。李鴻章對於割讓遼東半島、臺灣及賠款數額，耿耿於懷，要求日方能放寬條件。伊藤博文則威脅，取得戰爭勝利的是日本，若是要求未得到滿足，將進兵北京。李鴻章力爭無效，被迫簽字。

對此，四月以康有為、梁啟超為首，發動湖南、廣東舉人上書都察

院，表示反對。而在《馬關條約》換約生效之前，康、梁又聯合京師參加會試的十八省舉人聯名上陳反對，力主遷都，持續對日作戰，史稱「公車上書」。

　　雖然光緒帝有割讓臺灣將失去天下人心的認知，輿論反對的態度也十分激烈，但在首都受到威脅的情況下，基於現實的考量，清帝國仍然決定批准與日本換約。

三國干涉還遼與曙光破滅

　　《馬關條約》簽訂前，俄國對於日本染指中國東北，十分不滿，與俄國有同盟條約關係的法國，則一方面外交立場本與俄國一致，一方面對臺灣、澎湖不能忘情，反對將之割讓日本，亦力主干涉。德國雖不若俄國積極，但反對日本取得中國大陸土地的態度，亦早已通知日本外務省。

　　三國協商結果，法國在德國強力杯葛下，放棄其對臺灣、澎湖的主張，俄國也僅打算要求日本保證在臺灣海峽有自由航行權。至此，三國達成共識，遂決定一致行動，反對日本取得遼東半島，在《馬關條約》簽約之日，即對日本表示異議。俄國更調動海、陸軍，並通知海參崴日本領事「此地」為接戰地區，明白表示不惜作戰的決心。

　　日本面對壓力，幾經會議，決定讓步，因而有三國成功干涉還遼之舉。原本力主借英國之力，阻止日本對臺野心的臺灣巡撫唐景崧及其師署兩江總督張之洞，亦希望三國干涉的範圍能擴及臺灣。但是，在三國干涉還遼的協商過程中，本已放棄臺灣，法國雖仍有所嘗試，終究沒有進展。如此，企圖借重國際干涉，使臺灣免於割讓日本的希望，終告破滅。

習　題

1.清廷治臺政策為何會採取消極的態度？
2.清廷採取「開山撫番」政策的原因為何？

第二節　日治時期臺灣人的抗爭

摘　要

《馬關條約》簽訂後，臺灣官紳「孤臣無力可回天」，既無法使清廷收回成命，亦無法尋求有效的外援，遂成立臺灣民主國，對抗日本的接收。

但是 1895 年的抵抗行動，由於面對日本優勢的軍力、近代化的武裝設備，終究無法奏效。雖然如此，在日治時期，從 1895 年底到 1915 年為止，臺灣人先後發動兩階段的武裝抗日行動，直到西來庵事件以後，武裝抗日行動才告一段落，轉而走向政治抗爭的途徑。

臺灣人的政治抗爭，先是以反對日本統治臺灣的「六三法體制」為訴求，追求所謂的「臺日平等」，既而在第一次世界大戰之後，轉而尋求設立擁有立法權和預算審查權的殖民地議會。其中主要的組織包括臺灣文化協會、臺灣民眾黨、臺灣地方自治聯盟等。另外在左派的政治抗爭團體方面，則包括改組後由左派掌權的新文協、臺灣共產黨、農民組合等等。但隨著日本統治政策轉趨高壓，經過 1931 年的大鎮壓，除了臺灣地方自治聯盟之外，所有團體幾乎全部遭到禁止。而中日戰爭爆發後，臺灣地方自治聯盟也覺得沒有發揮的空間，自動解散，結束日治時期有組織的政治抗爭行動。

臺灣割日與官紳的反應

1895 年 4 月，戰敗的清帝國和日本簽訂《馬關條約》，割讓臺灣給日本。當時，臺灣官紳首先想到的是向清帝國力爭收回成議，結果無效。其後尋求列強干涉，亦未果。在此狀況下，以丘逢甲為首的臺灣紳民，遂推動臺灣民主國以自救，並強邀署臺灣巡撫唐景崧擔任大總統。1895 年 5 月 23 日，唐景崧發表〈臺灣民主國獨立宣言〉，25 日正式生效，臺

灣成立了亞洲第一個共和國，希望藉此爭取國際同情，抗拒日本接收臺灣。並表明在事成之後，對清帝國採取「恭奉正朔，遙作屏藩」的態度。換言之，臺灣民主國成立的主要目的乃是為了對抗日本，而非與清帝國完全脫離關係。不過，以臺灣民主國的訴求來看，臺灣與清帝國的關係，則從原本帝國的一省，轉變成為奉清帝國正朔的藩屬國。

　　提出臺灣民主國構想的可能是陳季同，他曾任法國公使館的參事，對當時的共和體制有所了解。至於強力將此一構想付諸實施的，則是丘逢甲。擔任大總統的唐景崧，基本上則是受到臺灣本地官紳強邀，不得已而就任的，因此抵抗意志並不堅定。而臺灣紳民中，一開始丘逢甲、林朝棟等人態度頗為積極，日軍侵臺後，林朝棟也曾率軍北上，希望能支援防務。板橋林家的林維源則雖被推為議長，實已決定內渡，因此捐款一百萬兩後，便舉家離臺。

臺北陷落與民軍繼續抵抗

　　日軍於 5 月 29 日登陸澳底，開始展開臺灣攻防戰。清廷使節李經方則於 6 月 2 日在船上與日方代表，完成交接儀式。

　　日軍登陸後，先排除守衛的武力占領了瑞芳，而後向基隆出發。6 月 3 日，日本艦隊砲擊基隆，近衛師團也開始攻擊。經過數小時的作戰，日本控制了基隆。

　　基隆的陷落衝擊了臺北，敗軍更進入臺北城掠奪。唐景崧在 4 日逃出臺北城，6 日乘船回中國大陸。唐景崧離臺前後，臺灣民主國的其他重要官員，除了鎮守臺南的劉永福之外，幾乎前後都離開了臺灣，原本態度積極的丘逢甲、林朝棟也隨即放棄抗日的努力，先南下再乘船離臺。臺北城陷於敗兵劫掠、對抗的無秩序狀態。因此，除了辜顯榮以外，臺北的仕紳同時也請戴衛遜 (J. Davidson)、湯姆森 (G. Thomson) 等外國人出面，在水返腳（汐止）帶領日本軍隊進入臺北城。辜顯榮也由此發跡，此後與日本人合作，成為臺灣一大家族。

　　由於順利取得臺北城，日本的統治者在 6 月 17 日舉行「始政」儀式，

並未料到臺灣本地人的抵抗尚未真正展開。而且，雖然是延續臺灣民主
國保衛戰，徐驤、吳湯興、簡精華等各地民軍並舉，抵抗的慘烈，前所
未有。其中，日軍所遭遇到的首波強力抵抗勢力為桃竹苗客籍的民軍，
戰敗後，徐驤、吳湯興轉戰至彰化，與彰化附近的義軍，搭配劉永福派
來的援軍，從八卦山一直到彰化城內巷戰，幾乎全軍戰死。

八卦山之役後，日本增派乃木希典等將領率領的第二師團、第七旅
團等部隊投入戰場，日軍兵分三路，一路由彰化南下，一路由嘉義西方
的布袋嘴登陸，一路由枋寮登陸夾攻臺南。彰化南下的日軍在雲林、嘉
義，遭遇簡義、簡精華為首的義軍與劉永福的黑旗軍奮力抵抗，雙方在
斗六、西螺、斗南、大林等地發生激烈戰鬥。而在布袋嘴、枋寮登陸的
日軍，則分別在急水溪遭遇到林崑崗率領十八堡義軍的抵抗，以及在屏
東與蕭光明為首的客家義軍發生戰鬥。義軍的抵抗雖然慘烈，然而面對
日本近代化的優勢兵力，終告失敗。

相較於民軍的激烈抗日，鎮守臺南的劉永福雖然是臺灣民主國名義
的領導者，但沒有取得張之洞等人的支援後，本已無意和日軍作戰。在
臺南義軍奮力抗日之時，劉永福早於 8 月下旬便去函日本樺山資紀總督，
要求日本派船將其所部的黑旗軍運回中國大陸。日本方面則以大勢底定，
拒絕劉永福的求降條件，反而要求劉永福立即投降。10 月 20 日凌晨，
林崑崗率領義軍還在臺南平原做殊死抵抗時，劉永福已經棄軍逃離臺南。
此時，日軍已經包圍臺南，臺南士紳懇請巴克禮牧師 (T. Barclay) 及宋忠
堅牧師 (D. Ferguson) 出面與乃木希典將軍交涉，引導日軍和平進城。

乙未之役，臺灣人民的抵抗出乎日本政府的意料之外，日本前後共
計投入五萬名以上的陸軍，北白川宮能久親王也死在臺灣。

繼起的武裝抗日行動

日軍進入臺南城後，雖然已初步掌控臺灣，但是，各地繼起的武裝
抗日行動卻仍未完全平息。與臺灣民主國官紳謀略式的抗日行動不同，
繼起的武裝抗日行動，與前述各地並舉的民軍較為類似，多出自於自我

防衛的意識。加上日軍鎮壓手段十分殘酷，軍紀亦不佳，使得武裝抗日此起彼落，第一階段直到最後頑強抵抗的林少貓於 1902 年被消滅，才告一段落。

武裝抗日的暫告一段落，一方面是日本統治基盤已經穩定，抵抗不易，另一方面則是兒玉源太郎總督時代（1898–1906 年）的民政長官後藤新平積極招降的結果。後藤新平對於投降者，如北部的陳秋菊等人便予以禮遇，對於仍有作亂疑慮者，則不惜在招降儀式中加以屠殺。

抗日分子中被處死的，以簡大獅最為特殊。他在二次抗日不成後，便逃到中國大陸。當清廷官吏應日方要求加以審訊時，他表明係因骨肉受辱而持續抗日，所以情願被清帝國處死，希望能「生為大清之民，死作大清之鬼」，卻不能如願，仍被引渡給日本當局處死❸。

武裝抗日的終結

1907 年，第二階段臺灣的武裝抗日行動再起，不過除了 1915 年的西來庵事件以外，規模都不大。而且，西來庵事件以後，漢人武裝抗日也告終結。只有原住民對日本統治，仍有武裝抗日的情事，其中最慘烈的，當屬 1930 年發生的霧社事件。

這八年間出現武裝抗日行動的原因，許多是因為日本進行林野調查掠奪了百分之九十五以上的林野，以及日本資本在臺灣的擴張過程中，使臺灣本地人生計受害的反彈。與士紳階層的抗日行動不同，宗教也常常成為這個階段武裝抗日行動動員的方式。

其中比較特殊的是羅福星抗日事件與西來庵事件。羅福星是同盟會會員，而且在來臺從事抗日行動之前，生於廣東的他只有在 1903 至 1906 年之間，曾隨祖父到臺灣。至於西來庵事件除了 1915 年 8 月第一批被「依法」審判的一千九百五十七人以外，單單噍吧哖（臺南玉井）一地被日本統治者屠殺的臺灣人，據傳多達數千人。

❸　日本領臺後，臺灣住民有兩年期間的國籍選擇，簡大獅未選擇離開臺灣保留清國籍，而被認定已成為日本國民。

政治抗爭的開端

相對於漢人武裝抗日的結束，1914 年「臺灣同化會」的成立，可視為政治抗爭的開端。本來，依據《馬關條約》規定在 1897 年的國籍選擇中，二百八十萬左右的住民，大約只有四千五百人選擇保留原有的國籍，寧可離開已有基礎的舊居住地，或以「華僑」身分來臺，不願成為日本國民。換言之，大部分的臺灣本地人都成為具有日本國籍的日本國民。

但是，在臺灣人進行國籍選擇前，1896 年 3 月日本政府公布了帝國議會當年通過的法律第六十三號（「六三法」），授予臺灣總督府律令制定權與緊急命令權，臺灣被排除在日本憲法的有效施行範圍之外。如此，成為日本國民的臺灣住民，在臺灣卻不能與日本本土國民享有同等的權利與平等的待遇。1906 年通過的第三十一號法律（「三一法」）才限制臺灣總督的「律令制定權」，使其不得違反已在臺灣實施的法律，也不可以對抗以在臺灣實施為目的的法律及敕令。1921 年的「法三號」則進一步以日本本土的法律適用於臺灣的原則，將臺灣總督的「律令制定權」限制為只是補充的性質。臺灣總督府的體制及統治的法律根據雖有所變更，但臺灣總督擁有立法權並沒有本質的改變。因此，整個體制仍可通稱「六三法體制」。由於臺灣人無法在本島享有日本憲法體制保障的權利，因此，1914 年藉著同情臺灣本地人處境的板垣退助來臺的機會，林獻堂便正式組成「臺灣同化會」。

「臺灣同化會」一方面主張「臺灣人」向「日本人」同化，另一方面則強調「臺灣人」應享有與「日本人」平等的權利。就前者而言，本來就是日本總督府的政策，而林獻堂與支持「同化」的臺灣本地人，所追求的則是「臺灣人」地位的提高。

梁啟超的影響

林獻堂之所以接近板垣退助等日本政要，採取「同化會」的方式爭取提高「臺灣人」的地位，多少也是受了梁啟超的影響。1907 年，林獻

梁啟超來臺留影

林獻堂（中坐者）

堂認識流亡在日本的梁啟超，梁氏告訴他，中國在三十年內沒有能力援
助臺灣的住民，而採取暴動的反抗方式，在日本的鎮壓下，只是無謂的
犧牲。最好學習愛爾蘭的經驗，結交日本政府的政要，以牽制臺灣總督
府，使其不敢過分壓迫臺灣本地人。甚至可進一步設法取得參政權，以
對抗統治者。1913 年，林獻堂透過板垣退助結識國民黨人戴季陶，戴氏
也向他提出類似的建議。

　　以後雖然林獻堂本身的政治路線也有所轉折，不過在政治抗爭的路
線上，所謂的「愛爾蘭模式」則成為臺灣歷史上非常重要的政治訴求。

撤廢「六三法」的訴求❹

　　臺灣士紳推動「同化」背後的目的，是反對總督府統治體制，臺灣
總督府亦相當了解其目的，因此 1915 年 1 月便下令強制解散。既然以「夾

❹　「六三法」的正式名稱為「應於臺灣施行法令相關之法律」，由於是在 1896 年
　　國會通過的第六十三個法律，所以稱為「六三法」，以後的「三一法」、「法三
　　號」的正式名稱也都是「應於臺灣施行法令相關之法律」。由於臺灣始終是作
　　為與日本內地不同的「特殊法域」，三個法律有其延續性，可稱為「六三法體
　　制」。因此，1914 年雖然已經實施「三一法」，臺灣菁英仍要求廢除「六三法」。

帶」的方式追求「臺日平等」都遭到封殺，以林獻堂為主的士紳便明白提出撤廢「六三法」的主張，他並於 1918 年在東京出任以撤廢「六三法」為目標的「啟發會」會長。不過，撤廢「六三法」對統治體制而言，則是期待「內地延長主義」的實現。換言之，也就是追求日本本土自憲法以下的法律、制度能在臺灣一體適用。如此，臺灣的特殊性固然無法確保，以臺灣的人口所選出的議員數，在多數決之下，是否能確保臺灣人的利益，亦不無商榷的餘地。

因此，第一次世界大戰後，在美國威爾遜總統提出的十四點原則所催化的民族自決風潮中，林呈祿提出設置臺灣議會的主張，便迅速取代了撤廢「六三法」的訴求，成為臺灣本地人對統治者抗爭的重要政治主張。

臺灣新民會的組成與宣傳媒體

1920 年主張臺灣高度自治的「新民會」在東京成立，由林獻堂出任會長。「新民會」的學生會員，則設立「臺灣青年會」。此後，除了早期舉辦撤廢「六三法」的演講外，主要的活動常常都由「臺灣青年會」具名。

作為兩會共同機關刊物的《臺灣青年》則於 1920 年創刊，籌備發行期間，連當時在臺灣與臺灣總督府關係良好的「有力者」辜顯榮等人也捐了五千多圓。這是表達臺灣本地人的政治要求最早的定期刊物。1922 年其後繼月刊《臺灣》出刊，1923 年再改名以《臺灣民報》的形式出版，並由半月刊逐步改為旬刊，1925 年發展成為週刊。由於主要的會員多在日本，且在日本憲政體制保障下的日本本土言論尺度較寬，因此，《臺灣青年》系列的刊物一開始便在日本發行，直到 1927 年才改在臺灣發行，此後臺灣本地人才在島內擁有自己發行的新聞媒體。1930 年《臺灣民報》改組為《臺灣新民報》，1932 年改為日報發行，這也是在日治時期臺灣本地菁英唯一主導的報刊。

設置議會請願運動

　　林呈祿主張維持臺灣的特殊性，要求設置殖民地議會，追求自治的論點，於 1920 年 12 月發表在《臺灣青年》，引起了相當大的回響。林獻堂也贊成此一訴求，並由他領銜在次年 1 月正式向日本帝國議會提出〈臺灣議會設置請願書〉。此後的十三年間，前後共發動了十五次的請願，扣除重複參加的人，有一萬兩千多人簽名。

　　如果成立了有立法權和預算審核權的臺灣殖民地議會，即使臺灣是屬於日本的殖民地，在當時的政治體制下，臺灣的住民（包括在臺灣的「日本人」）透過選舉，在臺灣作為日本帝國特殊法域的狀況下，便可以決定臺灣本身的法律（律令），控制財政。因此，雖然左派的臺灣反對運動者批評這是與日本統治者妥協，在殖民地體制下謀求有限的改革與利益；對日本政府而言，此一主張卻可能隱藏了走向英國式自治領殖民地的危險，甚至可能導致脫離日本的獨立運動，因此始終拒絕其主張。

　　在進行請願的過程中，不僅面對日本政府的拒絕、臺灣總督府的打壓，臺灣本地人中支持總督府統治體制的辜顯榮等士紳，也曾召開所謂的「有力者大會」加以抵制。有心人固然鍥而不捨，不畏打壓，持續推動請願，但由於未能取得日本帝國議會的支持，始終無法成功。

　　1934 年 9 月，因為當時中川總督的強硬壓制態度，長年面對臺灣總督府壓力的林獻堂與幹部們協商以後，被迫決議停止議會設置請願運動。追求自治的政治舞臺，退縮到臺灣內部地方自治的有限範圍。

臺灣文化協會的成立

　　臺灣島內的政治抗爭團體，則從 1921 年成立的臺灣文化協會開始受到注意。臺灣文化協會本身的發展及其影響，更是日治時期臺灣政治、社會史上重要的一環。

　　臺灣文化協會成立之初，推林獻堂擔任總理，由蔣渭水出任專務理事。其成立雖以「助長臺灣文化的發達為目的」，扮演文化啟蒙者的角色，

在現實上則積極支持設置議會請願運動，並舉辦各種演講，其中以到各地方舉辦具有啟蒙民眾作用的演講，最受注目。由於演講過程及其內容常常批評日本統治當局，因此，依據 1923 年開始在臺灣實施的《治安警察法》，文化協會的演講者常被警察下令「辯士中止」而中斷演講，演講者則往往採取接力的方式，尋求向聽眾傳達理念的機會。在治安機關的壓制下，更有五十多次連集會本身都被下令解散。

而臺灣文化協會本身的文化取向，亦值得注意。以其重要領導人蔣渭水為例，他固然有漢人的意識，但認為臺灣的漢文化是不良的，必須積極引進西方近代文化，才能促進臺灣文化的發達。

臺灣文化協會的分裂及後續發展

臺灣文化協會在成立之初即包括各種不同思想、主張的成員在內。1926 年底，主張合法政治抗爭的蔡培火派、受辛亥革命影響較深的蔣渭水派以及主張社會主義的連溫卿、王敏川派之間的對立已然成形。1927年改選結果，左派正式掌權，林獻堂、蔣渭水、蔡培火相繼離開，日後組成臺灣民眾黨。文化協會的性質也有轉變，史稱「新文協」。

1928 年作為日本共產黨支部的臺灣共產黨成立，並積極介入臺灣文化協會。1929 年，社會主義者連溫卿亦因流派、理念不同而被逐出。此後，臺灣文化協會即逐漸發展為臺共的外圍組織。

臺灣民眾黨及後續發展

當林獻堂等人離開臺灣文化協會後，歷經波折，終於在 1927 年取得臺灣總督府的組黨許可，成立臺灣民眾黨。原本主張設置殖民地議會的人士，即轉而以民眾黨作為政治舞臺，在臺灣本島協助設置議會請願運動的推動工作，也隨之由臺灣文化協會轉到民眾黨身上。

但是，臺灣民眾黨成立之初，蔣渭水強烈的「民族主義」色彩，和蔡培火的政治路線便有所衝突。其後，蔣渭水秉持其全民運動的理念，積極結合勞工、農民，特別是其主導的臺灣工友總聯盟發展十分迅速，

臺灣民眾黨

壓倒左派的工運聲勢,更使主張穩健路線爭取自治的部分黨員感到疑慮。
1930 年楊肇嘉返臺以後,倡議組織臺灣地方自治聯盟,吸引了蔡培火等
人投入。12 月,堅持不得跨黨的民眾黨開除了林獻堂以外加入自治聯
盟的黨員。林獻堂則在 1931 年初表明為支持不得跨黨的決議,退出民眾
黨。

　　穩健派退出以後,1931 年 2 月,民眾黨大會通過主張更強烈的修正
案,日本警察則當場逮捕蔣渭水等人,並宣布解散民眾黨。

彈壓左派運動

　　日治時代臺灣左派運動中最激烈的代表,當推 1928 年以共產國際指
令在上海成立的臺灣共產黨。臺共成立之初,組織上屬於日本共產黨「臺
灣民族支部」,以「臺灣民族獨立」、「建立臺灣共和國」為訴求❺。臺共
成立後,積極介入臺灣社會、文化運動,新文協及農民組合陸續成為其
外圍組織。1920 年代末期日本政府大舉檢肅左派運動,如同日本本土的
共產黨運動及左翼組織幹部及成員大量被捕,組織遭到解散,臺灣的左

❺　當時共產國際力倡殖民地民族自決,不僅臺灣共產黨,包括日本共產黨、中國
　　共產黨在共產國際政策下,當時都支持臺灣脫離日本獨立建國。

翼運動也遭到大力的鎮壓。最後，1931年6月臺共黨員檢舉，臺灣共產黨固然首當其衝，遭到瓦解，作為臺共外圍組織的文化協會及農民組合，亦遭檢舉而結束。

自治努力的終結

臺灣地方自治聯盟成立後，即明白要求「實行完全之地方自治」。但是一再請願不成，內部便又出現主張改組為更具抗爭性質的政治團體，不過，由於當時政治氣壓甚低，才未造成分裂。

臺灣總督府明令禁止設置議會請願運動後，追求臺灣自治的主張，在所謂「合法」的空間中，只剩下追求臺灣總督府之下各級地方自治之可能，以臺灣全島為單位的自治，已無法推動。1937年，中日戰爭爆發，使得地方自治聯盟的幹部越發覺得沒有施展的空間，而且，軍國主義體制高壓統治的氣氛也益發濃烈，在危機重重之際，便於同年八月自動解散。至此，日治時期有組織的政治抗爭也告落幕。

習　題

1. 梁啟超對林獻堂採取非武裝抗爭的影響為何？
2. 臺灣文化協會分裂的原因為何？

第三節　日治時期的發展

摘　要

日治時期臺灣總督府的統治，歷經「六三法」、「三一法」、「法三號」的演變，基本上臺灣法律制度，與日本本土並不一致。但是，整個發展的方向則朝向與日本本土較為一致的「內地延長主義」的發展。「皇民化政策」的推動，基本上也可算是內地延長主義的進一步表現。

而為了攏絡臺灣的士紳，減少臺灣人的政治對抗，日本當局開放部

分政治參與管道。自 1921 年開始，臺灣總督府也進行部分的體制調整，先是使臺灣人可以成為諮詢的對象，繼而在 1935 年推動所謂的地方自治，讓部分的臺灣人透過選舉，可以成為地方議會的議員。

在經濟方面，日本統治臺灣期間，為了有效而長期汲取臺灣的經濟利益，也進行相當的近代化基礎建設，包括整編關稅與貨幣，進行土地調查與土地改革，同時也在臺灣推動其他基礎建設及公教育。至於產業方面，為了配合日本的需要並培養日籍資本在臺灣的發展，臺灣總督府先是鼓勵臺灣新式製糖業的發展，繼而因為日本本土稻產不足的問題，改在臺灣推動蓬萊米的種植。在 1930 年代之後，隨著日本軍國主義的發展，臺灣逐漸成為日本南進的基地，也加速推動工業的建設，1939 年臺灣的工業生產總值超過農業生產總值。在戰爭期間，日本當局更加強臺灣整體社會經濟的控制，進行進一步的經濟掠奪。而由於美軍的空襲，也使得臺灣原有的生產設施嚴重的破壞。

統治體制理論的調整

日本在臺灣的統治體制歷經「六三法」、「三一法」及「法三號」的演變。1921 年，「法三號」通過，宣示臺灣總督的「律令制定權」是補充日本本土法令的性質，則也意味著由臺灣的特殊化統治，將往與日本本土較為一致的方向發展，這似乎也可以看成有所謂「內地延長主義」的「同化」的色彩。不過，此一轉變仍然是相當有限的。換言之，所謂的「內地延長主義」最多只是一個趨勢，在日本統治臺灣的期間，臺灣也從來沒有真正與日本本土制度同一化過。

1919 年 10 月，田健治郎出任臺灣總督，是日本領臺以來第一位文官出身的總督，代表日本大正民主時期對臺灣統治的溫和化開始。1936 年，軍人再出任臺灣總督一職，已是日本軍國主義形成並強化的時代，戰爭體制下對臺灣的控制以及統制體制的推展便成為一大特色。不過，在同一時期「內地延長主義」的方向並沒有改變，「皇民化政策」固然是為了加強臺灣本地人的效忠，從另一個角度來看，也是「內地延長主義」

政策的表現。當然，此一「內地延長主義」基本上歧視、壓迫臺灣本土文化的發展與延續，至於臺灣住民權益的提升，則相對不受重視。

官派諮詢體制的出現

1921 年，臺灣總督府設置臺灣總督府評議會，在各州、市、街、庄也由官方成立官派的協議會。但是，評議會及各級協議會的成員由行政機關遴選，本來就欠缺民意基礎，而且權限相當有限。以總督府評議會為例，評議會員中最初僅僅只有九名臺灣本地人，不僅如此，所謂的諮詢，實際上更只是「備諮詢」而已，連主動提供諮詢的可能，都付諸闕如。直到 1930 年，總督府的評議會才正式擁有建議權。

民意參與的管道

1935 年，臺灣總督府控制的所謂地方自治開始實施。其中街、庄的協議會及市會等地方「議會」議員半數官派，半數則在限制選舉制度 ❻下由人民直接選舉產生。至於州會議員則半數官派，半數由下級議會間接選舉產生。

這種地方自治不僅層級低，也欠缺「自行治理」(self-governed) 與「自主」(autonomy) 的精神，基本上象徵意義遠大於實質意義。不過，臺灣住民藉此對於選舉也有所體驗，本土政治精英也多少有議會殿堂上問政的經驗。

在新的制度下，臺灣住民終於有了參與政治的管道。由於初次擁有選舉權，1935 年的選舉投票率高達 96% 左右。不過，在市會的選舉當選人中，日本人的人數還是多過臺灣本地人。在街、庄層級，則由於擁有選舉權的日本人人數較少，臺灣本地人占了大多數的民選席次。

除了地方性質的民意參與管道以外，日本政府最後在體制上終於給予臺灣住民參與國政的權利，規定臺灣可以選舉產生五名眾議院議員。

---

❻ 限制選舉制指的是人民必須擁有一定財產或繳交一定數額的稅以上，才擁有參政權。

這是 1945 年 3 月，眾議院議員選舉法修正及「法三四號」公布以後的事。由於同年 8 月日本就宣布投降，這項權利根本沒有落實的機會。

縱使如此，也還規定了對臺灣住民歧視的條款。首先，日本早在 1925 年便實施普通選舉，此時臺灣住民仍必須繳交一定數額的「國稅」才有選舉權。同時，日本本土平均每十五萬人便可以選出一席議員，臺灣卻必須每一百萬人才能選出一席。

司法制度

日本統治期間的政治措施中，日本建立的司法制度對臺灣也有相當的影響。

早在武官總督乃木時代，便曾爆發所謂的「高野孟矩事件」（1897 年）。擔任高等法院院長的高野，在其任內揭發了一連串的弊案，不僅高級官員多人被捕，敕任官中也有多人家中遭到搜索，並導致總督府人事大變動。可是高野本人卻不但被免去總督府法務部長的兼職，連高等法院的本職也被以違憲的命令停職。他執意上班，甚至被警察逐出。為了支持高野，包括地方法院院長在內，多位法官辭職抗議。此一事件的發生，是因為在「六三法體制」下，日本本土依據憲法保障法官地位的制度，在臺灣並不適用所致。

雖然如此，日治時期的法官仍然時有依法獨立審判，對抗總督府體制的行動。1924 年著名的「治警事件」中，對於此一因為要求設置議會而遭到起訴的案件，一審庭長不僅依據法理批駁與犯罪事實無關的政治指控，而且一審判決被告全部被判無罪。這是日治時期臺灣司法史上，值得一提的事情。

日本帝國主義體制的編成

日本取得臺灣以後，如何在臺灣建立附屬於其本土的社會、經濟與文化體制是其統治的重點。由於甲午戰爭前後，日本政府投入相當多的經費進行武裝及其本土的建設，加上軍費的支出，財政狀況並不理想。

所以，臺灣總督府如何能自給自足，甚至進一步使日本得以在臺灣取得經濟利益，遂成為日本政府向其人民宣示其具有統治臺灣正當性的重要依據。

不過，日本政府及臺灣總督府並不急於殺雞取卵式的剝削，而是企圖建構永續性的殖民地剝削制度。因此，一方面將臺灣編入其帝國主義的體制內，一方面則是在臺灣推動具有「近代化」(modernization) 性質的基礎建設，以強化其在臺灣的統治，便利其汲取臺灣的資源。所以，在日本統治期間，臺灣才會有相當的建設。

整編關稅與貨幣

清帝國統治臺灣時，海關由英國人管理。海關及關稅乃屬於國家主權行使的一部分，因此，1896 年日本便使臺灣適用日本本土的關稅法制，將臺灣在此一層面納入日本的經濟圈。如此一來，原先歐美資本在臺灣的優越地位便被日本所取代，其產品及資本的競爭力大減。

除了關稅以外，日本也在臺灣進行貨幣整合工作。不過，由於原本在清廷統治時期，臺灣流通的各國貨幣十分複雜，日本政府便先進行本土的金本位體制改革，以 1899 年設立的臺灣銀行為中心，暫時維持臺灣以銀為交易媒介的習慣，配合金、銀的公定兌換率作為過渡。其後，1904 年再由臺灣銀行發行金本位制的臺銀券，與日本完成幣制的統合。

土地調查與土地改革

由於臺灣本來的大租戶、小租戶、佃農的土地所有制度十分複雜，土地所有權完整的轉換並不容易，田地的面積亦不確實。因此，臺灣總督府便以過去日本本土土地改革的經驗，在臺灣進行土地改革。

臺灣總督府在初步控制臺灣北部之際，就自 1899 年起展開土地調查，至 1904 年完成。調查結果，臺灣的田地面積，較劉銘傳調查的結果，增加 70% 以上，這當然也增加了臺灣總督府的稅收。

同時，臺灣總督府給予大租戶低額的公債作為代價，確立小租戶為

土地唯一的所有者，土地作為商品流通的可能性大增。由於補償的代價不高，大部分的大租戶便告沒落。比較特殊的例子之一，則是包括霧峰林家在內，臺灣中部地區一些較具規模的大租戶，以取得的公債作為主要的資金，設立了由臺灣本土人士創建的彰化銀行。

除了田地以外，1910 年展開的林野調查，臺灣總督府採取凡是不能確切提出所有權的林地，一律視為無主地，均收歸國有的政策。結果，在將近八十萬甲的林地中，95% 以上都透過調查而國有化。臺灣總督府掠奪了這些林野以後，再透過官有地放領的方式，轉移給來臺投資的日本資本。

戶口調查與其他基礎建設

就在完成土地調查時，臺灣總督府自 1905 年起開始進行戶口調查，一方面加強對臺灣的控制，另一方面則為日後良好的戶籍制度建立基礎。

包括土地調查在內，對於日治時期初期臺灣的建設，臺灣總督府第四任總督兒玉源太郎時代的民政長官後藤新平（任期自 1898 年至 1906 年）的建樹最多。後藤新平動用發行公債取得的資金，建設縱貫鐵路（1908 年縱貫線正式接通）、公路與電信、海港等工程。這些基礎建築固然有助於日本對臺灣的控制，卻也提

後藤新平

供臺灣經濟進一步發展所需的基礎建設。到 1905 年，後藤新平透過保甲的動員，以及投降的抗日軍，便建造了九千多公里的道路。這些鐵、公路的建設，拉近了臺灣各地的距離，也提供了形成共同體 (community) 不可或缺的硬體基礎。

此外，在水電建設方面，臺灣最早的自來水工程在 1899 年於淡水完成，臺北市街則在 1905 年開始裝設電燈。其後由於對電力之需要大為增

加，日本乃有利用日月潭及濁水溪開發電力之計畫。1934 年日月潭第一水力發電廠的完工，是臺灣電力工業的重要里程碑，也使得進一步推動工業化成為可能。

市區改正與都市計畫

日本領臺之初，開始陸續推動都市計畫。1899 年以律令第三十號公布市區計畫有關土地及建物的規定。而作為臺灣都市計畫里程碑的，則是 1900 年公告施行的臺中與臺北市區計畫。以臺北為例，透過市區改正，擴寬道路，將沿街屋面拆除，日本人聚居的「城內」官方主導採西洋古典風格，臺灣人聚居的艋舺、大稻埕，則參考官方的建議由民間自行興建。大稻埕當地信仰中心媽祖宮（慈聖宮）也遭拆毀，遷建他處。1936 年公布「臺灣都市計畫令」，次年四月實施❼。例如臺灣建築特色的亭仔腳（騎樓），都市計畫令規定「都市地畫區域內的道路，沿行政官廳之指定者而建築建築物者，應依台灣總督府指定處設置亭仔腳或準亭仔腳之設備」。

整體而言，在日治時期公告的「市區改正」或「都市計畫」計有 74 處，其中 24 處都市計畫公告後並有後續之「擴張計畫」。

學校教育

後藤新平對於臺灣新式教育的推動也頗有貢獻，除 1898 年開始廣設「公學校」供本地人就讀以外（日本人則讀「小學校」），1899 年更設立了臺北醫學校。不過，後藤新平推展公教育的目的，主要乃是著眼於協力臺灣建設的考量，不鼓勵臺灣本地人深造。因此，灌輸忠君愛國式的初等教育固有必要，高等教育則限於專門職業學校。

1928 年，臺北帝國大學成立，設文政與理農二科，臺灣才有了殖民地的大學。但是，臺北帝大的設立，與提供在臺日本本土人民子弟就學有一定程度的關係。當時，臺灣人在本地進入高等學校（約等於高中）

❼ 之前一般多稱為「市區改正」，此後法定名詞則為「都市計畫」。

的名額相對有限，更遑論畢業後考進大學。因此，臺灣本地人若欲深造，往往必須到日本、中國或是其他國家。這也是蔣渭水等臺灣菁英反對成立帝國大學，主張經費應該投入當時臺灣人子弟比較有機會就讀的基礎教育及專門學校等高等教育的原因。

到了皇民化運動時期，臺灣總督府才開始基於政策的考量，推行義務教育，大幅提高臺灣本地人接受初等教育的比率。這些制度與硬體措施為戰後臺灣義務教育的推行，奠定了良好的基礎。

社會公共衛生的成果

除了前述基於日本本身利益所展開的各種建設以外，日治時期臺灣總督府也進行一些促使臺灣社會「近代化」的工作。從後藤新平上臺開始，便由警察協助檢疫工作，強制人民打預防針。他同時也開鑿水井、整治地下水道、檢查市場衛生。警察甚至強制住戶必須打掃房舍，維持室內清潔。這些施政在今日民主憲政的架構下當然匪夷所思，不盡合理，卻迫使臺灣人改變了衛生習慣。在日治時期天花、鼠疫、霍亂等傳染病也因此受到控制，甚至消聲匿跡。

臺灣財政的獨立

由於領有臺灣初期，軍費及其他建設的支出十分可觀，臺灣總督府的財政收支無法平衡，日本甚至出現拍賣臺灣的論調。因此，總督府乃透過土地調查、專賣事業、地方稅及發行事業公債等方式增加收入。本來，土地調查增加 70% 以上的田地，已經擴大了稅基。在臺灣特殊的統治體制下，總督府又可以提高稅率，配合開徵地方稅，收入增加不少。專賣事業則更是一大財源，當 1905 年臺灣財政開始出現黑字，日本殖民者轉虧為盈時，專賣的收入，便占了總督府財源的 60% 以上。

日本糖業資本的擴張

在 1860 年開港以後，糖是臺灣輸出總額的第二位，有相當良好的基礎。日本領有臺灣以後，為便利日本資本在臺灣的發展，以及為了減少日本每年向外國購糖的支出，便以糖業作為經濟發展的重點。

新式糖廠

為此，臺灣總督府採納新渡戶稻造的建議，在 1902 年發布〈臺灣糖業獎勵規則〉，又於 1905 年公布〈製糖場取締規則〉，提供包括資金援助、原料確保、市場保護等措施在內的新式製糖業保護方案。彰化辜家、板橋林家、高雄陳家等本土資本，自然也投入經營行列。但是，臺灣總督府則在 1911 年下令，禁止臺灣本地人自己組成「會社」，使臺灣本地資本（不僅糖業）必須附屬於日本資本，才得以存續。

在整個糖業分工生產的過程中，臺灣的地主與佃農從事的是受到剝削的農業生產過程，日本的資本則主宰了工業生產過程及行銷。如此，一方面壓榨臺灣本地人而圖利日本資本家，另一方面則因為新式製糖業的工業生產過程，及糖產量的急遽增加，使工業生產總值在臺灣經濟的比重大幅提高。

「米糖相剋」問題

1918 年由於日本本土稻米不足，日本在臺灣的經濟政策也發生轉變，除了原有的新式糖業以外，也希望臺灣能扮演供給日本稻米的角色。為了此一目的，臺灣總督府進行稻米的品種改良，研發成功適合日本市場口味的蓬萊米。

既然決定要增加水稻生產，則灌溉系統便需要加強建設。為此臺灣

總督府於 1920 年開始建造嘉南大圳及其他灌溉系統❽。八田與一設計的
嘉南大圳是日治時期最為可觀的灌溉系統，嘉南大圳於 1920 年開工，主
要的供水設施，包括 1927 年完工的濁（水溪）幹線，以及 1930 年完工
的烏山頭水庫，解決了嘉南平原長期以來存在的洪水、乾旱、鹽害問題，
配合三年輪作給水法，灌溉面積接近十五萬公頃，此後嘉南平原成為臺
灣重要的米糖產地。嘉南大圳灌溉水道的長度將近 10,000 公里（其給水
路幹、支、小線共長達 8,720 公里，排水路 6,960 公里），而負責設計此
一工程的八田與一後來被尊稱為「嘉南大圳之父」。

　　另一方面，農業耕種技術及品種改良也需要專門人才，因此，成立
了嘉義農林學校。臺灣早在 1920 年代便具備了東南亞地區於 1960、70 年
代才開始的「綠色革命」的經驗。

　　由於米業的生產歷程與糖業不同，日本資本所控制的主要只是輸出
的部分，減少了日本資本的剝削，種植稻米對臺灣的地主和佃農而言，
都獲利較多。特別是臺灣的土著資本掌握了大部分稻米的加工、流通過
程，更有利於資本的蓄積。基於利益的考量，許多臺灣的地主和佃農便
傾向種稻。臺灣總督府面對著由稻米與甘蔗種植農地的衝突所引發的「米
糖相剋」問題，便統合各種水利機構，利用水資源的分配，推動三年輪
作制度，來控制民間作物的選擇。

　　值得注意的是，推動新式製糖業與蓬萊米種植都是臺灣總督府的政
策，就此而言，「米糖相剋」在某種意義上，也是殖民經濟政策內在矛盾
所引發的。而日本政府對於蓬萊米輸往日本，也常常站在避免傷害日本
本土農業的立場，採取限制的政策。

---

❽　早在 1905 年前後，臺灣總督府開始推動農業改革及灌溉建設，除大量的土木
　　技術人員來臺外，同時著手稻、蔗灌溉率的試驗，總督府土木局並設水利課。
　　1908 年公布的「官設埤圳規則」以三千萬日圓的預算，計畫補助全臺 14 處埤
　　圳。其中最大的灌溉工程是 1916 年興建、1928 年完工的桃園大圳，共增加約
　　二萬二千公頃的水田，解決了北臺灣農地的用水問題。

1930 年代的轉變

　　1931 年日本關東軍中、下級軍官主導了「九一八事件」，日本進入了所謂的「十五年戰爭」時代。隨著軍國主義勢力的增強，日本本土經濟開始轉換成國家資本主義體制，經濟的發展必須為軍事的目的服務。作為殖民地的臺灣，在總督府主導下的經濟政策本來就是附屬於日本本土，為日本的利益而存在，此時也發生重大的轉變。其中最重要的，便是將臺灣明白定位為日本的「南進基地」，積極推動工業化。

　　臺灣新興工業化的發展，以 1934 年日月潭發電所的完工為里程碑。臺灣總督府為興建日月潭發電所，投資長達十五年，至此，新興的水泥、金屬、肥料、窯業得到廉價的電力優惠，有更佳的發展契機。1937 年，機械、造船、石化業的新工廠紛紛設立，次年，纖維業及大規模的水泥業也引進臺灣。同時大規模的發電計畫，以及新的港口建設也陸續展開。

　　臺灣工業化的基本原因是作為日本軍國主義「南進基地」，但是，除了軍需工業及相關產業以外，作為「基地」，原本從日本本土輸入的日用品，也逐漸由在臺灣開辦的相關輕工業所替代。這也是軍需工業以外，臺灣工業發展的另一個面相。

工業化的推展

　　日本領臺以來，臺灣的農業一直仍是臺灣經濟的主力，加上傳統認為殖民地是原料及農產品的產地，又是殖民地母國工業產品的市場，因此「農業臺灣，工業日本」成為一般對日治時期臺灣經濟狀況的刻板印象。

　　事實上，在 1931 年一般認為臺灣總督府剛要積極推動臺灣的工業化時，臺灣的工業生產總值已經達到二億四百九十萬元，稍遜於農業生產總值的二億九百九十萬元。經過 1930 年代的工業化推展，1939 年工業生產總值更達五億七千零七十萬元，超過農業生產總值的五億五千一百八十萬元。不過，這也正顯示了縱使在臺灣總督府積極推動工業的時期，

臺灣農業生產化的成長仍然十分可觀。

如前所述,自從 1902 年日本當局推動以製糖業為重心的產業政策以後,由於糖業的產值以工業製程為重,新式製糖業越發展,工業生產總值也隨之提高。這是 1931 年以前,臺灣工業成長的主力。而在 1930 年代,自 1918 年以後推動的稻米改良,伴隨著嘉南大圳的完工,使蓬萊米的產量大增,是此一時期農業產值也迅速增加的主因。

其後,由於 1944 年以後美軍的空襲,特別是 1945 年初以降的大轟炸,破壞了許多工業生產措施,戰後的生產力復原又較農業遲緩許多,戰後臺灣的農業生產才又暫時凌駕在工業生產之上。

戰時的統制經濟

臺灣總督府實施的經濟統制,最早是針對金融、貿易。首先在 1937 年發布《外國貿易管理法》與《臨時資金調整法》,而後則進一步實施「貿易統制令」。在金融部分,更從限制銀行資金的運用,深入到將民間的其他金融機構納入統制,使一切資金皆在國家機關的統制之下。為了取得資金,及避免引發嚴重的通貨膨脹,臺灣總督府更運用各種方法,包括由警察出面「勸導」及其他半強迫的方式,動員臺灣本地人士認購「戰時國債」及增加儲蓄。

臺灣總督府實施的經濟統制政策中,〈臺灣米穀移出管理令〉及〈臺灣糖業令〉二者,都對臺灣本地的農業人口造成相當大的衝擊,特別是土著資本的蓄積大受影響。因為透過相關的法令,賣往日本的稻米被臺灣總督府強迫以低於時價的價格收購,原本就被壓低的甘蔗原料價格,此時更進一步需要得到總督府的認可,如此無論是農民、地主或是米商經濟的狀況都遭到打擊。

同時,為了配合工業化政策的勞工需求,以及戰爭動員的需要,臺灣總督府更公布了「學校畢業者雇用限制令」、「國民職業能力申告令」、「從業者移動防止令」、「工資統制令」等一系列法規,使合適的勞動力投入相關產業,另外則徵調臺灣本地人士進入軍隊擔任軍伕(後來也徵

調入伍)。

習　題

1. 日治時期臺灣的民意何時取得參與的管道? 當時民意機關的產生的方式為何?
2. 1930 年代臺灣經濟的發展在農業、工業的比重上，有何重大的改變?

第七章　第二次中日戰爭

第一節　第二次中日戰爭的經過

摘　要

「七七事變」後，蔣委員長在盧山發表談話，宣示必要時抗戰到底的決心，「八一三」淞滬戰役發生後，中國全面抗戰開始。

中日戰爭的八年歷史隨戰況的轉移，大致可分為三期：在「七七事變」到武漢失守前，是日本軍事得勢的時期；而從武漢失守到太平洋戰爭爆發，則是日本原有的軍事優勢面臨考驗，戰況呈現對峙之局；太平洋戰爭爆發後，中日戰爭轉變成世界大戰的一環，戰爭性質改變，外來的援助也成為影響戰爭發展的重要因素。

中日戰爭期間，為了一致對外，促成抗戰期間的團結，執政的國民黨改變原有「黨外無黨」的政策，承認其他在野黨的合法化。並成立由各黨派、社會賢達代表共同組成的國民參政會。相對的，在進入中日戰爭第三階段之前，面對日本強大的軍事壓力，也有人主張與日本合作，甚至成立偽政權。其中，最重要的就是汪精衛。

長期的戰爭，使得中國經濟情況日趨惡化，百姓深為通貨膨脹所苦。但是，在抗戰期間中國的國際地位也有相當程度的改善，特別是不平等條約的廢除，而與列強並肩對抗軸心國，也使中國在戰後世界新秩序中，扮演重要角色。

七七事變

日本在「九一八事變」後，對中國的侵略不斷，陸續發動「一二八事變」、進占熱河，又挑起「長城戰役」，更開始策動「華北自治」，意欲製造第二個「滿洲國」。日本的種種挑釁行為，都激發中國民族主義的昂揚，「抗日」、「救亡」的行動與呼聲，綿連不絕。「西安事變」後，國民政府的政策有所改變，剿共行動中止，中共受到圍剿的壓力亦暫告解除。全民對日抗戰的呼聲，日益高昂。

民國二十六年（1937 年）七月七日，日軍藉口在盧溝橋附近演習時失蹤一名士兵，要求進入宛平縣城搜查，被守軍拒絕。遂於次日凌晨發動攻擊，被守軍吉星文團擊退，是為盧溝橋事變。七月十七日，蔣委員長在盧山發表談話，宣示必要時抗戰到底的決心❶。

宋哲元本來希望和平解決，但是日軍大量入關，且占領平、津附近的戰略要地，戰爭已難避免。七月底，中國軍隊退出平、津。

淞滬戰役

日軍占領平、津以後，中國仍不屈服，因此，有意將戰場轉移至華東，希望利用地形及國防線能阻止日軍前進。日本也希望在華東開闢第二戰場，藉此向國民政府施壓，因此八月十三日雙方遂在上海展開戰鬥。結果日方固然一再增援，國民政府也投入德國顧問協助訓練的精銳兵力，直到十一月九日才退出上海。由於作戰時間達三個月，日本「三月亡華」的口號，遂告破滅。

國軍精銳部隊在上海固然損失慘重，甚至無法在原有的國防線進行第二波防禦戰，但是抵抗三個月的例證，卻提振了抗戰的士氣，爭取物資轉運的時間，也使國際重新評估中國的戰力。

---

❶ 在歷史上，往往認為這是中日戰爭的開端，但雙方並未宣戰，直到 1941 年日本偷襲珍珠港之後，十二月九日國民政府才對日、德、義正式宣戰。

南京大屠殺

　　上海淪陷後，政軍中心轉移到武漢，國民政府則遷都重慶，宣示長期抗戰的決心。民國二十六年十二月，日軍攻下南京，軍紀廢弛的軍隊，曾在南京城內肆行搶掠、屠殺、姦淫、破壞。雖然確切受害的軍民數目，以及屠殺事件的內涵，仍有爭議，但是，日軍在南京對無抵抗能力的平民，進行大屠殺等不人道行動，則是歷史的事實。

　　南京大屠殺，並沒有逼使國民政府屈服，抗戰仍然持續。甚至在一定的程度上，更激發中國人的仇恨感，

南京大屠殺

使抗日的情緒產生加強的效果。就此而言，南京大屠殺對於日本的侵華戰爭而言，除了留下歷史的污點之外，並無重要的效果。這與日方認為占領平、津或占領首都，國民政府便會放棄抵抗而妥協的想法，相距十分遙遠。

抗戰的階段發展

　　中日戰爭的八年歷史大體上可分為三個階段：從七七事變到民國二十七年（1938 年）十月武漢失守，大體上是日本軍事的得勢時期。從武漢失守到民國三十年（1941 年）十二月太平洋戰爭爆發為止，由於戰線拉長，加上淪陷區內，日軍往往只能控制點與線，使得日軍原本的軍事優勢面對考驗，戰況遂呈現對峙之局。太平洋戰爭爆發以後，中日戰爭轉變成為世界大戰的一環，戰爭的性質丕變，外來的援助，也成為影響戰爭未來發展的重要因素。

　　不過，縱使在上海、南京相繼失守後的日本軍事得勢時期，國軍並非無招架之力，也不無佳作表現。民國二十七年三月底爆發的臺兒莊之役，即是日本軍隊在這次戰爭中首次重大的軍事挫折。在進入對峙之局的階段，日軍進展有限，且又必須面對淪陷區的游擊隊，優勢逐漸喪失。至於最後階段，國際情勢雖已好轉，但是日軍最後的進攻，卻造成前所未有的威脅。民國三十三年（1944 年），日軍由湖南進入廣西，進而占領貴州獨山。中國抗戰基地四川，亦告震動。幸好日軍已成為強弩之末，國軍乘機反攻。就在日本軍隊於湖南、廣西有所斬獲，戰爭危急之時，國民政府主席蔣中正號召知識青年從軍，以提高軍隊素質。民國三十三年十一月間，甄選合格者計十二萬五千五百人（包括大專以上學生一萬五千五百人），編為青年遠征軍九個師，而有所謂「一寸山河一寸血，十萬青年十萬軍」之說。其後國民政府更採行美國魏德邁將軍提議的整軍計畫，在西南地區重新編組中國軍隊，整備和訓練三十一個攻擊師，九個防禦師。此時滇緬交通已開，日軍封鎖的企圖已告破滅，美方援助的武器及作戰物資乃得大量輸入。整訓中的國軍部隊由於預計可以取得美

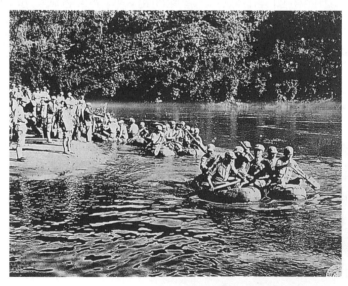

遠征軍橫渡怒江

式裝備及充分之炮兵火力，士氣大振。國民政府亦積極計畫展開反攻，但是，大規模的軍事反攻尚未進行，最後，日本在原子彈的威力下，宣布無條件投降，漫長的八年戰事便告結束。

抗戰期間的團結

中日戰爭期間除了與日本武力對抗之外，中國國內的政局，以及與美國為主的對外關係上，也有新的發展。

民國二十七年三月，國民黨為了抗戰的需要，在武漢舉行臨時全國代表大會，決定國家基本政策。會中於四月一日頒布《抗戰建國綱領》，除了揭示抗戰與建國的關係之外，更促成抗戰期間的團結。

《抗戰建國綱領》提出後，執政的國民黨原本所堅持「黨外無黨」的狀況發生改變。先是，國家社會黨領導人張君勱，與國民黨蔣中正總裁互換條件，此舉除了國社黨表示對抗戰建國方向的肯定與支持外，也被視為國民黨承認所謂「異黨」合法化的開端，其後青年黨代表左舜生亦做同樣的表示。甚至對中共，也以間接的方式表示認可。

同年六月，國民參政會成立，各黨各派及社會賢達的代表齊聚一堂，雖無實際政治權力，但單單成員在訓政時期組成有各黨派代表參加的國民參政會，即具有全民團結的象徵意義。

「汪精衛政權」的出現

中日戰爭期間，雖然中國全民團結一致，共同抗日，但也出現了一股與日本合作的勢力，代表人物即是汪精衛。

戰爭初期，日本占領中國領土後，陸續在北平、南京製造了傀儡政權，希望能「以華制華」，然參與其事的多為過氣的腐敗官僚，並無號召力。七七事變後，由於中日雙方尚未宣戰，雙方間謀求和平的祕密管道並未完全斷絕，但日本方面提出的條件過於苛刻，國民政府不願回應。1938 年 1 月 16 日，日本首相近衛文麿發表聲明：「不以國民政府為對手，期待足與日本真正提攜之新興政權成立與發展」，深含離間、誘惑國民政

府高層人士之用意。汪精衛向來主張對日妥協，在日軍連占廣州、武漢之後，他認為中國對日抗戰已經失敗，兼以在國民黨臨時全國代表大會中僅獲選為副總裁，位居總裁蔣中正之下，亦憤憤不平，日本方面更暗加煽惑，汪終於民國二十七年十二月十八日離重慶，轉赴越南河內，二十九日發表「豔電」，呼應日相近衛文麿於十二月二十二日提出的「善鄰友好」、「共同防共」與「經濟提攜」三項「和平原則」，主張以之為據「與日本政府交換誠意，以期恢復和平」。

汪精衛的行動與言論，在當時被認為是背叛國家，國民黨隨即開除其黨籍，國民政府下令嚴緝與之共同行動的「民族叛徒」。此後，汪精衛全力與日本合作，籌組政府，於民國二十九年（1940年）三月三十日以「國民政府」名義「還都」南京，亦採用「三民主義，吾黨所宗……」的國歌，仍以青天白日滿地紅旗為國旗（但在旗上添加一黑字「和平反共建國」的黃色三角標誌），同年十一月三十日，更與日本簽訂《基本關係條約》，完全在日本的控制之下。

以汪精衛為主席的「國民政府」，雖亦號稱「中華民國」，但實際管轄的地區僅止於江蘇、浙江、安徽三省的一小部分，日本設立「最高軍事顧問部」，掌控一切決策大權。

汪精衛在民國三十三年十一月逝於日本名古屋，由陳公博接任其職位。日本戰敗宣告投降後，這個「國民政府」土崩瓦解，主要的領導人物亦因「漢奸」的罪名遭到制裁。

民主政團同盟的成立

由於民國三十年一月「新四軍事件」的發生，使得原本團結的局面，出現新的變數。國家社會黨、中國青年黨及其他黨派便籌組政團，民國三十年正式組成「中國民主政團同盟」（後來改名「中國民主同盟」），希望能以國、共兩黨以外的第三勢力自居，以備必要時能調停其間，避免國共雙方武力對決。

「中國民主政團同盟」的成立，直接對中國國內的政治生態投入新

的變數。它後來演變成民主同盟，有意無意之間，整合了國、共兩黨之外的重要政治力量。此一整合對於抗戰以後中國民主政治的開展，更發生相當大的影響。

戰時經濟

中日戰爭期間，中國經濟情勢日趨惡化，通貨膨脹益速，對人民生活帶來了無窮盡的災難。

戰前政府歲入主要來自商業和都市經濟部門：關稅、鹽稅與商品稅約占 80%，戰時重要工業區俱為日本占領，鹽區亦大半淪陷，政府收入銳減。戰時政府的支出約 75% 靠印發新幣來彌補。民國二十六年，法幣發行額為十六億元；次年，約增加一倍，物價上漲 64%；民國二十九年的發行額，約增加五倍半，物價上漲十二倍；民國三十一年（1942 年），發行額增加約二十一倍，物價上漲約七十七倍；次年，發行額增加約四十七倍，物價上漲約二百倍；至民國三十三年，發行額增加高達約一百八十倍，物價上漲更高達約二千一百倍。

物價不斷上漲，通貨膨脹似無止境，大多數人民深受其害，以受薪階級為甚。以民國三十三年為例，下級軍官月餉約當戰前貨幣一元二角至三元，士兵月餉約當戰前貨幣數角，連同實物計算，只得戰前所得的五十分之一至三十分之一。百姓深為通貨膨脹所苦，而當權有勢者則藉職權大謀私利，民怨難免。戰時的經濟問題帶來政治、社會層面的後患。

廢除不平等條約

民國三十年五月及七月，美國及英國先後表示，願在中國和平恢復後，協商放棄治外法權事宜。十二月七日（美國時間）日本偷襲珍珠港，太平洋戰爭爆發，十二月九日中國正式對日宣戰。之後，美、英則進一步通知，準備與中國談判新約。民國三十二年（1943 年）一月，中美、中英新約正式簽訂，中國受不平等條約壓迫的時代正式宣告終結。

但是，中國及英國對於新界（九龍租借地）並未達成協議。或許由

於其與香港關係十分密切，使英國當時不願放棄，以免香港失去水源及其他必要的生活資源。但是，對國民政府而言，這卻是不平等條約體制的殘留物，因此聲明保留，希望未來再透過談判解決。

開羅會議

隨著最後決戰的接近，戰後的安排問題逐漸浮上檯面。民國三十二年底，已經接任國民政府主席的蔣中正，與美國總統羅斯福 (F. Roosevelt)、英國首相邱吉爾 (W. Churchill) 在開羅舉行會議，商討擊敗日本以後的善後安排問題。

在開羅會議，三國元首首次達成協議表示，戰爭的目標之一乃是達成日本無條件投降。美國則強力支持國民政府的立場，力主戰後東北四省、臺灣、澎湖歸還中國；庫頁島、千島群島則劃歸蘇聯；日本在太平洋的託管島嶼則轉交美國託管。而《開羅宣言》雖不是正式的條約，不具國際法領土轉移的法效力，卻至少相當程度反映了美國官方的立場，不僅影響了戰後接收日本統治區域的安排，國民政府也在次年成立由陳儀負責的臺灣調查委員會，進行接收臺灣的準備工作。

中美之間的歧見

在開羅會議中，雖然美國羅斯福總統對中國十分友好，但是中美之間對中國戰場的具體作為，則存在相當歧見。此一歧見的凸顯，是史迪威 (J. Stilwell) 事件。此一事件固然與史氏個人的風格有關，而影響了史氏與中國戰場統帥蔣中正的關係。不過，隱藏在背後的一個重要因素，則是中美雙方對當時如何對待中共，乃至於中國戰後的政治解決方式存有歧見。

史迪威及許多美國的政治人物，當時都並不認為中共是真正的共產主義者，因此希望，甚至主張將美援物資同樣分配給中共的軍隊。而在戰後，則期待一個包含中共在內的聯合政府，最少作為中國走向民主政治的過渡，來化解爭端。

史迪威的主張，並非只是他的個人見解而已，而是當時美國部分官方人士的看法。因此，史迪威雖然去職，戰後如何組成聯合政府卻始終是美國對華政策的重要內涵之一。美國政府此一政策取向，對於戰後中國政治發展，產生相當大的影響，特別是中共藉此取得了相當有利的談判地位。

日本無條件投降

民國三十四年（1945 年）五月，德國投降，軸心國僅剩日本。但是，日本雖然對外作戰已出現頹勢，在中國、日本本土及臺灣龐大軍力則尚稱完整，因此，主和的聲音未成為主流。直到八月，美國原子彈先後投炸在廣島及長崎，日本政府經過御前會議的討論，決定接受「波茨坦宣言（公告）」無條件投降，日本部分軍事將領不服，陸軍發動政變試圖挾持天皇失敗。日本旋即在八月十四日透過管道向盟軍表達無條件投降之意，八月十五日昭和天皇透過「玉音放送」向日本軍民宣布，二次大戰結束。

歷時八年的第二次中日戰爭結束後，中國雖然由戰前被不平等條約束縛的國家，一變而為世界的「五強」國家之一，但在戰爭期間，中國人民卻受到嚴重的傷害。總計中國先後徵發兵員一千四百萬人，傷亡官兵三百二十萬人，一般人民生命犧牲以千萬計，財產損失約四千八百八十億美元。

抗戰時期的非常體制及其後續影響

國民政府在抗戰期間，也作了許多制度的調整，影響戰後政經文化的發展。其中除了既有的訓政體制法規之外，更以因應非常時期及戰時經濟統制為由，制定《非常時期農礦工商管理條例》❷、《國家總動員法》、《非常時期人民團體組織法》、《懲治盜匪條例》等等法令，其影響更延

---

❷　依當時《法規制定標準法》的規範，當時的「條例」與行憲以後不同，並非法律，而是行政命令。

續至 1980、1990 年代的臺灣。

就國家總動員體制而言，《國家總動員法》乃是一套含括範圍廣泛的經貿管制法規體系，源頭可以追溯到民國二十七年（1938 年）十月二十六日國民政府制定公布《非常時期農礦工商管理條例》，籠統地授權行政部門管制戰時物資，因應變局。民國三十一年（1942 年）五月五日，國民政府公布《國家總動員法》，其内容除納入原先在《非常時期農礦工商管理條例》已有的戰爭後勤支援經濟管制之外，並增加金融管制及更明確的進出口管理；此外，又增加與政治控制有關聯的管制項目，如對新聞、言論、出版、通訊、集會、結社等自由權利的限制，使得《國家總動員法》具有「實質意義的戰時憲法」的性質。

習　題

1. 第二次中日戰爭可分為哪些階段？其意涵有何不同？
2. 試說明第二次中日戰爭對中國的影響。

第二節　戰時國共勢力的消長

摘　要

中共在 1930 年代初期國民政府強力的軍事圍剿中，雖然「長征」成功突破國軍的重重包圍，然而在流竄到達陝北後，依然遭到南京方面派出重兵苦苦追逼，此時中共兵力只剩兩萬多人，可說已處在存亡旦夕。然而「西安事變」的發生，使得局勢發生戲劇性的變化。「西安事變」後，國民政府停止剿共，並將共軍收編進國軍的編制内。蔣中正的軍事方針，已從「安内」，轉為「攘外」。

民國二十六年中日戰爭爆發，中共趁國民政府的勢力退出華北、華東，而日本占領軍又無力控制農村地區之際，積極向「淪陷區」擴張勢力。中共組織逐漸滲透進華北、東北、華東、華南等日軍占領區的農村，

以「抗日」為號召，將廣大農民組織起來，訓練游擊戰術，一方面進行敵後抗日，一方面也蠶食國民政府的舊有地盤。中共這套發展策略在山東、河北、山西等地獲得極大成功，使得二次世界大戰結束前夕，共軍已擴張到近百萬之眾。

「西安事變」

民國二十年（1931 年）「九一八事變」的發生，使稍早因「中原大戰」而進駐北平的張學良及其統率之東北軍無法返回故鄉，因此對於東北軍全體將士來說，抗日成為凌駕一切之上的首務之急。然而民國二十四年（1935 年）下半年中共紅軍陸續竄抵陝北之後，蔣中正竟指派東北軍入駐陝南西安，由張學良身兼西北剿匪總司令部副司令之職，負責對盤踞陝北的中共殘餘勢力進行軍事圍剿。此舉不僅張學良本人不滿，東北軍內部更瀰漫著一股消極抵制的情緒。加上與共軍接戰的過程中，東北軍頻頻損兵折將，張學良已失去了繼續留在陝西打內戰的意願。

民國二十五年年初以後，張學良開始嘗試與中共接觸，多次派人至陝北連絡中共領導人。該年四月，張學良甚至親赴當時仍由東北軍控制的陝北重鎮延安，與中共代表周恩來會面，雙方私下達成了一些協議，張學良與中共簽定一紙停止內戰、聯合抗日的盟約。

二十五年十月底，蔣中正飛抵西安，親自部署剿共行動。此後一個多月裡，蔣中正在西安、（河南）洛陽、（山西）太原之間來回往返，張學良多次向蔣面陳停止剿共、一致抗日之策，均為蔣氏駁回。最後蔣向張下達最後通牒，如果東北軍不準備全力剿共，他將派遣中央軍前來陝西接防，並調東北軍到福建去。自此蔣、張之間已再無溝通可能。十二月十二日清晨五時許，張學良派兵包圍

張學良

蔣中正位於西安市近郊臨潼縣的行館，將之劫持。張向蔣提出了八項條件，包括改組南京政府、容納各黨各派、停止內戰、釋放上海被捕之愛國領袖、釋放政治犯、開放民眾愛國運動、保障人民集會結社之一切政治自由、確實遵行孫中山遺囑、立即召開救國會議等。這張清單立即遭到蔣氏拒絕。

蔣中正脫險

張學良聯合了當時亦駐在西安的西北軍將領楊虎城，以「停止內戰、共同抗日」為號召，發動「西安事變」，原以為會獲得全國各界人士的支持，沒想到不僅南京方面聲討他的叛變，即連向來支持他的山西軍閥閻錫山，竟也袖手旁觀。此外另有一些地方軍閥雖拍電附和張學良，但卻力勸張乾脆殺了蔣，如山東的韓復榘、四川劉文輝，以及廣西李宗仁等。這些借刀殺人式的勸說，反而讓張學良有些不安，因為這些人素來不服蔣氏領導，自恃地方勢力叛服無常，此時力主殺蔣，無非只是想借張的手除去蔣中正，這在根本上已違背了張學良「兵諫」的本意，而且，多少也讓張知所警覺。張學良在一時衝動下發動了事變，隨後便開始冷靜下來。尤其是中國共產黨態度的轉變，讓張學良開始反省該何去何從。

原本鼓勵張學良發動「西安事變」的原因之一，是中國共產黨的勸說；然而在事件發生後，莫斯科的反對態度，竟讓中國共產黨改變了制裁蔣氏的初衷。史達林此時不僅不贊成殺掉蔣中正，而且還堅持必須釋放他。蘇聯的這一立場，基本的考慮自然是寄望蔣中正能夠發揮凝聚中國抗日力量的效果；只有中國在東亞地區牽制住日本的軍力，未來蘇聯才不會受到納粹德國與日本的東西夾擊。史達林的電報輾轉到了陝北保安，要求中共想辦法說服張學良釋放蔣，否則蘇共將與其「斷絕關係」。據說毛澤東接到史達林的電報時，氣得跺腳。

冷靜下來的張學良，十二月二十二日與飛到西安的蔣夫人宋美齡見了面。在宋美齡的居中協調下，蔣中正終於態度軟化，願意接受停止內戰的條件，而張學良也承諾釋放蔣氏。經過宋美齡的遊說，蔣中正甚至

接見了中國共產黨代表周恩來，蔣氏向周承諾不再打內戰。至此張學良也許認為他發動「兵諫」的目的已經達成，為了化解危機，也為了不再成為其他勢力利用的籌碼，十二月二十五日下午，張學良以自己的座車載著蔣中正夫婦，以及隨著宋美齡前來西安的宋子文和澳洲籍顧問端納(William H. Donald)，抵達西安機場，一行人當天傍晚便降落在洛陽，回到中央軍的勢力範圍。張學良決定親自送蔣氏回南京，以表達一己的歉意，只是沒想到從此失去人身自由，一直等到五十多年後，蔣中正、蔣經國父子先後病逝，張學良才得到完全的自由。

至於十二月二十五日當天下午聞訊趕到西安機場的楊虎城與周恩來，只能眼睜睜看著飛機飛走，並未來得及阻止張學良。楊虎城事後在南京方面的壓力下，去職流亡歐洲。中日戰爭爆發後，楊虎城自願請纓回國參加抗戰，但遭到蔣氏拘禁。民國三十八年（1949 年）九月，國民黨政府撤離中國大陸前夕，楊虎城全家被殺於四川重慶。

雖然蔣中正脫險回到南京，不過他對於被挾持期間所作出的承諾，倒並未後悔食言。民國二十六年（1937 年）一月，蔣氏下令裁撤了西北剿匪總司令部，暫停一切剿共軍事行動，此舉無異向中共傳遞了和平的訊息。經歷過西安事變的衝擊，蔣中正這時已充分了解到全國各地希望停止內戰、一致對外的願望。大概這也是即使已回到南京，蔣中正又有能力重新部署對陝北用兵，卻放棄這麼做的原因。

民國二十六年七月七日，盧溝橋事變發生；八月十三日，日軍大舉進攻上海，中日戰爭全面爆發。蔣中正同意將陝北中共紅軍改編為國民革命軍第八路軍，至於仍散布在贛、閩一帶的中共殘餘勢力，則改編為新四軍。中共軍隊又一次被納入國民政府的編制之中。

「西安事變」可以說是國共力量消長的分水嶺。事變之後，不僅南京方面停止了大規模的剿共軍事行動，而且中共在抗日的旗幟下，得以名正言順地在農村地區發展組織，奠定了在中日戰爭結束後足以與國民政府分庭抗禮的基礎。

抗戰期間中共的擴張

中共一獲得合法地位，馬上將八路軍向東派入山西，擴展勢力範圍。民國二十六年十一月，日軍攻占太原，隔年二月，臨汾又失陷，此時，閻錫山在山西的固有勢力已被逼得幾乎完全撤出。然而儘管日軍連續攻占了大城市，卻無法有效深入控制位於城市間的鄉村地區；反之，中共由於曾經長期累積了在農村生存發展的經驗，加上在抗日的名義下，可以名正言順地以民族大義為號召，因而如入無人之境一般地深入華北農村，組織農民游擊隊。當民國二十七年（1938年）年初日軍幾乎完全占領山西全境之際，中共正好利用日軍占領後農村之「真空」狀態，肆無忌憚擴張勢力。更何況，由於侵華日軍數量有限，而中國土地又過於廣大，因而即使是在城市地區，也未必都有日軍駐守。例如至民國二十八年（1939年），河北省一百二十個縣城中，僅有八十個駐有日軍。這一情況，提供了中共廣大的發展空間。

這種在日軍占領區內發展出來的中共農村根據地，日後被中共稱為「敵後解放區」，最先出現的是跨越晉北到察哈爾、熱河、河北的「晉察冀邊區」，以及晉西北到綏遠的「晉綏邊區」。同時以魯中山區為核心的「山東區」亦逐漸成形。

隨後八路軍再滲透進河南、河北、山東、山西四省交界處的一大片平原地帶，成立了「晉冀魯豫邊區」，至此華北的四大「解放區」，加上中共中央所在以延安為中心的「陝甘寧邊區」，整個涵蓋了隴海鐵路以北的廣大區域。此時除大城市與鐵、公路沿線基本上仍由日軍控制外，農村地帶已盡皆成了八路軍的發展腹地。

根據中共自己的統計顯示，到民國二十九年（1940年）時，八路軍已由抗戰初期的四萬五千人，擴充到四十萬人；華北解放區內中共所能直接管轄的人口，則已達到四千萬之眾。如果根據日本華北方面軍的估計，連同各地游擊隊、民兵，以及留守延安的軍隊合計，八路軍的總體規模已在八十萬左右。

陝西延安

　　至於華中、華南地區的新四軍，在抗戰前整編時僅餘數千人，然而到了民國二十九年，已發展到了十萬人，同時還在江蘇、安徽、湖北、浙東一帶建立了多處解放區，合計控制的人口已達到一千三百萬。

　　中共憑藉著大大小小的游擊根據地，不斷在日軍占領區內策動破壞鐵公路、通訊設施的行動，同時還對日軍控制下的城市進行騷擾。日軍逐漸發覺潛伏在華北鄉間的中共游擊隊對他們構成了嚴重的威脅，共軍甚至堂而皇之地進占日軍鞭長莫及的某些縣城。

掃蕩與清鄉

　　民國二十八年起，日軍開始有計畫地對盤踞在山西、河北、河南、山東的共軍進行「掃蕩」、「清鄉」。在了解中共游擊隊平時藏匿農村、伺機而出的特性之後，日軍遂以鐵路、公路為切割線，將中共游擊區劃分成一個個的小單位，然後逐一進行清剿。

　　面對日軍嚴密的掃蕩，中共決定在山西、河北兩地發動大規模的反擊，期望能全面癱瘓這兩省的日軍交通網。民國二十九年八月，八路軍

動員了二十萬人，號稱一百多個團，以連接晉、冀兩省的正太鐵路為主要攻擊目標，旁及兩省境內的其他鐵路線，進行了為時一個多月的戰鬥。中共將這次軍事行動，稱為「百團大戰」。百團大戰雖然取得了一定的戰果，但並未對日本華北方面軍造成真正致命的打擊，反而引來日軍更殘酷的圍剿。

民國三十年（1941 年），日軍對華北農村進行的掃蕩工作變本加厲起來，日本華北方面軍的新任司令官岡村寧次以「保安作戰」為名，持續派部隊到農村地區反覆圍捕中共游擊隊，而且以焦土手段的「三光政策」（殺光、燒光、搶光），將可疑農村一個個剷平。從民國三十年起到三十一年（1942 年），是中共游擊隊最難熬的一段時間，八路軍從原有的四十萬人驟減到三十萬，游擊區人口亦減少到只剩兩千五百萬人，財政、補給，都面臨困境。經過此一教訓，一直到抗戰結束，中共都不曾再動員過大規模的作戰計畫，轉而以厚植實力為第一要務。

隨著日軍掃蕩行動的日趨積極，中共游擊隊在華北農村遂發展出更精緻的欺敵手法，其中最典型的是地道工事的挖掘。中共解放區內不少農村在住屋下挖掘出四通八達的地道網路，游擊隊在日軍前來「掃蕩」之際，便躲進地道中藏匿，等日軍撤離，再回到地面活動。日軍面對黝黑的地道，往往不敢貿然進入，於是便以施放毒氣作為反制。民國三十一年五月二十八日，日軍在河北定縣北垣村掃蕩時發現了一組游擊隊所挖掘的地道網，遂將入口逐一封閉，緊接著灌以毒氣。事後從地道中抬出了八百具游擊隊員的屍體。

但是，殘酷的鎮壓與殺戮，並不曾使中國農民屈服，反而更激起了普遍而強烈的中國民族主義。在這段艱困、血腥的戰爭歲月裡，華北的農民感受到共產黨堅定地帶領他們挺身抗拒日本侵略者，同仇敵愾的心情讓中共在華北的廣大空間中獲得了高度的聲望與合法的領導地位。中共取代了昔日的國民政府，成為華北農村的真正統治者。這大概也是日軍在實施殘酷的「三光」政策前，始料未及的。

游擊隊地道戰

中日戰爭期間的國共衝突

　　面對實力日益壯大的中國共產黨，國民政府不得不心生警惕，國共之間因抗日而出現的短暫合作關係，到民國二十八年也就壽終正寢了。由於八路軍持續在山西、河北、山東等日軍占領區內擴張勢力，難免與當地親國民政府民兵發生衝突。

　　從民國二十七年年底到二十八年年中，河北、山東、湖南連續發生多起國共部隊相互攻擊的事件，為此蔣中正還特地接見中共駐重慶代表周恩來，要求共軍服從命令，以便雙方能夠進一步討論解決糾紛的辦法。然而畢竟國共積怨已深，彼此在對日抗戰期間又陷入爭奪地盤的矛盾中，雙方對於全面和解與妥協其實都欠缺真正的誠意。民國二十八年九月，毛澤東在延安接見記者採訪時，對於國共「摩擦」問題發表評論，他聲稱：「人不犯我，我不犯人；人若犯我，我必犯人。」充分詮釋了中共方面的強硬立場。

　　民國二十八年年底，國民政府集結大軍向中共中央所在地陝甘寧邊區進攻，閻錫山亦動員晉軍配合圍攻在山西的八路軍和其他親共部隊。這場軍事衝突最後在雙方和談下收場，但後續的摩擦事件仍層出不窮，例如民國二十九年十月初新四軍在蘇北黃橋地區攻擊國府軍隊，政府軍死傷一萬多人，稱為「黃橋事件」。國府在隔年一月隨即作出報復，趁新四軍移防時進行突襲，新四軍軍長葉挺被俘，副軍長項英被殺，共軍七千多人被消滅。這起事件被稱作「皖南事變」，或「新四軍事件」。

　　事件之後，國共雙方都擺出了強硬的姿態，重慶方面聲稱新四軍陰謀叛變，延安則指責國府為民族罪人。但是嚴厲的叫罵倒並未導致雙方關係進一步決裂，蔣中正稍後承諾不再有剿共的軍事行動，中共則重新組建了新四軍，任命陳毅為代理軍長，改組後的新四軍仍有九萬人之眾。

　　此後直到民國三十四年（1945 年）第二次世界大戰結束，國共雙方在華北、華中的軍事摩擦一直不曾間歇，雙方在分別抗日之餘，偶爾冤家路窄，也會互鬥互毆，以致惹出一些小麻煩。事實上，國共雙方都很清楚，抗日戰爭期間的地盤爭奪，目的不外乎是為日後大規模的內戰預作準備。

　　民國三十一年之後，中共的基本政策放在盡可能壯大實力上，在應付日軍的掃蕩與國府的偷襲之餘，共軍在民國三十三年（1944 年）春，總兵力已達到四十七萬人；中共能動員的民兵，更高達二百多萬；敵後大小解放區，則有十四個之多。這些數字到了民國三十四年日本投降前夕，更進一步地擴大。該年四月中共召開第七次全國代表大會，毛澤東在會上宣稱，共軍此時已發展到了九十一萬人，鄉村中不脫離生產的民兵發展到二百二十萬人以上，而十九個解放區內的人口則達到九千五百五十萬。根據這個數字，當時中國約有五分之一的人民，已在中共控制之下。

習　題

1. 「西安事變」對於國共力量的消長，具有何關鍵意義？
2. 中日戰爭期間中共何以得到發展的空間？其發展模式為何？

第八章　國共內戰與中國大陸的易幟

第一節　戰後和平建國的努力

摘　要

二次大戰結束後，為了解決國共雙方的爭端，尋求和平建國的可能性，民國三十五年在美國特使馬歇爾的調停之下，國民政府召開政治協商會議。會中除了達成所謂和平建國的程序，更提出憲法草案十二項修改原則，以進行後續的憲法草案（政協憲草）的擬訂。其後，由於國共雙方缺乏互信，又無法根據政治協商會議的決議進行政府改組，以及召開制憲國民大會的程序，使得制憲的過程，一波三折。

雖然面對共產黨及民主同盟的杯葛，蔣中正主席領導的國民政府，仍然決定召開制憲國民大會。為了使其他的在野黨願意參與制憲的程序，國民黨同意以政治協商會議完成的「政協憲草」為藍本，進行制憲。而於民國三十五年十二月二十五日通過，定於次年十二月二十五日正式實施。

雖然如此，憲法尚未實施，國民政府已經下令動員戡亂。因此，行憲之初便面對戡亂與行憲如何同時進行的問題。遂於民國三十七年由第一屆國民大會制定了《動員戡亂臨時條款》，賦予動員戡亂時期憲法位階的依據。政府遷臺後，《臨時條款》也成為中央政府基本憲政結構的一部分。

政治協商原則的確立

第二次中日戰爭全民抗日期間，國共雙方仍爭議不已，國、共兩黨

之外的所謂民主黨派成員，也逐漸結合成民主同盟，主張以政治協商解決中國內部的爭端。日本投降後，多年戰爭既已結束，民間要求和平的意見又高漲，面對國內外情勢的發展，國共雙方歷經周折，終於展開正式會談。中共中央主席毛澤東於民國三十四年（1945年）八月自延安飛抵重慶，與國府方面展開長達月餘的談判，雙方於十月十日簽下了《雙十協定》。

關於中國如何達成政治民主化的問題方面，雙方「一致認為應迅速結束訓政，實施憲政，並應先採必要步驟，由國民政府召開政治協商會議，邀集各黨派代表及社會賢達協商國是，討論和平建國方案，及召開國民大會各項問題」。如此，雙方正式「合意」，由國民政府召開政治協商會議，以政治性手段解決紛爭。

召開政治協商會議

雖然決定召開政治協商會議，不過，由於民主同盟所分配的名額不足，使盟內各黨派分配困難，無法推派代表，以致原定會期無法召開。後來，美國杜魯門總統 (H. Truman) 的特使馬歇爾 (G. Marshall) 抵達重慶後，即建議國民政府，速行召開政治協商會議。而共產黨將兩名名額讓予民盟，才解決了名額分配的困難。加上馬歇爾的調停，軍事問題也暫告解決。最後，在馬歇爾主催下，政治協商會議才得以改期在民國三十五年（1946年）一月十日召開。

依據〈國民政府召開政治協商會議辦法〉，政治協商會議由國民黨、共產黨、民主同盟、青年黨及無黨無派的社會賢達三十八位代表組成，分為改組政府組、施政綱領組、軍事組、國民大會組、憲法草案組五組進行討論。一月三十一日，政治協商會議舉行第十次會議，達成五項決議後閉幕。

政治協商會議的重要成果

依據政治協商會議的會議規則來看，前述五項決議的達成並不容易。

因為如果與會代表對議案內容有異議時，必須採取絕對多數決，在此情形下，只要任何一個主要黨派抱持杯葛的態度，決議就不可能通過。因此，政治協商會議的五項決議，事實上是得到各黨各派及社會賢達代表幾乎一致的支持，才得以達成。其主要內容如下：

1.政府改組的原則：國民政府委員四十人，國民黨委員二十人，另外二十人則由國民黨黨外人士出任。國民政府若涉及變更施政綱領的議案，必須得到出席委員三分之二同意，才能通過。

2.和平施政綱領：(1)遵奉三民主義為建國最高原則。(2)確認政治民主化、軍隊國家化與各黨派合法化及地位平等，為達成和平建國目標的方法。

3.軍事問題：(1)軍隊國家化。(2)軍黨分立、軍民分治，並不得以軍隊為政爭工具。

4.制憲國民大會代表來源：(1)民國二十六年（1937 年）以前產生的一千二百名國民大會代表仍屬有效。(2)新增臺灣、東北及職業團體代表一百五十名。(3)各政黨新推派的代表，其中國民黨二百二十名，共產黨一百九十名，青年黨一百名，民主同盟代表一百二十名，社會賢達七十名。

5.通過憲草十二項修改原則，組織憲草審議委員會，研擬憲法草案。

政治協商的失敗

從內容來看，政治協商會議的決議，對於如何從國民黨主導的訓政體制，過渡到民主憲政體制，有整體的安排。但是，由於國民黨與共產黨之間缺乏互信，導致政治協商功敗垂成。

形式上造成協商失敗的導火線，主要是國民政府改組及憲法草案內容的爭執。在政府改組方面，共產黨及民主同盟為了擁有對變更和平施政綱領的實質否決權，要求加上其所推薦的社會賢達在內，必須有十四席國民政府委員的席次。國民黨為了保有變更施政綱領的決定權，則堅持不肯讓步。因此，國民政府改組的工作便遲遲難以展開。

由於根據政治協商會議的決議，必須先進行政府改組，再召開制憲國民大會。因此，當國民政府於民國三十五年七月宣布為了早日完成制憲工作，預訂於十一月十二日召開國民大會時，共產黨及民主同盟便引用政治協商的決議，批評此一行動是國民黨單方面的決定。

憲法體制設計一波三折

此外，共產黨也引用政治協商會議通過的憲草十二項修改原則，批評整個憲政體制的設計。表面上，共產黨的理由似乎很充足，但是，其中許多對政協十二項修改原則的修正，事實上卻是共產黨代表周恩來支持的。因而共產黨對這一部分態度的轉變，甚至也沒有得到民主同盟的支持。

雖然如此，現行中華民國憲法體制的設計，還是根據政協的十二項修改原則修正而來。政治協商會議的決議之所以會被修正，主要是因為在國民黨六屆二中全會中，出現許多對政治協商代表張群、王世杰及孫科等人的批評意見，而且決議修改政協原本的憲政體制所致。

原本的十二項原則中，最引起國民黨黨內人士不滿的，主要有三點。一是十二項原則中，希望未來能由全體公（選）民共同組成國民大會，而在未實施總統普選以前，則由縣級、省級及中央議會合組總統選舉機關的「無形國大」。二是十二項原則中規定立法院可以對行政院全體提不信任案，行政院長也可以提請總統解散立法院，所謂「責任內閣制」的味道太濃，總統的權限太小。

不過，對於這種「責任內閣制」味道很濃的設計，原憲法草案主草人、在野黨派的領袖張君勱則早已提出與一般看法迥異的觀點。張君勱指出，此一體制的設計基於國情不同，也為了使總統有「用人權」，而與一般「責任內閣制」不同，其中行政院長及各部會首長毋需由國會議員（立法委員）出任即為一例。他並且公開表示，這個體制實際運作的結果，將是「總統有權，內閣有責」制。

但是，作為執政黨的國民黨，既然堅持恢復有形的國民大會，並修

改立法院的倒閣權和行政院的提請解散立法院權,則在野人士也有折衝、讓步的準備。結果,從民國三十五年四月開始,便以國民黨堅持的主張和政治協商會議通過的其他條款為基礎,逐條研擬政協憲法草案,並在四月底初步完成憲法草案條文的討論。其中最富爭議的行政院對立法院負責的問題,採用王世杰的建議,仿行美國總統制的設計。對於立法院要求變更重大政策的決議,以及通過的法律案、預算案、條約案,行政院可以提請總統核可,移請立法院覆議,若出席委員三分之二仍維持原決議,行政院長必須接受該決議或辭職。結果,卻因為共產黨的代表李維漢堅持推翻周恩來過去的承諾,使得協商完全破裂。

制憲與「政協憲草」的復活

等到國民政府決定召開制憲國民大會以後,「政協憲草」的命運才又有了戲劇化的轉變。因為共產黨和民主同盟抱持抵制制憲國民大會的態度,使得除了國民黨以外,如何使其他各黨派的代表共同來參加制憲,成為關鍵的問題。或許基於推動制憲有利於國民政府的民主形象,能爭取國際的支持,當時身兼國民黨總裁及國民政府主席的蔣中正,並不願意見到一黨制憲的局面,便通過各種管道,希望各黨派能夠參加制憲大業。

青年黨向來堅持強烈反共的立場,因此首先表示願意參加制憲國民大會。不過,青年黨席次只有一百席,就數量而言,根本無足輕重,而且一個小在野黨參加,也容易遭致批評,因此青年黨的參加是有條件的,除非有其他黨派參加,否則他們仍將抱持保留的態度。因此,如何勸說「政協憲草」主草人張君勱領導的中國民主社會黨也參加制憲國民大會,便成為避免出現一黨制憲之局的關鍵。為此,蔣中正總裁與張君勱互換函件,保證「政協憲草」體制將在制憲國民大會通過,而取得中國民主社會黨的支持,共同制憲。

不過,由於國民黨黨籍的國大代表占了絕大多數,開會的結果,「政協憲草」體制幾乎完全被推翻。最後,由於蔣中正總裁重申信守維持「政

國大主席團主席吳稚暉將中華民國憲法致送蔣中正

協憲草」體制的承諾，孫科又當眾批評引用「國父遺教」主張「五五憲草」體制的不當後，從民國三十五年十二月十四日到二十日，制憲國民大會以覆議的方式，才大致恢復「政協憲草」的格局。十二月二十五日大會正式通過了現行的《中華民國憲法》，並決定於民國三十六年（1947年）一月一日公布，十二月二十五日正式實施。

進入憲政的準備與中挫

由訓政體制往憲政體制發展，修訂不合時宜的法令是重要的工作。民國三十五年（1946年）一月，在政治協商會議分組討論已有具體成果之際，國民政府主席蔣中正交由最高國防委員會（主席為孫科），討論「現行法令中對於人民身體信仰言論出版集會結社之自由等有關法令之廢止及修正事項」。並分為身體自由、言論出版及集會結社三個範疇，分別列出應該廢止及修訂的法規。會議決議應該廢止的包括《國家動員法》、《危害民國緊急治罪法》等；決議必須修改的包括《非常時期人民團體組織法》、《出版法》及《出版法施行細則》等。其中必須廢止及修正的法令各有數十種，但是，卻未能落實。

同年底，制憲國民大會制定了《憲法實施之準備程序》，規定「自《憲法》公布之日起，現行法令之與《憲法》相牴觸者，國民政府應迅速分別予以修改或廢止，並應於依照本憲法所產生之國民大會集會以前，完成此項工作」。不過推動的依然有限。

選舉中央民意代表

民國三十六年四月，國民政府及行政院均進行改組，並增加立法委員、監察委員及國民參政員的名額，以便在正式行憲之前，使青年黨、中國民主社會黨及無黨無派人士有更多政治參與的空間。

民國三十六年十一月開始舉行第一屆國民大會代表選舉，翌年一月則開始選舉監察委員（間接選舉產生）及立法委員。但是，共同制憲的國民黨、民社黨與青年黨，對於透過正常的選舉競爭產生中央民意代表一事，卻有所保留。因此，便以協商的方式進行選舉。當時三黨針對中央民意代表各黨的名額，乃至在某選區由何黨代表參選都有協議，希望達成規劃人選順利當選的目的。但是，自行參選乃國民之權利，無法完全以黨紀加以約束，因此，實際選舉結果與協議名單大有出入，引起了許多的紛擾。最後，透過協調、退讓，甚至將原來協議的當選人改在非其原參選的選區或團體取得中央民意代表資格，才平息了部分的爭議。但是，有的選區高票當選，有的選區則宣布由得票較低者取得中央民意代表席次，並無一定的模式，因此，爭端仍然難以完全平息。在許多由共產黨控制的區域裡，則由於根本無法辦理選舉，雖然根據〈國民大會代表、立法委員補充條例〉可以在鄰近區域或指定處所辦理選舉，實際選出的名額仍然較法定總額少。

組成行憲政府

國民大會代表選舉產生後，第一屆國民大會於民國三十七年（1948年）三月二十九日召開，四月十九日，蔣中正順利當選中華民國行憲後第一任總統。由於有六人參選，副總統一職的競爭十分激烈，特別是李

宗仁與孫科的競爭更趨白熱化。孫科得到黨機器的支持，在李宗仁方面，則除了桂系的基本票源外，也吸收了不少反彈的選票，結果，歷經四次投票，四月二十九日李宗仁才擊敗孫科當選副總統。蔣中正就任總統後，提名翁文灝擔任行政院長，獲得立法院同意，行憲後的行政機關也告成立。行憲後，國民政府正式宣告結束，由中華民國政府接掌政府的職權，中華民國的歷史進入一個新的階段。由於國民黨籍國大代表占絕大多數，蔣中正屬意的孫科在黨機器支持下，依然在副總統選舉中落敗，這也顯示了蔣中正在國民黨內的主導權力出現鬆動的現象。

動員戡亂體制的建立

雖然，中華民國的憲法在民國三十五年底通過，三十六年十二月二十五日開始行憲，不過，就在行憲之初，就馬上必須面對戡亂的問題。民國三十六年七月，由於面對中共的叛亂，國民政府就下令總動員，以《總動員法》為依據，進行動員戡亂。不過，此時仍是訓政時期，動員戡亂的憲法依據，必須等到國民大會召開後，才完成建構。三十七年第一屆國民大會在還沒有選出總統、副總統之前，於四月十八日就根據修憲程序制定了《臨時條款》，四月三十日更決議通過「全國動員戡亂案」。換句話說，當行憲之後的第一任總統尚未選出，中華民國政府還沒有根據憲法組成之前，國民大會已完成憲政體制進入《臨時條款》時代的準備工作（五月十日公布施行）。《臨時條款》根據憲法制定的程序制定，制定之初當時對於憲政體制的修正，乃是在緊急命令法未立法的狀況下，憲法的緊急命令無法行使，而以《臨時條款》提供緊急處分的依據。雖然，與原來憲政體制下的緊急命令設計相較，《臨時條款》規定之緊急處分的要件及緊急處分的程序較為寬鬆，但是，仍然必須以行政院的院會通過作為要件，並沒有因此使得總統在原本憲政體制的運作規則之外擁有其他擴權的途徑。此外，一般比較忽視的是，《臨時條款》也提供了新的戒嚴程序。

民國三十八年（1949 年）十二月，中華民國政府敗退到臺灣，《動

員戡亂時期臨時條款》體制就成為中央政府的基本憲政結構。原本在三十九年（1950 年）國民大會臨時會召開時，便應該再討論此一根本體制的問題。但是，八月行政院開會，以在臺國民大會代表僅一千零九十人，多數淪陷大陸，連開會通知都無法送達。蔣中正總統進而召開五院院長會議，並以人數不足以召開臨時會為由，通知行政院及國民大會祕書處。

既然連召開臨時會都不足法定人數，則根據憲法修改程序，修改憲法或《臨時條款》都不具可能性。因此，民國三十七年國民大會通過的《臨時條款》，遂成為無法修改的憲政體制的部分。直到民國四十九年（1960 年）蔣中正總統面對三連任問題，必須修改憲法限制總統只能連任一次的規定，因而排除國民大會代表出席不足的障礙，《臨時條款》體制才有所修正。

習　題

1. 政治協商會議破裂的主要原因為何？
2. 制憲時為何未以「五五憲草」為依據？試說明之。

第二節　國共內戰

摘　要

中日戰爭甫一結束，國、共的軍事衝突接踵而至。由於中共的軍事力量在抗戰期間獲得長足發展，國民政府當局如坐針氈，想盡辦法要在大戰結束後立即遏制中共的進一步擴張。然而對延安當局來說，好不容易在抗戰期間開創了新的地盤，壯大了勢力，已具有與國民政府分庭抗禮的實力，自然不會輕易接受國民政府的約束。雙方劍拔弩張，實際上已不存在和解的可能。

然而一向支持國民政府的美國，並不希望中國發生內戰，杜魯門總統派遣二次大戰的英雄人物馬歇爾將軍來華調停國共衝突。經過一年多

的斡旋，在國共雙方均欠缺誠意的情況下，馬歇爾的調停任務不得不以失敗告終。

內戰全面爆發後，國民政府自恃擁有三百萬國軍，打算以硬碰硬方式殲滅共軍。然而共軍立足於農村，擁有比國軍更機動的補給系統與游擊戰術，加上國民政府內政窳壞、民心叛離，國軍在戰場上一再失利，最終全盤棄守中國大陸，撤退至臺灣。

受降之爭

日本投降帶給中國的遠不是和平，而是激烈內戰的開始。引發內戰的主因，在於中共想要保持其在對日戰爭期間所獲得的一切地盤與成果；而對國府來說，如何限制中共進一步擴張，以保證政府軍的相對優勢，則是攸關生死存亡的大事。雙方在這個問題上完全沒有溝通的可能。隨著日本無條件投降，國、共之間無從化解的矛盾，終於爆發為雙方動手搶先接收日本占領區及其裝備武器。受降問題，成為國、共新一輪的爭執與衝突焦點。

就中共而言，自然希望解放區內的所有日軍均向其投降，依此方案，則華北之大部分、華中一部分，以及已被蘇聯軍隊占領的東北地區，均將交由中共來接收。國府自然堅決反對這樣的安排，蔣中正遂轉而尋求日本方面的合作，蔣氏向日本中國派遣軍司令官岡村寧次提出要求，希望各地日軍遵守只向政府軍投降的原則。

為了解決受降及日後政府如何組成的問題，中共中央主席毛澤東於民國三十四年（1945 年）八月底專程自延安飛抵重慶，與國府方面展開長達月餘的談判，雙方最後雖然於十月十日簽下了「雙十協定」，同意召開集合各黨派代表及所謂「社會賢達」參與的政治協商會議，以討論具體解決辦法，但事實上雙方根本缺乏實踐決議的互信基礎。毛澤東一回到延安，立即向黨內傳達：「一枝槍、一粒子彈，都不能交出」，「人家打來，我們就打」。

其實，國共雙方代表才離開談判桌，內戰就已開打，欲開往河北調

國共重慶會談蔣、毛舉杯共飲

防的政府軍接收部隊遭到共軍襲擊，共軍截斷華北的主要鐵路線，不准政府軍利用鐵路運兵。共軍還猛攻仍由日軍或偽軍占領的各大城市，以致河北、山東、山西、蘇北等地紛紛陷入戰火。

為了儘速搶占日軍占領區，蔣中正除電令前線各路政府軍儘速向東推進外，同時還借助美國空軍、海軍的運輸力量，向各日軍控制下的大城市運送部隊。由於長江流域以南中共勢力遠較華北薄弱，因此國府很快便恢復了對華東、華南地區的控制。但是蘇北、河南、山東、河北，以及山西的大部分，都早已在中共的掌握之中；即使北平、天津、開封、太原等大都市仍被國軍接收，但在共軍重重包圍下，無異形同孤城。

東北接收

除了中共的困擾外，國民政府還面對蘇聯軍隊接收東北拒不撤軍的問題。民國三十四年（1945 年）二月，美國總統羅斯福、英國首相邱吉爾和蘇聯領導人史達林簽訂國際法效力迄今仍有爭議的《雅爾達密約》。其內容嚴重傷害中國在外蒙的主權，以及在東北的權益。而國民政府蔣

中正主席直到五月才透過美國大使赫爾利 (P. Hurley) 的密告，知悉其內容。為了解決後續的問題，並希望取得蘇聯對國民政府善意的回應，歷經折衝，於八月十四日國民政府同意簽署《中蘇友好同盟條約》。透過此一條約，使蘇聯得到《雅爾達密約》中有關中國（東北）的利益。

在《中蘇友好同盟條約》簽訂前，蘇軍自民國三十四年八月攻進東北。即使日本宣布投降，蘇聯仍根據聯合國最高統帥麥克阿瑟第一號命令接收中國東北。《中蘇友好同盟條約》生效後，蘇聯雖取得在中國東北的特殊利益，仍拒絕撤軍，不願將中國東北統治權移交給國民政府。經重慶方面派代表與其統帥多次會商，皆不得要領。依照莫斯科方面的考量，日本既然已被美國占領，而國民黨政府又明顯親美，蘇聯有必要在中、蘇之間構築一道屏障以保護本土的安全。蒙古既然已在其控制之下，史達林自然希望能將中共軍隊引入東北。民國三十四年八月開始，陸陸續續有十餘萬共軍從熱河、山東進入東北，到年底時擴充至二十萬，隔年二月，總數更已接近五十萬人。這支部隊由林彪擔任總司令，號稱「東北民主聯軍」。

民國三十五年（1946 年）三月中，在搜括了大批日本留下來的物資、工業設備之後，蘇軍開始撤離東北。而稍早國軍則在美軍艦隊、飛機的運送下，將二十八萬部隊送入東北。國軍人數雖較少，但全係美式裝備，戰鬥力強。隨著蘇軍北撤，國軍立即進駐瀋陽，並朝北向共軍占領地區進攻。五月中旬，東北國軍向共軍盤踞的遼寧省四平街展開總攻擊，經數日激戰，國軍獲勝，再往北進入長春。不過至此政府軍已無力再進一步向北推進，原因是補給實在困難，國軍所控有的僅是從秦皇島至長春的一條長形帶狀區域，由瀋陽、四平街、長春等大城市串接而成。長春以北的大部分東北地區，全在共軍控制之下。政府軍挺進至長春，已是強弩之末。

國民政府的接收政策及其影響

對於淪陷區的人民而言，貨幣的兌換問題令其在勝利之後立刻感受

到嚴重的經濟損失。之前在日本支持的汪精衛政權的命令下，人民被迫以二比一的比率將法幣兌換成所謂的「偽幣」。戰後國民政府則要求人民以二百比一的比率，將汪精衛政權發行的貨幣兌換成國民政府發行的法幣。而根據研究，汪精衛政權發行的貨幣，實際價值遠高於國民政府發行的法幣。

　　此一政策對淪陷區的人民十分不利，自然引起他們對國民政府的反感。事實上此一政策並非單一事件，國民政府往往不能體認留在淪陷區人民的處境，因此，一些留在淪陷區服務的教授與醫生，便遭到許多困擾，政府不承認其資格者，亦有所聞。至於偽軍則因未被政府收編而投共者，亦頗有可觀，這對日後的剿共而言，實為不利的因素之一。

馬歇爾調停

　　眼看著二次大戰剛結束，中國內戰隨之而起，美國總統杜魯門在民國三十四年十二月派遣二次大戰時的美軍參謀首長馬歇爾將軍抵華，主持調停工作，並發表美國對華政策五原則，其中第一項便是要求國共停戰，並召集全國具代表性人士商談政治統一問題。其他幾項原則還包括：

馬歇爾調停國共戰爭

共軍必須改編為國軍；中國如能邁向和平之路，美國願意協助國民政府從事建設，改善經濟，提供軍事援助。馬歇爾抵達重慶之後，催迫國共雙方展開和談對話。民國三十五年一月十日，由國府代表張群、中共代表周恩來，以及馬歇爾合組軍事三人小組，達成雙方自一月十三日起停止一切軍事行動的協議，同時破壞與阻礙交通線的行為應立即停止。而為了落實停戰協定，由國府、中共、美國各派人在北平組成軍事調處執行部，監督停戰的執行情況，所有命令的發布均需三方一致同意。

就在這紙停戰協議發布的同一天，因應馬歇爾對國共和談的呼籲，政治協商會議在重慶召開，一時之間，政治、軍事大和解的氣氛，一度讓人誤以為國共又可以和平共處。一月三十日，政治協商會議通過五項決議，包括政府改組方案、和平施政綱領、軍隊國家化、召開國民大會、草擬憲法。

然而，在停戰、和談紛紛獲致成果之際，爭奪東北控制權的戰火並不曾稍歇，政治協商會議原擬促成的國共和解目標不久便成了泡影。民國三十五年四月，隨著蘇軍陸續撤離長春與哈爾濱，遍布東北農村地區的共軍逐一攻占這些城市，引來重慶方面的不滿。五月五日，國民政府還都南京，不久東北國軍便在保安司令長官杜聿明的指揮下，向四平街展開總攻，蘇北、安徽的國軍亦向中共解放區進軍，至此內戰已無轉圜餘地。

在民國三十五年以前的內戰局勢裡，國、共雙方互有斬獲。但國軍方面畢竟較占優勢，不僅兵員數量相對較多，且有美援作後盾，中央軍尤多美式武器。蔣中正憑恃著軍事實力，其實沒有真正與中共和談的意願。該年年底，蔣氏甚至向尚未放棄調停希望的馬歇爾誇口，共軍可望在八至十個月內全部殲滅。中共方面，一來對蔣氏所主導的南京政府毫不信任，二來則相信抗戰以來所擴建的武力仍大有可為，因而亦沒有和南京真正和平解決紛爭的打算。在雙方當事人都興趣缺缺的情況下，馬歇爾在華一年多期間，實在難有作為。民國三十六年（1947 年）一月，馬歇爾調停終於完全失敗，決定啟程返美。一月七日，他在臨行前發表

對華局勢聲明，認為中國和平的最大障礙在於國共兩黨的猜忌，實力強大的國民黨對一切聯合政府的主張無不反對，共產黨則為了推翻國民政府無所不用其極。隔日，馬歇爾搭機返回美國，隨後出任該國國務卿。

戰局急轉直下

馬歇爾返美之後，國共內戰局勢也開始出現明顯轉折。從民國三十六年年初開始，共軍在山東、河北、山西等地猛攻政府軍所控制的區域，並奪取了平漢、津浦等重要鐵路線。二月一日，中共發出由毛澤東起草的指示，估計國軍動用來向解放區進攻的正規部隊共一百七十餘萬，占國府總兵力的百分之九十，因此南京方面可說已沒有剩餘的兵力可再徵調。而從民國三十五年七月到三十六年一月的七個月中，共軍已殲滅國軍五十六個旅，毛澤東相信未來數個月內如果能再消滅四十至五十個旅的政府軍，則「軍事形勢必將發生重大的變化」，「這是決定一切的關鍵」。

民國三十六年以後，共軍逐漸放棄過去沿用的八路軍、新四軍番號，改稱為「中國人民解放軍」，同時陸續整編各主要解放區的共軍序列，依次組建成華東野戰軍（主要為原新四軍），陳毅任司令員；西北野戰軍，彭德懷任司令員；東北野戰軍，林彪任司令員；中原野戰軍，劉伯承任司令員。這四支中共主力軍隊，組成解放軍作戰指揮系統的基本雛形。民國三十八年（1949年）一月，中共中央軍委決定對各野戰軍番號進行調整，改稱為第一野戰軍（原西北野戰軍）、第二野戰軍（原中原野戰軍）、第三野戰軍（原華東野戰軍）、第四野戰軍（原東北野戰軍），此後一、二、三、四野的解放軍系統遂長期成為中共軍事人員的派系區隔。

民國三十六年三月十九日，就在中共華東、中原、東北三野戰軍蓄勢反撲之際，國府長期以來指派攻取中共中央根據地延安的胡宗南部隊，終於奪下延安。這一勝利，確實給南京方面帶來了短暫的安慰，以及用來大作宣傳的藉口。然而實際上，中共方面早就洞悉了國府的企圖，負責保衛中共黨中央的西北野戰軍並未拼死抵抗，反而是進行了戰略移轉，棄守延安。事實上，中共早就將整個攻擊重心擺在華北與東北，延安的

得失，已無關宏旨。

攻占延安，大概是國軍在整個內戰中的最後一次主動出擊，由於在近兩年的內戰裡國軍折損嚴重，而解放軍則在成功動員解放區農村兵源的基礎上不減反增，雙方戰鬥力的此消彼長，清楚可見。此後政府軍只能採取守勢，以求自保。三十六年六月，東北野戰軍一度攻入四平街市區，後雖遭擊退，但東北局勢急速惡化。七月四日，國民政府國務會議通過「厲行全國總動員戡平共匪叛變方案」，發布總動員令。然而同時間共軍亦全面出擊，劉伯承、鄧小平率領的中原野戰軍甚至突破河南國軍的防線，進抵鄂、豫邊界的大別山區，武漢震動。而華東野戰軍亦逼近蘇北，與中原野戰軍形成東西夾擊之勢。至於固守北平、天津的河北國軍，此時亦遭到共軍重重包圍，十一月，石家莊淪陷，國軍控制區域縮小至僅剩平、津等幾個大城市。

民國三十七年（1948年）伊始，各戰線上的國軍敗象日現。東北人民解放軍二月攻占遼陽、鞍山，三月占領四平街。至於占領延安的胡宗南部三月失利於陝西宜川，四月底延安再被中共西北野戰軍奪回。七月，閻錫山所轄晉軍潰敗，太原被圍。九月底，山東省政府主席王耀武向解放軍投降，濟南失守。

經濟崩潰

除了軍事失利，國民政府統治區內亦出現嚴重通貨膨脹，物價上漲，經濟情況瀕臨崩潰。蓋因對日戰爭甫結束，內戰又起，政府在多年戰禍暫告一段落之際，理應儘速復員，倡勵農、工生產。然而國共戰火的延續，迫使國府必須進一步徵兵徵糧，農業生產停滯不前，民生工業自然也不可能有起色。此外，中日戰爭期間日本所占領的華東一帶，尤其是上海，是當時中國輕工業最重要的集中地。抗戰勝利，國府理應妥為經營，讓經濟生產仍能按部就班地進行。然而國府大員以勝利者的姿態重返華東各大城市，以接收偽產、肅清漢奸之名，搜括、勒索、陷害抗戰期間與日本人合作過的中國企業家，不少民營工廠、私有資產被國府軍

政及特務人員擅行封閉，巧取豪奪，打擊生產甚鉅。國府官員這類作威作福的劣行，使接收工作被譏為「劫收」，造成國府治下的城市地區民怨四起。

內戰持續、社會不安，加上貨幣政策的徹底失敗，終於造成國府統治區的經濟全面崩潰。國府為了應付龐大財政支出，在抗戰期間原本就過於浮濫地增加貨幣發行量；抗戰勝利，情形非但未見改善，反而變本加厲。法幣發行量若以民國三十四年為基數，到三十六年時增加了三十三倍之多，到了三十七年，更猛增至三百七十倍。當時有報導戲稱：法幣一百元，在民國二十六年（1937年）時可買兩頭牛，至民國二十七年可買一頭牛，民國三十年（1941年）能買一口豬，民國三十二年（1943年）剩一隻雞，民國三十四年為一條魚，民國三十五年剩一顆雞蛋，到民國三十六年則僅能買到三分之一盒火柴。巧妙呈現了法幣急遽貶值的慘狀。

為了挽救金融危機，民國三十七年八月十九日國府推出新貨幣「金圓券」，規定一金圓折合三百萬元法幣，四金圓兌換一美元。同時還嚴禁市面上流通黃金、銀幣、外鈔，民眾須將手中所持上述通貨如實前往銀行兌成金圓券。命令剛一發布，執行得雷厲風行，然而一來民眾對之毫無信心，加上國府官員貪污腐敗的窳行人盡皆知，城市地區出現搶米、囤積民生必需品的風潮，政府信用完全破產，金圓券發行不及三個月便完全失敗。該年十一月，物價指數是八月份的十七・五倍。到民國三十八年五月，解放軍已渡過長江，上海正遭到重重圍困之際，金圓券的發行量是九個月前剛開始發行時的三十多萬倍。

「三大戰役」

民國三十七年，國軍節節失利，促使解放軍決定放手在幾個主要戰線上全面出擊，遼瀋、淮海、平津三大戰役於焉展開。該年十月，解放軍連下錦州、長春，東北國軍將領或降或俘，十一月二日，瀋陽終於陷落，除極少數國軍得以從營口與葫蘆島由海軍撤出外，其餘近五十萬國

軍都折損於東北戰場。

遼瀋戰役甫一結束，中共立即動員華東與中原兩野戰軍共六十餘萬部隊，從河南至山東一線對部署在蘇北、皖北的國軍部隊進行攻擊。歷時兩個多月，至民國三十八年一月，總數五十五萬多的政府軍一一被消滅，是為淮海戰役（或稱徐蚌會戰）。至此，長江以北國軍消耗殆盡，南京、上海、武漢等長江沿岸城市直接曝露於中共的軍事威脅下。

就在淮海戰役開始後不久，稍早已取得東北戰場全勝的東北野戰軍在林彪率領下入關，對駐守在平、津的六十萬國軍展開重重包圍。三十七年年底到三十八年一月，在縮小包圍圈之後，僅花了一天時間天津便告淪陷，十餘萬守軍被俘。北平成了一座孤城。國府華北剿匪總司令部總司令傅作義最後決定投降，一月三十一日，解放軍入城，北平古城因而得以免遭戰火波及。平津戰役結束。

總計在「三大戰役」裡，中共動員統治區內農民支援前線人數多達五百三十五萬多人，調集軍糧高達九億五千多萬斤，其中尤以淮海戰役為最，由此可以看出中共政權在動員民眾方面的高度效率。中共的這種高度動員能力，基本上累積自長期以來在農村所從事的政權鞏固工作，

人民解放軍攻入天津市區

而其憑藉，則是無所不在、紀律嚴明的基層黨組織。這一特點，是一味仰賴軍隊以確保政權穩固的國民黨政府所望塵莫及的。

敗退臺灣

在軍事全面潰敗聲中，新就任僅九個月的中華民國行憲後第一任總統蔣中正，於民國三十八年一月二十一日宣布引退，由副總統李宗仁代行總統職。而在下野之前，蔣中正對於中華民國政府統治區域，做了全面性的布署。除了陳誠擔任臺灣省主席兼臺灣警備總司令外，還任命湯恩伯為京滬杭警備總司令、朱紹良任福州綏靖公署主任、余漢謀任廣州綏靖公署主任；長江中上游，除武漢地區的華中剿總以外，以張群為重慶綏靖公署主任，積極經營東南沿海及西南的四川。不過由於中國大陸的其他據點陸續失守，因此，最後發揮實際作用的，乃是對臺灣的安排。此外，在下野前後，蔣中正總統也積極推動將中央銀行的現金、黃金轉移到臺灣。由於下野以後，他仍以中國國民黨總裁的身分擁有相當大的影響力，李宗仁代總統亦無法將該批財物運回中國大陸。而這些財物對於之後臺灣情勢的穩定，提供相當助力。

李宗仁擔任代理總統後，嘗試與中共謀求和談的可能，然而眼看著不久便可以「解放」全中國的中共，如何願意就此罷手。早在民國三十七年（1948 年）十二月二十五日，新華社首先公布了以蔣中正總統為首的四十三名戰犯名單。民國三十八年一月十四日，更提出包括懲辦戰犯在內的所謂和談八項條件。而縱使李宗仁代總統同意以此一逼降的八項條件作為和談的基礎，中共方面仍先於二月三日拒絕中華民國政府代表團赴北平，七日、八日連李宗仁委曲地派所謂的私人代表赴北平商談的建議，亦遭拒絕。

最後，李宗仁請與毛澤東有私誼的顏惠慶、章士釗，以民間和平使者的身分北上，於石家莊會見毛澤東，之後中共才表示願意和談。而當四月和談在北平展開之時，中共方面再三宣稱一定「要解放全國」。周恩來在四月十三日的正式會議中，提出《和平協議草案》，要求中共軍隊開

始接收政府既有的轄區，並在稍加修改後，即要求代表團接受。此種幾近投降的和議，連當初大力主張和談的白崇禧，都強力要求李宗仁拒絕。面對中共強勢逼降以及內部的反彈，李宗仁乃下令召回代表團，不過代表團成員並未撤回，反而於北平集體投共。

四月底，解放軍渡過長江，南京淪陷，中華民國政府遷都廣州。五月中，武漢陷落，上海則在慘烈的巷戰後，也落入中共之手。

渡江之後的解放軍迅速向華南推進，七月江西、湖南戰事告急，湖南省主席陳明仁與長沙綏靖主任程潛向中共投降。十月解放軍攻進廣東，十月十三日國軍撤離廣州，中華民國政府遷都重慶。十一月底重慶亦告不守，政府再遷成都。此時李宗仁託病遠走香港，不久赴美國流亡。十二月七日，中央政府宣布遷都臺北，月底國軍撤出成都。民國三十九年（1950 年）三月二十七日，國軍失去在中國大陸上的最後據點西康省西昌縣，解放軍終於完全占領中國大陸。自渡過長江，十一個月間，中共軍隊占領了整個中國大陸。其間，中華民國國軍只有在十月二十四日到二十六日的金門古寧頭戰役中擊敗人民解放軍，成功守住了金門❶。

中國共產黨則早在民國三十八年十月一日，於北平宣布建立中華人民共和國，北平更名北京，定為首都，並改以西元紀年。

民國三十九年五月，海南島國軍在激戰後撤守，中華民國政府統治的區域僅剩臺灣、澎湖，以及中國大陸東南沿海的零星島嶼。

習　題

1. 中日戰爭結束後，國共雙方不僅不能和平共處，反而處心積慮消滅對方，其癥結何在？

2. 中共在內戰中得以全面擊潰中華民國政府，原因為何？

---

❶　日軍將領在古寧頭戰役扮演的角色，近年來開始受到重視。

第九章　中華人民共和國的建立與發展

第一節　新政權的鞏固

摘　要

中華人民共和國的建立，係奠基在軍事勝利上。然而一個新的國家，卻必須解決經濟民生如何繼續運作的問題，同時還得建構一套能夠進行有效管理的政治體制。

中共建立政權後的頭幾年，陸續推動了幾項重大政策，包括解決國民政府時代遺留下來的嚴重通貨膨脹、鎮壓反革命、「三反」運動、「五反」運動、對農產品實行統購統銷、以及 1950 年代中期開始大張旗鼓的工商業社會主義改造，目的都在於強化政府部門的控制能力。隨著統治機器的日益擴張，公權力不僅足以強制人民的行為、思考，成功地以官方的意識形態來改造社會的價值標準，甚至還可以透過官僚體制的運作，介入一般人民的日常經濟活動中。

在所謂「計畫經濟」體系於 1950 年代中期建構完成後，中國共產黨大致已將全國所有的工商、農業資源，全部掌握在「國家」手中。一個原本普遍存在私有產業的社會，在短短五、六年間，便被高度地「國有化」了。

經濟難題

中共雖然在內戰中擊敗國民黨政權，並於 1949 年 10 月 1 日宣布成

中華人民共和國開國大典

立中華人民共和國，但是如何在舊有的社會、經濟基礎上，建立起新政權與新秩序，實在遠沒有想像中的容易。共產黨此時雖然握有強大的武力，可是治理國家畢竟不同於帶兵打仗，尤其是如何維持由大城市所架構而成的工業生產與商業貿易，確實是考驗新統治者的一大難題。中共，正面對著一個過去未曾經驗過的挑戰。不說別的，光是解決長期讓南京國民政府束手無策終至癱瘓的通貨膨脹與金融體系土崩瓦解的問題，就是一項棘手的大工程。

1948 年 12 月，中共在組建完成解放區內的金融體系後，成立了中國人民銀行，以扮演中央銀行的角色，並開始發行人民幣。在中華人民共和國正式開國之前，1949 年 9 月底，人民幣的發行量已達到八千一百億元。

1949 年 5 月，一個名為「中央財政經濟委員會」（簡稱「中財委」）的單位成立，以統籌應付日益複雜的經濟事務。中財委主任由中共黨內長期負責經濟事務的政治局成員陳雲出任，由於全國「解放」在即，新

設立的中財委一開始便被賦予全盤安排規畫經濟事務的任務,事繁權重,而且其組織架構儼然便是一個格局完整的財經內閣。日後中華人民共和國的財經主管官員泰半出身自這個機構,陳雲因此也就成為中共財經官僚系統最重要的奠基人。

中財委的成立,其實與上海的攻占有著極大關連。上海在 5 月 27 日落入中共手中,中財委的籌備組建亦約略於此前後。中共一占領上海,立即以十萬元金圓券兌一元人民幣的比率發行新貨幣。然而,上海民眾對於人民幣並沒有信心,一拿到新貨幣,立即到黑市換成銀元或大米。結果,官方雖然對民生必需品訂出統一價格,實際市場上人民幣依然大跌。中共當局曾試圖向市場拋售銀元,以求穩定人民幣價格,然而毫無成效,黑市上的銀元價格飛快漲到官定價格的二十倍之多,上海市政府於是決定使用武力解決問題。

6 月 10 日,兩個營的解放軍部隊和四百名警察包圍了上海的金融交易中心——位於漢口路的證券大樓,將當時在樓內的兩千多人全數扣留。經過兩天盤查,逮捕了其中的兩百五十人。武漢和廣州亦同時採取行動,捉拿金融投機與炒作人士,抓了幾百人,查封了大大小小四百六十多家錢莊與銀樓。這天的行動,使上海的「袁大頭」銀元從兩千元人民幣猛跌至一千二百元,米價與食用油價格亦應聲下跌,中共官方將這次的整治行動稱之為「銀元之戰」。

整治通膨

靠著軍警暴力,上海當局儘管暫時得以斷絕銀元、黃金等貴金屬的黑市買賣,卻無法真正解決物價飆漲的問題。再加上兵馬倥傯之際,中共財政部門必須靠著大量發行人民幣以應付各項軍事、人員開銷,通貨膨脹提升了民間對新貨幣的不信任感。1949 年 6、7 月間,上海米價、紗價持續上漲,7 月底一石米達到六萬五千元人民幣,此時除了財經系統另成格局、而官方也控制得較嚴密的東北地區外(東北不使用人民幣,另發行「東北流通券」),從華北到華南,全國性的物價上漲正如火如荼

地上演中，一如中華民國政府撤守前的情況。

通貨膨脹成了考驗新政權的最重要難題之一，許多人觀望著，如果中共無法有效維持金融穩定，難保不會步上南京政府崩潰的後塵。7 月底至 8 月中，中共中央召集全國各地的財經部門首長，麇集上海開會，討論穩定物價的一致行動，同時還擬定了各區域間的物資調撥計畫。除了西南地區當時仍未完全被解放軍占領外，東北、華北、華東、西北、華中等行政區的財經負責人都出席了會議。會議要求各占領區在農村要抓緊徵糧，在城市則抓緊徵稅，最終期望以政府手中所掌控的糧食、棉紗儲備，來平穩物價。

上海會議的功效，終於在三個多月後顯現出來。在這三個多月裡，中共財經部門竭盡所能地動員了各種力量，掌握住大量米糧、棉布等民生物資。11 月下旬，當一石米價已漲到四十萬元人民幣的時候，陳雲覺得時機已臻成熟，遂下令於 11 月 25 日在全國各大城市統一行動，拋售糧食與棉布等民生商品。連續拋售十天後，終於使物價下跌 30% 至 40%，由於不少囤積商係在物價正高時進場收購，待物價回跌後因不堪賠累以致破產，而借錢給這些囤積商的錢莊也因為收不回貸款而倒閉。

陳　雲

這一波平抑物價的行動，一直持續到隔年開春。中共官方公布的統計數字顯示，1950 年上半年，從東北、華中、西南共調運了四十五億斤以上的糧食供應上海、華北和皖北，使得上海和北京等大城市的民生物資供應不虞匱乏。1950 年 3 月之後，全國批發物價指數逐漸下滑並趨於穩定，中財委歷經了近一年的物價戰，終於取得壓倒性勝利，自民國時代遺留下來的長期惡性通貨膨脹，至此告一段落。

1955 年，中國人民銀行發行新人民幣，以舊幣一萬元折合新幣一元的比價兌換。

由於此後共和國政府在全國範圍內普遍實行計畫經濟制度，因此直到
1980 年代之前，近三十年間，中華人民共和國內基本上根絕了通貨膨脹
的困擾。

「鎮壓反革命」

從中共處理惡性通貨膨脹的手段，可以看出這個新政權在動員能力
上的快速、精確，同時也顯示中共領導人不惜以行政部門來取代既有的
社會運行機制的傾向。動員能力的強大，尤其是對農村資源的有效控制，
是中共能在內戰中擊敗中華民國政府軍的最重要因素之一；而以行政體
系來取代原有的社會功能，則明白預告了一個高度集權、無所不在的政
府機器，已悄悄出現。

整治通貨膨脹事實上只是中共進行強勢統治的啼聲初試而已，新政
權為了要穩固自身地位、增強統治的合法性，同時還要能夠有效將命令
貫徹到社會的最底層，除了經濟決策上必須展現高度的效率，以讓社會
大眾不敢再對新統治者的能力有所懷疑外，藉由明目張膽的鐵腕鎮壓，
以暴力處決新政權敵人，兼收普遍的威嚇恫懾效果，是中共建政之後樹
立統治權威的另一手段。這就是在內戰大致平定、通貨膨脹亦告解決之
後，中共從 1950 年 10 月開始到 1953 年秋天為止進行的「鎮壓反革命運
動」。

按中共官方所言，所謂「鎮壓反革命」是「對全國殘留的國民黨軍
隊、特務分子、土匪惡霸等進行清剿」，但事實上所謂「反革命」的定義
是十分含糊的。由於同一時期新政權在農村地區還進行著全面性的土地
改革運動，在城市中針對商人、資本家的「三反」、「五反」鬥爭，因此，
「鎮壓反革命」事實上已經與所有這些運動結合起來，成為一場全國性
的暴力血腥整肅。據中共官方公布的數字，光是「鎮壓反革命運動」所
處決的「土匪與特務分子」，就有二百多萬人，這一數字還不包括在土地
改革中被鬥爭而死或自殺的農村地主，或是「三反」、「五反」運動中處
死或自殺的大批商人、富人。保守估計，在中共政權建立之初的頭三年

裡，為了政權鞏固、樹立權威，至少有五百萬以上的人口被以各種不同的理由遭到屠殺。大規模、大範圍的流血鎮壓，極其有效地在一般民眾間建立了共產黨新政權的威信。

統購統銷

　　殘酷的鎮壓手段當然還不足以完成對民間社會的控制，要徹底穩固政權，實現新政府在全國範圍內的經濟主導權，進一步掌握包括農、工、商的生產、銷售流程，遂成為必要。從 1949 年到 1950 年的平抑物價行動中，中共財經官員深切體認到掌握農村糧食生產的重要性；如果當時中共在農村地區沒有足夠的糧食控制能力，無法從農民手中——尤其是東北——徵收足夠的糧食到上海等大都市傾銷，則人民幣說不定會走上金圓券的後塵，貶成一堆廢紙。通貨膨脹危機解除之後，中共在全國農村的土改工作於 1953 年完成，接下來，便是對農作物的生產與收成，進行更進一步的控制。這就是 1953 年 10 月開始實施的糧食統購統銷政策。

　　所謂糧食統購統銷，就是糧食作物銷售流程中的所有環節，都由政府部門一手壟斷，政府甚至有權向農民派發生產任務，要求農民必須生產何種作物、以及生產多少。農民收成所得，除了留作自我食用、飼料，以及隔年的種子之外，其餘原則上一概由政府以官定價格收購。至於原來從事糧食買賣的商家，則逐步由官方單位加以兼併改造，成為僅替政府售賣糧食的代理店。而城市居民，以及不生產糧食作物的農民，則由政府進行糧食配給，只不過美其名為「計畫供應」。此外從事與糧食有關的食品加工業者，雖然仍可繼續營業，但嚴禁從事糧食買賣。換句話說，糧食統購統銷政策實施後，糧食買賣成了政府部門的專營事業，其他非官方的買賣行為基本上是犯法的。

　　不久之後，食用油、棉花、棉布亦先後成為統購統銷的專賣項目。1955 年之後，甚至連農作物的產量多少亦由政府規定，至此糧食、棉布等民生必需品從生產到銷售的整個過程，均已被納入行政體系中，統一管理。當然，這對於政府訂定糧食價格、平抑物價，進而穩定社會秩序、

鞏固政權，都起了莫大的作用。統購統銷政策實施的本意，原在於防止糧食價格的飆漲，進而影響經濟成長，或是造成社會不安；然而徹底掌握了糧食的生產與配給之後，新政府由於控制了人民的腸胃，進而等於控制了所有人民的手腳。

工商業社會主義改造

由於農業是一個社會最基礎的產業，農業產品的生產與銷售既然完全由政府所控制，則奠基在農業生產之上的工業與商業，無不跟著受到影響。中共禁絕所有的糧食買賣，其實只是整個中國社會主義化的第一步，而且是很重要的一步。此後工業、商業的各個領域無不逐漸受到「公有」部門的侵吞，逐一被「公有化」，直到社會上所有產業都被收編為政府行政部門統一管理的對象為止。這就是 1956 年完成的「資本主義工商業的社會主義改造」運動。

早在建政之前，中共黨內會議已經決定在政權建立後，將向「社會主義國家」轉變，這意味著作為資本主義象徵的私有工商業終將遭到消滅。至於這一「轉變」到社會主義社會的過程需時多久，中共領袖們普遍認為大約要十年至十五年。

然而，1949 年到 1950 年的打擊通貨膨脹行動，以及 1952 年的「五反」運動，都使得不少商人被捕或自殺。隨後農村土地改革、糧食統購統銷的執行貫徹，使得毛澤東相信「社會主義」的境界有可能可以提前來到。

1955 年年底，毛澤東決定全面地對全國剩下的私有工商業者進行「社會主義改造」，其所採取的辦法,是將原有的私有企業改變為所謂「公私合營」，工廠、商店的產權劃歸「國家」所有，而原有的業主、老闆，則僅領取盈利中的一定比例金額作為所得,或者乾脆改由政府發給薪水，稱作「定息」。在共產黨強勢的執政風格下，儘管疾風驟雨式的「改造」辦法未免強人所難，但是一班資本家們害怕若表現得不夠積極，未來將遭到不可測的報復清算，因此，在 1955 年底「改造」的指令下達後，無

不爭先恐後地將祖傳產業拱手奉送給「國家」。

據中共官方統計，1956 年年初，中國大陸仍剩有私營工業八萬八千八百多戶，經過一年的社會主義改造，到年底時還未改制成為公私合營的，只剩不到一千家。99% 以上的私有工廠老闆，都把自家產業捐獻了出來。

政府體制的完成

在經濟、社會控制力與日俱增的同時，中共還建立了一套作為政權法理基礎的人民代表大會制度。經過數年籌備，1954 年 9 月，中華人民共和國第一屆全國人民代表大會召開，成為法理上新國家的最高權力機關。

第一屆全國人民代表一共一千二百二十六位，他們係由各省、直轄市、自治區的一萬六千六百多名省級人民代表中選出，組成了最高一級的政權行使機構。他們的主要任務，一是通過第一部《中華人民共和國憲法》，二是選舉新的政府官員。當然，這兩項工作的前置作業已經由共產黨事先安排妥當，第一屆全國人民代表大會第一次會議的召開，只是為新憲法與新政府作法律上的背書而已。1954 年通過的這一部《中華人民共和國憲法》雖然規定了全國人民代表大會是「最高國家權力機關」，而且是「行使國家立法權的唯一機關」，但實際上任何法律與人事任命案的提出，事先都已由中共規畫妥當，全國人民代表大會只是形式上表決通過一下，扮演橡皮圖章的角色。

第一屆全國人大第一次會議同時還投票選出毛澤東為中華人民共和國主席，作為名義上的國家元首。根據毛澤東提名，全國人大還通過了周恩來作為最高行政機關「國務院」的總理，以及由周恩來所提名的各部、委內閣人選。至於全國人大的常設機關「全國人大常務委員會」，則由劉少奇出任委員長。

依照新頒布的憲法規定，國務院除了下轄各部、委員會之外，同時還負責領導全國地方各級行政機關的工作。地方政府分為省（自治區、

直轄市）、縣（自治州、市）、鄉（鎮）三級，各設有人民委員會作為行
政機關。各級人民委員會執行上級行政機關，尤其是國務院的命令，同
時名義上還須執行同級人民代表大會的決議。這一切有關行政體系的設
計，當然僅是新憲法中的白紙黑字，實際運作時，不管是國務院各部、
委，還是地方各級政府，真正擁有決策權力的，是統轄一切的各級中共
黨組書記。中共建政初期，不少地方省、市首長同時身兼該省、市的黨
委書記，事實上，後一個職位才是這些地方官員的真正權力來源。就如
同毛澤東雖然身為國家主席，但其權力來源卻是中共黨主席的道理一樣。

　　中共正是靠著這一嚴密而無所不包的黨組織，才能建立起整套高度
集權、以黨領國的黨國體制。

習　題

1. 中華人民共和國建立之初期，中共高層整治金融危機的基本思路為何？
2. 中華人民共和國建立之後，政府力量逐步介入並取代原有的社會機制。
   這種「國有化」的過程如何進行？

第二節　共產社會的嘗試

摘　要

　　1956 年工商業社會主義改造完成後，中共黨主席毛澤東對於更快
速、更全面地建立社會主義制度，已迫不及待。他對於原有的漸進計畫
深覺不耐，這分急迫感終於讓他在 1958 年選擇以「人民公社」和「大煉
鋼」兩項政策，來遂行他的大膽冒險。

　　然而在農村地區施行的「人民公社」制度，不僅打亂了農民沿襲已
數千年的生產、消費習慣，同時還在各地普遍出現離奇的謊報收成數量、
不惜以超額上繳來邀功的現象。「大煉鋼」的結果也是一場災難，徒然造
成嚴重的資源與人力浪費。被毛澤東稱為「大躍進」的整個社會主義速

成計畫，最後以連續三年的大饑荒告終，在這一史無前例的饑饉裡，中國餓死了至少兩千萬人。

大饑荒過後，毛澤東一度失去了黨內決策的主控權，然而在 1966 年，他仍能運用個人崇拜的力量，發動了「文化大革命」，一方面在黨內進行鬥爭奪權，同時也嘗試以更激進的方式，徹底打破舊制度、改造舊思想。

毛澤東死於 1976 年 9 月，他去世後不久，過去曾被他整肅打倒的舊官僚成員，重新又奪回權力，「文化大革命」隨著毛的去世而煙消雲散。

大躍進

按照中共在建國初期的構想，要將中華人民共和國完全建設成為社會主義國家，至少需要十到十五年時間，也就是說，1960 年代以後，才有可能出現理想的社會主義制度。然而，隨著 1953 年土地改革完成，中共積極在農村推行「農業合作化」運動，要求基層官員動員農民組建「生產合作社」，打破過去以一家一戶為生產單位的格局，農民以各自擁有的生產工具（主要是牲畜、農具）與田地「入股」合作社，耕作則採集體制，年終分配收成時以勞動力多少、「入股」田地大小為評分標準，計算出每人之「工分」，然後依工分多少分配收成。

與農業合作化一起進行的，是城市工商業的社會主義改造。到 1957 年，不僅工商業社會主義改造已大抵完成，全國農民也幾乎都已加入了生產合作社，甚至 98% 以上的農民已加入了集體化程度極高的「高級社」。這一情況，強化了中共領導人提前實現社會主義制度的信心，尤其是毛澤東個人，更是多次公開批評黨內對經濟發展持保守態度的官員。上行下效的結果，中共內部瀰漫著一股要加快腳步跨進「社會主義天堂」的強烈心理。因此，在 1958 年下半年開始推行的「人民公社」制度與「大煉鋼」運動，遂被稱作「大躍進」。

按照毛澤東一廂情願的想法，認為只要動員全國民眾搞土法煉鋼，就能使鋼鐵年產量在一年內成長 100%，突破一千零七十萬噸，達到 1957 年實際產量的兩倍。毛還幻想，假使在農村地區推廣比「高級社」還更

集體化、軍事化的「人民公社」，也能夠使糧食與棉花產量增長 100%。這樣的想法，當然純粹只是海市蜃樓，但是樂觀過頭的中共領導層，以及急於求表現的基層幹部，都狂熱地相信這種生產指標是可以達成的。於是一方面不切實際地訂出各種高預期目標；一方面則隱瞞事實，謊報成果。結果，1958 年實際糧食產量只有四千億斤，但是中共高層卻相信在七千五百億斤以上，因而統購統銷的基數遂建立在一個過於高估的數字上。負責徵糧的官員以近乎兩倍的額度買走農村的糧食，同時還毫不猶豫地將之使用於工業生產與供應城市人口之所需。此外，還有不少糧食賣到國外，以賺取外匯；或是向蘇聯換取工業設備，以及償還建國以來向莫斯科貸得的大筆借款。在毫無節制的徵購下，最後，農民連口糧與隔年預留的種籽都嚴重短缺。

三年饑荒

更不巧的是，由於此時全國普遍掀起大煉鋼運動，不少地方甚至動員興修水利，導致青壯年紛紛被徵調去煉鋼或從事勞役，1958 年的秋收工作因而遭到嚴重耽誤，許多作物在田地裡因來不及採收而腐爛。該年年底，國防部長彭德懷回湖南老家巡視，農民送給他一首仿古歌謠：「穀撒地，薯葉枯，青壯煉鐵去，收禾童與姑，來年日子怎麼過，請為人民鼓嚨胡（呼）。」盼他為民請命。

事實上，從 1958 年年底開始，全國不少地方逐漸出現餓死人的現象，然而，由於中共所控制的官方媒體仍一味鼓吹全國大豐收，因此讓所有人產生一種錯覺，以為其他各省都是好收成，只有自己的地方鬧饑荒。這種錯覺讓中共的地方官員更不敢承認自己的轄區內有人餓死，甚至還阻止饑民到外地逃荒。

大煉鋼運動一樣也是大災難，各地行政官員在奉承上意的驅使下，建起了無數的土高爐，將原本可以煉鋼的鐵礦砂統統煉成了廢鐵。為了建高爐，各地浪費了不少原本可以作為建材的土石、磚頭，有些地方甚至拆了古蹟建爐。煉鋼需要大量燃料，爐火又不能熄，於是有煤的地方

土法煉鋼

爭相採煤，缺煤的地方砍樹，甚至連傢俱、門板都被徵收去當燃料，許多原本翠綠蔥蘢的山林被砍伐一空，生態遭到嚴重破壞。由於各部門、各單位一窩蜂煉鋼，沒有鐵礦的地方便到處收刮鐵器，連鍋碗瓢盆都不放過。土法煉鋼的結果最後當然只能煉出一堆廢鐵，事後統計資料顯示，1958 年實際生產能用的鋼材也只有八百萬噸左右，不僅達不到毛澤東所要求的一千零七十萬噸目標，其所耗費的資源，所造成的人力物力浪費，更是無法估計。最嚴重的是，大煉鋼對農作收成所造成的延誤，成為 1958 年年底開始出現的大饑荒的直接原因之一。

從 1958 年年底到 1961 年年中，中國大陸究竟有多少農民餓死，一直沒有確切的數字，各地地方官員深恐獲罪，不敢向上反映真實的情況。事實上，大部分省縣均是餓殍遍野，死亡人數確實難以精確統計。倒是從 1982 年中共官方進行人口普查所得到的數據，透露了一些訊息。根據人口金字塔的結構，顯示 1958 年之後人口增長有大幅下降的傾向，因而得出在 1958 年至 1961 年的三年時間裡，大約有超過兩千萬人非正常死亡。這個數字，在中國歷史上無數次的饑荒記錄裡，應該算是空前絕後的吧。

廬山會議

　　眼看著由於決策錯誤而導致的大災難，國防部長彭德懷決定挺身而出為民請命。1959 年 7 月中共中央政治局在江西廬山召開擴大會議，中共高層要員群聚廬山開會順便「避暑」。彭德懷在會上持續抨擊大躍進政策，甚至直言不諱將矛頭對準了毛澤東，指責毛搞個人崇拜，黨內缺乏民主，是造成大躍進災難的根源。毛澤東對於彭德懷的批評終至忍無可忍，於是將彭德懷寫給他關於批評大躍進的信印發給所有與會者，並要求公開討論。毛此舉讓所有人都知道，他已準備整肅彭德懷。於是一場原本以避暑為目的的會議，頓時成了黨內的批鬥大會。在會上聲援彭德懷的解放軍總參謀長黃克誠、1930 年代當過中共總書記的張聞天，以及湖南省委第一書記周小舟，一併成為箭靶，被冠上「彭、黃、張、周反黨集團」的帽子進行檢討審查。彭德懷的國防部長與黃克誠的總參謀長職務不久均遭撤除。

　　彭德懷的上書與廬山會議的變調，使得毛澤東愈益不願承認自己的錯誤，愈益堅持大躍進路線必須貫徹執行，糧食鋼鐵高生產指標不僅不下調，反而還要進一步提高。而會議最後以彭德懷等人被整肅收場，亦令中共所有高層人士懍然醒覺，毛澤東的權威不再是可以挑戰的，中共內部的決策模式，已逐漸變質為毛個人的專斷獨裁。

　　大躍進、人民公社，以及這整個被稱作「社會主義建設總路線」的計畫構想，以「三面紅旗」的統稱繼續被要求執行，結果當然是社會資源的進一步浪費，以及農村饑荒的惡化。

彭德懷

從廬山會議結束的 1959 年 8 月起，到 1960 年上半年，是三年饑荒中最嚴重的一段時間，兩千多萬餓死的農民，主要集中在這期間。

1960 年初，毛澤東終於了解了事態的嚴重程度，因而在這一年的下半年，大躍進政策才悄然作出了調整。1961 年鋼鐵產量指標不斷往下修正，從原先野心勃勃的二千零一十萬噸，調整到最後只剩八百五十萬噸。1962 年甚至把預期指標訂得更低，只有七百五十萬噸。鋼鐵生產任務的向下調整，目的在於將抽調去煉鋼的勞動力遣回農村，幫忙農作。同時對於在農村地區統購的糧食額度，亦不再提高。從 1958 年開始，企圖向共產社會大跨步邁進的嘗試，終於在三年饑荒的代價下，以失敗收場。

文化大革命

大躍進的失敗，不僅使得毛澤東天馬行空式的經濟發展計畫落空，生產指標紛紛向下調整，甚至毛本人還在黨內會議上作了自我檢討，承認必須直接、間接為錯誤負責。1961 年後，經濟決策權逐漸落到了劉少奇、周恩來、陳雲、鄧小平等一班謹慎保守、講求實際的官員手裡，毛澤東雖然仍能推動一些強調階級鬥爭、意識形態的政治性運動，但是對於經濟工作，毛澤東卻沒有太多插手的餘地。

對於劉少奇、陳雲等人所執行的務實經濟政策，毛澤東認為是「修正主義」，其目的在於搞垮社會主義，因此雖然從 1961 年到 1965 年，國內經濟局勢逐漸好轉，毛澤東心裡對行政官員的不滿卻是日甚一日。這種不滿，最後終於在 1966 年 5 月爆發為「文化大革命」。

事實上，文化大革命自 1965 年年底就已經點燃了導火線。該年 11 月 10 日，姚文元所寫的〈評新編歷史劇「海瑞罷官」〉刊登在上海《文匯報》，文章雖然只針對當時的北京市副市長吳晗所寫的劇本《海瑞罷官》提出批評，但明眼人都看得出來，文章攻擊的真正目標是 1961 年以來黨內執行「修正主義」路線的高層決策者。何況，不久之前，毛澤東在一次接見地方重要官員的場合裡已經明白宣示：「如果中央出了修正主義，你們就造反！」姚文元文章的刊出，事實上是經過毛澤東本人多次審核並

同意的，而之所以選擇在上海發表，正是為了向北京那群逐漸不聽毛指揮的高層官員示威。

文章刊出十餘日之後，北京的報紙在毛的壓力下終於紛紛轉載，包括《人民日報》、《解放軍報》等中共官方最重要的宣傳機器，逐一刊登了姚文元的作品，此時不僅有意以《海瑞罷官》為彭德懷喊冤的吳晗遭了殃，北京市長彭真、中宣部長陸定一、總參謀長羅瑞卿、中共中央辦公廳主任楊尚昆亦連帶受到波及，四個人被貼上「彭、陸、羅、楊反黨集團」的標籤，在 1966 年 5 月召開的中共中央政治局擴大會議上遭到批鬥。這次會議通過了由毛澤東親自審定的「中國共產黨中央委員會通知」，「通知」中提出：「高舉無產階級文化革命的大旗」、「必須同時批判混進黨裡、政府裡、軍隊裡和文化領域的各界裡的資產階級代表人物，洗清這些人……。」由於這個「通知」通過的日期是 5 月 16 日，這一文件遂被泛稱為「五一六通知」。「五一六通知」的發布，被視為是文化大革命正式開始的信號。

毛澤東真正的鬥爭對象，當然不會僅僅只是彭真等人，他早就將箭靶鎖定在當時黨內的第二號人物、自 1959 年起就擔任國家主席職務的劉少奇身上。但是，要鬥倒劉少奇，必須借助更大的力量，動員更多的「輿論」，為此毛澤東想出了以青年學生作為他的「群眾基礎」的辦法。5 月底，北京大學貼出了一張攻擊學校當局的大字報，數天後，《人民日報》轉載了這張大字報，同時透過廣播節目向全國宣傳，劉少奇這時候命令各級黨委派工作組進駐學校控制局面，卻遭到了毛澤東的反對；劉少奇企圖壓制學生運動的作法，反而成了毛在黨內批判他的口實。

8 月初，毛澤東在黨內會議上公開批評在各校派駐工作組的作法，數日後毛更公開散發他所寫的〈炮打司令部——我的一張大字報〉，不點名批評「從中央到地方的某些領導同志」、「顛倒是非，混淆黑白」。

此時各地青年學生在「保衛毛主席」的口號下紛紛成立「紅衛兵」團體，毛澤東遂決定在北京天安門廣場舉行宣傳意味十足的紅衛兵校閱行動。從 1966 年 8 月 18 日到 11 月底，毛澤東先後八次接見來自全國各

地的紅衛兵，共計一千一百多萬人。然而當官方媒體報導這些活動的時候，劉少奇被擺放在一個毫不起眼的角落，他在黨內的排名也明顯往下滑落。之後，劉少奇遭到長時間的批鬥和監禁，1969 年 11 月，他病死在河南開封。

遭到批鬥厄運的中共高層人物，當然不止於劉少奇一人而已。凡是毛澤東所欲整肅的對象，以及不肯屈服表態的官員，莫不受到殘酷對待，或者被毒打致死，或是自殺；能苟活下來的，要不是被下放到偏僻農村進行「勞改」，就是關押進監獄裡。毛澤東藉著文革，雖然成功地除掉了政敵，卻也帶來長時間的無政府狀態。

林彪事件

毛澤東在推動文革的過程中，除了仰賴江青、張春橋、王洪文、姚文元等文革狂熱分子之外，更重要的是靠國防部長林彪來幫他掌握軍權。甚至當紅衛兵運動在 1968 年夏天演變成全國性的武鬥事件時，也是靠林彪動員軍隊來穩定亂局。然而，毛澤東與林彪的關係，隨著後者地位的逐漸上升，卻起了微妙的變化，兩人之間的猜忌與不信任感逐漸升高。1971 年 9 月初，林彪決定趁毛澤東從南方返回北京途中，炸毀毛所搭乘的火車。毛事先獲得了情報，提早北上，林彪驚覺事跡敗露，倉惶中和家人乘軍機欲逃往蘇聯，卻在蒙古墜機身亡。林彪的叛變，給了毛澤東極大的打擊，也對全中國人民造成了極大的震撼。所有人一夕之間發覺，原來毛澤東身邊「最親密的戰友」，竟然也會背叛他，毛澤東的神話，似乎並不全是對的。再加上文革已進行了五年時間，社會、政治秩序蕩然無存，人心普遍懷疑起文化大革命的價值，文革熱潮至此已逐漸衰退。

毛澤東本人或許也有了這一層領悟，他漸次將過去被整肅的老幹部一一找了回來，包括讓葉劍英接替林彪留下的國防部長職務，而長期流放在江西農村勞改的鄧小平亦被召回北京，重返政治舞臺。

1976 年 9 月 9 日，毛澤東病逝北京，享年八十三歲。他生前所擇定的繼任者華國鋒接替他成為名義上的黨、政、軍領袖，然而實際上軍權

林彪座機墜毀於蒙古多爾克汗

控制在國防部長葉劍英手中。至於中共黨內，仍存在以毛澤東遺孀江青為首的文革激進派，以及一心想捲土重來的元老派。終於在毛澤東去世後的第二十八天（10 月 6 日），華國鋒在葉劍英支持下發動政變，於中南海設下陷阱，誘捕了江青、張春橋、王洪文、姚文元，「四人幫」宣告瓦解。此後，華國鋒基本上與元老派之間維持著合作的關係，在鄧小平最後扳倒華國鋒之前，華仍以毛澤東繼承者的身分，主持了兩年政局。

　　1977 年 8 月，中共召開第十一次黨代表大會，華國鋒在會上宣布歷時十一年的「第一次無產階級文化大革命」，「以粉碎『四人幫』為標誌宣告勝利結束」。不過，三年多之後，鄧小平已是黨內最有權勢的人物，以他為首的中共元老們在修訂新的官方版本歷史時，將文革的時間，定為從 1966 年到 1976 年的十年，其終點，則放在「四人幫」被捕的那一天。

習　題

1. 從大躍進到盧山會議，中共高層決策體制出現了什麼樣的變化？
2. 試從文化大革命的發生，描述毛澤東的人格特質。

第三節　改革開放的展開

摘　要

　　毛澤東去世後，華國鋒短暫地主持了兩年政局。1978 年 12 月中共十一屆三中全會召開，文革中曾被鬥倒的大批中共黨內菁英，以鄧小平為首，發動了大反撲，重新奪回決策權與意識形態的發言權。「鄧小平時代」於焉展開。

　　鄧小平以胡耀邦、趙紫陽為左右手，不僅在意識形態上否定「文化大革命」、否定毛澤東晚年的施政，同時還大舉推動「改革開放」政策，對內進行經濟改革，對外開放國門，讓西方世界的資金進入中國大陸市場投資，也讓中國大陸人民有機會重新接觸西方的思想觀念。

　　然而過於快速的開放政策，以及激進的經改措施，加上整個官僚層普遍的貪污橫行，一時間無法適應的民間社會，將對現實的不滿發洩在大規模的示威抗議中。1989 年 4 月到 6 月，以民主改革為訴求的群眾運動在中國到處漫延，成燎原之勢。該年 6 月 4 日，解放軍對北京的抗議群眾進行軍事鎮壓，經由媒體的報導，「六四天安門事件」成為震驚全球的消息。

　　「六四」事件後，中華人民共和國與西方世界的接觸出現了暫時的萎縮停滯。1992 年初，不滿於經濟成長趨緩的鄧小平，以「南巡」逼迫主政的江澤民重新回到較積極的經濟路線上來。1992 年起，中國大陸經濟連續幾年以每年超過 10% 的速度成長。1997 年 2 月，鄧小平去世，中華人民共和國進入「後鄧小平時代」。

從華國鋒到鄧小平

　　華國鋒事實上是唧著毛澤東的遺命，才坐上中共權力核心寶座的。論黨內聲望，他不如一班在建國前便已功勳彪炳的元老們；論能力手腕，

他也及不上鄧小平、陳雲這些久經仕宦、經驗老到的資深官僚。因而當他在逮捕四人幫的隔日，繼承了中共中央主席、軍委主席，連同之前的國務院總理職位，一人包辦了黨、政、軍的三項最高頭銜，然而華國鋒實際上並不擁有真正的實力，足以支持他表面上的地位。

為了展現治國能力，華國鋒必須拿出確實的政績來。他知道十年文革的政治狂熱相對使經濟發展長期被忽略，當務之急是儘快創造農業、工業的高成長數字，一來將全國力量移轉到現代化建設上，二來也用以證明他的「英明領袖」稱號並非過響。不過華國鋒及其幕僚並不清楚經濟發展的良方何在，他們仍搬出 1950 年代末毛澤東使用過的「大躍進」式口號：「多快好省」，期待以群眾熱情來達成奇蹟式的經濟增長。同時華還堅持要在人民公社的舊架構上促進農業建設，為此他積極鼓吹一個名為「大寨」的樣板公社的經驗，要求全國掀起「農業學大寨」運動。

在工業方面，華國鋒提出了一個 1976 年到 1985 年的「十年規畫」，擬定至 1985 年鋼產量六千萬噸、原煤九億噸、原油兩億五千萬噸、糧食八千億斤的預期指標。按照這些指標，每年的工業增長都必須在 10% 以上。這種強調高指標、號召全國動員的經濟方案，讓人覺得似曾相識，彷彿 1950 年代大躍進運動的翻版。由於「十年規畫」中的多項建設係由外國引進技術，因而得到了一個「洋躍進」的別號。

平心而論，華國鋒的「洋躍進」對於長期與外界隔絕的中華人民共和國來說，其實有其必要，尤其在吸收外國技術的大前提下，雖然浪費了不少外匯儲備，不過畢竟為與西方世界接觸立下了先例。華國鋒不僅率先大規模展開與外國（主要是日本）的經濟合作，甚至還批准了在靠近香港的蛇口地區設立工業區的計畫；蛇口工業區後來成為深圳特區的一部分，是中共當局最早試驗吸引外資進行投資設廠的地方。可以說，在毛澤東去世至中華人民共和國向全世界打開大門的過程中，華國鋒扮演了跨出第一步的摸索者角色。

十一屆三中全會

然而，在 1978 年底的中共十一屆三中全會上，華國鋒仍難逃失勢的命運，他的支持者被一舉撤換，接替上臺的則是鄧小平的親信。此後，華國鋒擁有的國務院總理、黨主席、以及中央軍委主席三個職務，逐一被趙紫陽、胡耀邦、鄧小平奪走。1982 年 9 月，中共十二大召開後，華國鋒僅剩下中央委員的頭銜。

從 1976 年 9 月到 1978 年 12 月華國鋒主政的兩年多時間裡，論政績，華國鋒其實並未犯下什麼非下臺不可的過錯，他的失勢，問題其實只在於擋住了鄧小平復出的道路。從毛澤東去世之後，華國鋒便持續承受來自於元老派要求讓鄧小平復職的壓力，1977 年 3 月，華終於在口頭上作出讓步，答應「在適當的時機」讓鄧小平復職。該年七月中共十屆三中全會召開，鄧小平一舉得到了黨中央副主席、中央軍委副主席、國務院副總理，以及解放軍總參謀長四個職位，可以說立即成了華國鋒之下的中共第二號實權人物。

然而，鄧小平的目的畢竟在奪取最高領導權。在他重回權力舞臺之後，便積極展開了向華國鋒以及其所繼承的毛澤東路線的挑戰。華國鋒在毛死後不久，便創造了兩句著名的口號作為自己執政的準則：「凡是毛主席作出的決策，我們都堅決維護；凡是毛主席的指示，我們都始終不渝地遵循」。為此華國鋒及其支持者還得到了一個「凡是派」的外號。鄧小平所要挑戰的，正是華國鋒所高唱的「兩個凡是」，因而他相應提出了「實事求是」、「完整地、準確地理解毛澤東思想」等說法，來與華國鋒打對臺。

1978 年 5 月 11 日，在鄧小平的得力助手胡耀邦的主導下，《光明日報》刊登了一篇〈實踐是檢驗真理的唯一標準〉的文章，隔日，《人民日報》、《解放軍報》等中共重要黨報均加以轉載。文章內容當然是針對「兩個凡是」進行質疑，然而真正引起華國鋒疑懼的，是幾個重要的宣傳單位明顯已被鄧小平人馬所控制。自此之後，鄧派掀起了一股「真理標準」

的討論風潮，從北京到地方，大大小
小報紙刊物紛紛發表文章支持「實事
求是」才是檢驗真理的標準，而不是
毛澤東思想。「兩個凡是」在理論較勁
中明顯已敗下陣來。此後的幾個月裡，
中共黨內所有的實力人物一一表態，
支持「實踐是檢驗真理的唯一標準」，
華國鋒明顯已失去了多數黨內要員的
支持。1978 年 12 月 18 日，中共十一
屆三中全會召開，華國鋒在會上遭受

鄧小平於中共十一屆三中全會講話

批評，並承認思想路線錯誤，華國鋒的最有力支持者中央辦公廳主任汪
東興同時被免去職務。短短兩年的華國鋒時代至此宣告結束，「鄧小平時
代」繼之而起。

政治制度與意識形態的變化

　　鄧小平之所以能在毛澤東死後一年復出，再一年甚至取代了毛所欽
定的繼承人，除了本身的政治實力外，另一個更重要的社會心理基礎在
於文革中受到傷害的人實在太多了，這種受害的經驗逐漸地普及成為一
種社會現象，甚至在毛澤東尚未去世前便已將其憤怒宣洩而出。1976 年
4 月 5 日發生在北京天安門廣場的「四五事件」，便是一個最明顯的例子。
那天數十萬的北京市民湧進天安門廣場，紀念 1 月 8 日剛去世不久的周
恩來，民眾愈聚愈多，終於形成批評時政的言論集會，並與在周圍監視
的軍警發生衝突。晚上九時三十分左右，在毛澤東的批准下，警察手持
木棍包圍、毆打並逮捕仍逗留在廣場中的民眾。事件雖然當天平息，但
是對於毛澤東主掌下的中共政府，愈來愈多人敢於表達心裡的不滿。

　　鄧小平上臺，正迎合了這樣一種要求改革的普遍社會心理，支持鄧
主政的黨內多位元老，幾乎也都有在文革中遭受迫害凌辱的經驗，同時
也都眼見狂熱的政治運動對民生經濟造成的嚴重破壞。因此改革不論是

對當政的中共領導層，還是對一般的老百姓；不論是就政治面來說，還是從經濟、社會面而言，似乎都是極具說服力的必然選擇。事實上，這正是華國鋒一意孤行毛澤東路線，提倡「兩個凡是」之所以失去人心的根本原因。

鄧小平所推動的改革是多面向的。在政治上，他首先平反了大批過去因政治立場錯誤而遭整肅的人士，包括 1957 年「反右」運動中被歸類為「右派分子」的五十四萬多人。接著 1966 年到 1976 年的文化大革命也遭到否定，1959 年廬山會議上受迫害的彭德懷、黃克誠等人亦「恢復名譽」，雖然彭德懷本人已在 1974 年 11 月病逝，另一位受害者張聞天則死在 1976 年 7 月。至於因文革而家破人亡的中華人民共和國前國家主席劉少奇，則在 1980 年 2 月中共十一屆五中全會上正式予以平反。逝者已矣，還活著的則紛紛恢復了黨籍或工作。據統計，至 1982 年底共有大約三百萬名官員獲得平反，四十七萬多名黨員恢復了黨籍。這樣子大規模的平反工作，除了為鄧小平贏得眾多好感與愛戴之外，當然還更加確立了他在後毛澤東時代的強人地位。

除了平反政治犯，鄧小平還推動了一系列的政治改革，其中最重要的，無疑是調整了黨組織，將長期以來代表黨中央領導地位的黨主席職位取消，改由「總書記」負責黨務，同時還在黨內增設紀律檢查委員會和顧問委員會，以容納復出後的眾元老們，同時兼收牽制總書記之效。這一番政制改革的目的，無非在於以「集體領導」取代過去的「一人獨裁」，防止黨內再出現像毛澤東一樣的專權獨夫。此外，在鄧小平的督促下，全國人民代表大會從 1979 年開始，大量地制訂各種必備的法律，包括「刑法」、「刑事訴訟法」、「各級人大和人民政府組織法」、「各級人大選舉法」等。有了基礎的法律體系，才能改變過去那種無法可依，全由毛澤東一人「說了算」的獨裁局面。

所有這些改革措施，自然都將矛頭對準了毛澤東；改革之所以必要，證明毛確實犯下了不可原諒的錯誤，因而對毛進行正式的功過論斷，已是遲早的事。1981 年 6 月，中共十一屆六中全會通過了一項〈關於建國

以來黨的若干歷史問題的決議〉，對毛澤東進行了有限度的批評，包括「錯誤地發動了對彭德懷同志的批判」，以及必須對文化大革命的嚴重後果負「主要責任」。雖然文件仍不忘強調毛的「功績是第一位」，「錯誤是第二位」，但是敢於提出批評，畢竟意味著鄧小平主導下的中共黨中央正在尋找新的官式理論，以取代長期以來占據主導地位的毛派極左意識形態。中共建國以來即不斷強調的建設共產主義天堂的夢想，至此已在不知不覺中被放棄，取而代之的是「實事求是」的原則，以求實現經濟現代化建設。

經濟改革及其限制

經濟改革最初的構想，是引進外國的技術與資金，這在華國鋒主政時期曾做過一些草創性的嘗試。鄧小平上臺後，開放的步伐更為加大，除了特准個別的西方跨國公司進入中國大陸與國營企業進行合作外，更在廣東與福建選擇了四個沿海城市——深圳、珠海、汕頭與廈門——作為開放給外國企業投資設廠的地方。這種帶有實驗性質的局部開放策略，主要用意在避免開放過速，造成執政當局難以控制的後果。

除了開放外國企業進入國內，鄧小平還費盡心思企圖改造運作了二十多年、效率卻每下愈況的國有經濟體制。如同前兩節所述，中共在建政之後不到幾年時間，便貫徹實施了農業集體化與工商業的社會主義改造，將全國的一切生產工具都掌握在行政部門手裡。這種高度公有化的做法，造成的後果是農民失去了增產熱誠，工人消極怠工。鄧小平在 1979 年之後便不斷地試驗新法，讓基層工廠擁有更多的生產決策權力，以挽救經營狀況不斷惡化、虧損日多的國營企業。在農村，則放棄了多年來的集體化政策，解散人民公社，恢復鄉、鎮建制，重返以家戶為單位的生產形態。簡言之，鄧小平不在乎這樣的開倒車是否符合馬克思主義的理論教條，他只要求以發展生產力為優先考量。

然而，鄧小平的改革並非全面開放、毫無限制的。經濟上的改革步伐或許大一些，但在政治上，鄧小平有一最終的禁忌，即不得危及共產

黨的領導地位，為此，他在 1979 年 3 月 30 日提出了有名的「四項基本原則」：一、堅持社會主義道路；二、堅持無產階級專政；三、堅持共產黨的領導；四、堅持馬列主義、毛澤東思想。這四項原則，俗稱「四個堅持」，其中最要緊的，當然還是堅持共產黨領導一項。就在「四個堅持」發表的前一天，北京市警方逮捕了在鬧市張貼大字報、散發宣傳品，主張進行民主改革的異議人士魏京生，隨後並判處他十五年徒刑。

這種經濟放寬、政治緊縮的改革模式，雖然暫時在不危及中共統治權的狀況下取得了一定的發展成果，但是傳統的計畫經濟體制卻在改革的過程中逐漸瓦解，隨之產生出諸多社會問題。其中最嚴重的，無疑是物價上漲所引發的人心不滿。在過去的計畫經濟時代，物價不至於有太大的波動，通貨膨脹自 1950 年代以來幾近於絕跡。然而改革開放以後，政府為改善虧損累累的國營企業，以減輕日益沉重的財政負擔，必須放手讓企業有權自訂產品價格，另外還大幅削減政府在公共福利方面的龐大開支。過去由政府部門強制規定、同時提供鉅額補貼的整個價格系統，在經濟改革進一步深入後，面臨不得不改變的命運。物價上漲，導致過去極端依賴計畫經濟制度的老百姓們不知所措。加上經濟改革帶來的貧富不均現象日益擴大，而政府官員們利用職權貪污斂財，又成為社會大眾交相指責的對象，社會不滿累積到一定程度，終於演變成大規模的反貪污、爭民主的街頭抗議。

天安門事件

1989 年 4 月 15 日，曾任中共總書記的胡耀邦病逝北京。胡耀邦在知識分子間的聲望頗高，而其社會形象亦佳，以清廉仁厚著稱，其所以在 1987 年 1 月下臺，主要在於處理學生運動過於寬容，以致引起某些立場保守的元老們不滿，同時又遭到覬覦其權位者進讒言逼退。胡耀邦在下臺兩年後去世，令原本已不滿於政治現況的青年學生與社會大眾，找到了一個宣洩情緒的缺口。

胡耀邦的死訊一傳開，首先引起大學生走上街頭鬧事抗議，而且立

即獲得民眾的同情支持。廣大民眾以悼念胡耀邦為名，行批評時政之實。情勢終至不可收拾，不僅北京惶惶不安，連西安、長沙、上海、天津、廣州、武漢等大城市，亦紛紛出現大規模的群眾示威，最後演變為全國性動亂。6月3日深夜，奉命調集北京的解放軍部隊陸續開進市區，4日凌晨，展開軍事鎮壓，據信有上千人在過程中遭到屠殺，其中不少是聚集在天安門廣場的學生。這次流血事件，透過媒體震驚了全世界，號稱為「天安門事件」。

　　天安門事件後，以美國為首的西方國家對中國展開聯合經濟制裁，加上國內保守勢力反撲，改革開放一度被迫倒退，不僅政治更趨緊縮，連帶經濟政策亦傾向保守。這種低迷情勢維持了兩年半的時間，終於導致鄧小平本人的不耐。為了擔心自己所倡導的改革開放事業會因天安門事件而葬送，1992年1至2月，鄧小平以八十七歲高齡「南巡」視察深圳、珠海、上海等地，同時連續發表語意強硬的講話，藉由南方媒體的力量，向在北京政局有相當影響力的保守派喊話。鄧小平呼籲，不要受限於意識形態束縛，「改革開放膽子要大一些」，「看準了，就大膽地試，大膽地闖」，「中國要警惕右，但主要是防止『左』」。

　　鄧小平的「南巡講話」，透過深圳、上海等地的報紙報導，喧騰一時，一方面壓制住了保守派的氣焰，另一方面也鼓舞了各地的投資熱潮。由於受到天安門事件影響，中華人民共和國1989年全年國民生產總值(GNP)僅比前一年增長4.4%；相比之下，1988年的增長率是11.3%，1987年是10.9%。然而經過鄧小平南巡的刺激，自1992年至1995年，連續四年中國大陸經濟成長都在10%以上，而1996年也還保持9.6%的高速度。這期間雖然因高增長相應地帶來高通貨膨脹，然而在有效的措施化解下，並未造成太嚴重的社會危機。

　　1997年2月19日，鄧小平在多年未公開露面之後，病逝於北京。中共領導層在鄧小平去世後，終於結束了垂簾聽政式的「老人政治」，天安門事件後接替趙紫陽繼任中共總書記的江澤民，至此確實掌握了軍政大權。

後鄧時期的政治發展

鄧小平時代雖然推動改革開放，中華人民共和國的政治權力仍由中國共產黨掌控。1997 年 9 月 12 日中國共產黨第十五次全國代表大會（簡稱「中共十五大」）在北京召開，是後鄧時期中共人事安排的重頭戲。依照年滿七十歲即退休的規範，當時高齡七十一歲的江澤民依舊繼續當選總書記，是唯一的例外，也說明江澤民已經穩固他在中共黨內最高權力寶座。

隨後舉行的中共第十五屆中央委員召開第一次全體會議（簡稱「十五屆一中全會」），選出二十二名中共中央政治局委員，而江澤民、李鵬、朱鎔基、李瑞環、胡錦濤、尉健行、李嵐清七位常委，更是中共權力核心。

2002 年 11 月 8 日，中共召開第十六次全國代表大會，十五屆政治局常委除江澤民和接班的胡錦濤之外全部退休。高齡七十六歲的江澤民雖然不再續任中央委員，退出政治局，然而 11 月 15 日舉行的十六屆一中全會，仍然被選為中共中央軍事委員會主席。此舉被解釋為，江澤民仍希望以解放軍領導人的身分，扮演 1989 年以前鄧小平「垂簾聽政」的角色。中共十六屆一中全會所選出的政治局常委包括：胡錦濤、吳邦國、溫家寶、賈慶林、曾慶紅、黃菊、吳官正、李長春、羅幹。2004 年 9 月，江澤民辭去中央軍事委員會主席，由胡錦濤接任，正式進入胡、溫主導的時代。

2007 年 10 月 15 日，中共召開第十七次全國代表大會，會後於 10 月 22 日舉行十七屆一中全會，除了強化胡錦濤、溫家寶的領導核心外，也為下一梯次的接班做了準備工作。會中選出胡錦濤、吳邦國、溫家寶、賈慶林、李長春、習近平、李克強、賀國強、周永康為中央政治局常委，胡錦濤為中央委員會總書記，並再次以胡錦濤為中央軍事委員會主席。2012 年 11 月 8 日中共再召開第十八次全國代表大會，並進行權力接班。11 月 15 日舉行十八屆一中全會，選舉習近平、李克強、張德江、俞正

聲、劉雲山、王岐山、張高麗為中央政治局常委。與之前江澤民留任中央軍事委員會主席不同，胡錦濤在交出黨領導權之時，同時交出軍權，習近平擔任中央委員會總書記兼中央軍事委員會主席。2013 年 3 月習近平接任國家主席，李克強擔任國務總理，完成黨及國家機器的接班。

　　在習近平接班前，同為中共第二代要角、政治局委員、重慶市委書記的薄熙來不僅試圖擠進政治局常委不成，2012 年 3、4 月間還因為違法、違紀遭到解除職務，9 月被移送法辦。而與薄熙來關係密切的原政治局常委、中央政法委員會書記周永康，亦因為權力體制調整，十八大後退出政治局常委會，一中全會後被免去中央政法委員會書記一職，2013 年被捕，與其關係密切的黨政人士也遭到調查或是被捕。這是近年來，中共權力核心領導團成員違法遭到法辦的少數案例。

經濟降溫政策與後續發展

　　自 1997 年鄧小平「南巡」之後，中國曾經長達四年以每年超過 10% 的經濟增長速度快速成長，後雖經總理朱鎔基適度「降溫」，從 1996 年至 2003 年仍舊維持著 7% 至 9% 的年增長率。2000 年中國全年國內生產總值 (GDP) 突破一兆美元，成為全世界第六大經濟體，僅次於美、日、德、法、英。這種狂飆式的經濟成長，固然藉由國際分工與進出口貿易，帶動了周邊國家某些產業的興榮，然而卻也普遍地造成資金排擠效應，包括臺灣在內的所有東亞國家，均因為資金大量地外流至中國，而出現國內投資不足、失業率上升現象，其中尤以遭中國替代的低階工業生產最為嚴重。同時，還由於中國高污染工業快速增長，造成東北亞地區空氣品質快速惡化，酸雨問題日益嚴重。2004 年，中華人民共和國政府為避免經濟過速發展可能帶來的危機，再採取「降溫」政策，直到 2007 年，避免經濟過熱，始終是其經濟政策的重要一環。

金融風暴後的經濟發展

　　2008 年的世界金融風暴，是由美國雷曼兄弟公司倒閉所引發的。由

美國、歐洲的經濟受挫開始，形成全球性的經濟危機。當時中國經濟相對未受影響，中華人民共和國政府則採取了財政擴張政策，以增加投資、刺激內需，維持經濟成長，也增加了中國對世界經濟的影響力。2010 年，中國國內生產總值 (GDP) 超過日本，成為世界第二大經濟體。

但是，中國經濟高度發展除了使貧富差距問題更為嚴重外，資產泡沫的問題也浮上檯面。特別是財政擴張政策下，2008 年以來，私人（企業）貸款增加的幅度比經濟成長高許多，特別是私人信貸成為重大金融問題。而地方政府及國企的龐大銀行借款，也成為影響中國經濟的一大問題。2013 年李克強接任國務總理以後，在政策上做了重大調整，不再強調以政策刺激經濟，進行金融市場的整頓工作，避免以信貸擴張來推升經濟成長。

金融整頓尚未完成，2015 年由於經濟成長趨緩，人民銀行啟動降息，希望刺激景氣，6 月底由於股價下滑，國家更強勢介入，採取包括暫停部分上市公司交易的「停牌」，展開救市的措施。

習　題

1. 中共的改革開放政策包括了哪些內容？其限制何在？
2. 1989 年天安門事件的成因何在？影響為何？

第十章　臺灣的發展

第一節　戰後初期的臺灣

摘　要

　　第二次世界大戰結束後，長期受到日本殖民統治的臺灣人，對中華民國政府的接收，起先抱持相當的期待，希望脫離殖民地統治之後，無論在政治、經濟、文化各方面都能夠當家作主。但是政府接收以後，行政長官公署無論在政治上、經濟上、社會文化各方面的政策，都與臺灣本土菁英的期待發生嚴重的落差。加上時有所聞的貪污、無效率事件，更引起人民的不滿。因而以取締私煙事件為導火線，爆發二二八事件。最後在政府軍事鎮壓及後續的清鄉工作中，造成嚴重的傷害。直到近年來，關於二二八事件真相的探討，以及事後的救濟行動，才較全面的進行。

　　至於攸關中華民國政府於民國三十八年底遷臺後統治基盤的建立，則與陳誠治臺有密切關係。在臺灣省主席任內，手握黨政軍大權的陳誠，其政策對後來長期政治經濟發展，產生重大影響，主要的決策包括：戒嚴體制的展開、土地改革的開始和新臺幣的改革。新臺幣改革之後，不僅使臺灣進入新的貨幣階段，而停止與中國大陸的匯兌往來，也成為此後臺灣海峽兩岸經貿關係的基調。

臺灣的政治真空期

　　民國三十四年（1945 年）八月十五日，日本宣布無條件投降，臺灣

總督府喪失統治臺灣的正當性基礎，等待進一步的接收處理。在十月二十五日臺灣行政長官陳儀正式接收，宣告臺灣光復之前，臺灣的政治存在一個真空期。

在此一期間，戰敗的日本統治者態度十分消極，臺灣人民在原有的行政體系之外，也自動組成一些維持秩序的組織，以替代日本臺灣總督府統治體制的部分功能。在這段期間內除了少數地區發生小規模騷亂之外，臺灣的社會治安維持並沒有發生重大問題。大部分的社會菁英和人民對於祖國接收及未來，抱持著相當的期待。認為無論在政治、經濟、社會各個方面都可以脫離過去殖民地的陰影，而有更好的發展空間。

但是戰爭期間的管制解除以後，由於空襲的破壞以及物資的短缺，不但恢復需要相當的時間，通貨膨脹的壓力也難以有效消除。在一片勝利聲中，事實上已經存在亟待解決的一些問題。

國民政府的接收與臺灣省的體制

國民政府在民國三十四年八月二十九日任命陳儀擔任臺灣省行政長官，並在九月一日公布〈臺灣省行政長官公署組織大綱〉。十月二十五日根據聯合國最高統帥麥克阿瑟 (D. MacArthur) 第一號命令，陳儀在臺北公會堂接受日本臺灣軍司令官兼臺灣總督安藤利吉的投降，正式接收臺灣❶。這使得臺灣與中國大陸各省的體制不同，並不設省政府，而代之以行政長官公署。同時，在組織大綱中也明白地規定，臺灣行政長官可以制定臺灣單行法規，這也是後來臺灣省的各項行政措施與中國大陸各省出現差異的原因之一。不過，施政的差異現象，也與「人治」有關。如後文所述，在臺灣發行臺幣，而不使用法幣即為一例。

由於在日治時期，臺灣總督府在「六三法體制」下，配合總督的行政裁量權，抑制臺灣本地人民在經濟上的發展，加上戰爭期間種種更嚴厲的統制措施，使得臺灣本地的產業大部分不是日資企業，就是由總督

---

❶ 此一接收並非主權之取得，因為同時國民政府也接收越南北部，蘇聯接收中國東北。至於主權的轉移，則應以條約處理。

府所主導的「國策」產業，許多臺灣本地人民的投資也必須附屬在日本資本之下。透過行政長官公署接收日產，臺灣主要的產業，特別是工業部門，大多轉換成省（國）營事業。而日本官方及民間在臺灣所取得的其他龐大資產，也被臺灣行政公署接收，成為省（國）有財產。

日產接收對照表

		日　本　人　企　業		官　營　企　業
金融機關	銀　行	臺灣、臺灣儲蓄、日本三和 日本勸業 臺灣商工 華南 彰化	省營 省營 省營 省營 省營	臺灣銀行 臺灣土地銀行 臺灣第一商業銀行 華南商業銀行 彰化商業銀行
	金　庫	產業金庫	省營	臺灣省合作金庫
	人壽保險	千代田、第一、帝國、日本、明治、野村、安田、住友、三井、第百、日產、大同、富國徵兵、第一徵兵	省營	臺灣人壽保險股份有限公司
	產物保險	大成、東京、同和、日產、日本、大倉、大阪、住友、興亞、海上運輸、安田、日新、千代田、大正	省營	臺灣產物保險股份有限公司
	無限公司	臺灣券業、臺灣南部、東臺灣、臺灣住宅	省營	臺灣合會儲蓄股份有限公司
生產企業		日本海軍第六燃料廠、日本石油股份公司、帝國石油股份公司、臺灣石油銷售股份公司、臺拓化學工業股份公司、臺灣天然氣研究所等	國營	中國石油股份有限公司
		日本鋁業股份有限公司	國營	臺灣鋁業公司
		臺灣電力股份公司	國營	臺灣電力有限公司
		大日本製糖股份公司、臺灣製糖股份公司、明治製糖股份公司、鹽水港製糖股份公司	國營	臺灣糖業公司
		臺灣電化股份公司、臺灣肥料股份公司、臺灣有機合成股份公司	國營	臺灣肥料公司
		南日本化學工業公司（日本碱、日本鹽業、臺灣拓殖）、鐘淵碱業公司、旭電化工業股份公司	國營	臺灣碱業公司
		臺灣製鹽公司、南日本鹽業公司、臺灣鹽業	國營	中國鹽業公司

公司		
臺灣船渠股份公司（三井重工業）、基隆造船所	國營	臺灣造船公司
臺灣鐵工所股份公司、東光興業股份公司高雄工廠、臺灣船渠股份公司高雄工廠	國營	臺灣機械公司
專賣局（酒、煙草）	省營	臺灣省菸酒公賣局
樟腦局、日本樟腦股份公司	省營	臺灣省樟腦局
淺野水泥股份公司、臺灣化成工業股份公司、南方水泥工業股份公司、臺灣水泥管股份公司	省營	臺灣水泥公司*
臺灣興業股份公司、臺灣紙漿工業股份公司、鹽水港紙漿工業股份公司、東亞造紙工業股份公司、臺灣造紙股份公司、林田山事業所	省營	臺灣紙業公司*
農林關係企業（茶葉 8、鳳梨業 6、水產業 9、畜產業 22，計 45 家企業）	省營	臺灣農林公司*
工礦關係企業（煤礦業 24、鋼鐵機械業 31、紡織業 7、玻璃業 8、油脂業 9、化學產品業 12、印刷業 14、陶瓷窯業 36、橡膠業 1、電氣器具業 5、土木建設業 16，合計 163 家企業）	省營	臺灣工礦公司*

資料來源：引自隅谷三喜男、劉進慶、涂照彥（合著），《臺灣之經濟——典型 NIES 之成就與問題》，頁 29～30。

註：有 * 記號的「水泥」、「紙業」、「農林」、「工礦」四家公司，1963 年農地改革時，作為一部分地價補償金轉讓給民營（舊地主）了。

同時，臺灣省行政長官公署在民國三十五年（1946 年）一月二十日公告，臺灣省省民自光復之日起，恢復國籍，自動成為中華民國的國民。根據當時外交部長王世杰的說法，此舉曾經引起美、英等國外交部門的不滿與關切，質疑在和約簽訂主權問題解決前，變更臺灣人民國籍的適當性。不過，國民政府則以接收臺灣為恢復故土為由，繼續貫徹原有的政策。換言之，雖然在國際法上的主權仍有爭議，但國民政府自接收以後，即以國內法長期統治臺灣。

臺灣省省民的經濟期待與陳儀的政策

臺灣在日治時期，經濟已有相當的發展，透過接收的程序，國家資

本相當發達。陳儀個人也採取發達國家資本，節制個人資本的經濟政策，認為此一路線，將可建設臺灣成為三民主義的模範省。

陳儀為了維持臺灣與中國大陸各省不同的經濟體制，並減少中國大陸既有財經體制對臺灣經濟的衝擊，在國民政府主席蔣中正的支持下，甚至在民國三十四年十一月正式通告嚴禁中央政府的法幣在臺灣流通，貫徹在臺灣必須使用臺灣銀行發行貨幣的政策。不過，此一區隔的效果是有限的，透過匯兌，臺灣銀行仍然必須增加臺幣的供給來兌換法幣，一旦中國大陸的貨幣幣值不穩定，乃至後來發生嚴重的財經危機，臺灣根本不可能免於受到波及。

在另一方面，剛剛脫離日本殖民地統治的臺灣省省民，有的期待取回被臺灣總督府體制吸納的財產，有的期待可以有更佳的投資機會，以便在經濟舞臺上一展身手。但是，國民政府接收以後，不僅他們要求政府拍賣接收的日產，提供臺灣人企業發展的機會，得不到回應，甚至連私人集資發展產業，也遭到官方打壓。同時，無論在行政部門或省（國）營企業，由於語言隔閡，不諳國語的臺灣省省民也失去了許多發展的機會。

當時臺灣經濟上官民立場的衝突，及臺灣人民的不滿，正如日後來臺調查二二八事件的監察院監察使楊亮功、何漢文在《二二八事件調查報告》中指出的：

> 按其實際長官公署之權力法令亦幾與日人之臺灣總督府相若，此又事實上使臺胞不愉快之感觸也。且一年以來在經濟上之種種措施，以工商企業之統制使臺灣擁有鉅資之工商企業家不能獲取發展之餘地，因貿易局之統制使臺灣一般商人均受極端之約束，因專賣局之統制而使一般小本商人無法生存，而中央方面對於此新收復之領土不惟不能予以資本與原料之補給以助長臺灣產業之恢復發展，反之種種徵取以造成臺灣經濟之貧血與產業之凋敝，此又在經濟統制上使臺胞深感不愉快之事實。

接收問題衍生的衝突

由於在經濟政策方面，陳儀和臺灣省省民的看法，有相當大的歧異，臺灣省省民的經濟活動空間，大受影響。甚至以後二二八事件的導火線——私煙取締事件，也必須放在陳儀經濟統制政策的架構下來理解。

除了經濟層面以外，政治層面的問題也不少。當時，陳儀的用人政策，對於臺灣籍人士的參與並不重視，而以來自中國大陸的各省人士較占優勢。特別在高層行政部門更是如此，當時行政長官公署一級主管中連一位臺籍「半山」都沒有，更遑論納入沒有中國大陸經驗的本土菁英。一般的臺灣社會菁英，受限於語言及教育背景，也很難循正常的行政管道進入政府部門服務，更難升入高級行政層級。根據統計顯示，在陳儀負責的政府部門服務的臺灣省省民人數，只占全部公職人員的22%。而且除了俗稱「半山」有「中國大陸經驗」的臺灣政治菁英以外，本地菁英當時也欠缺擔任高級公務員的機會。此一結果與臺灣本地菁英原本的期望差距甚大，引發不滿。

同時，接收之初由於來臺部隊水準並不如青年軍，軍紀不良。負責接收的官員中，亦有把中國大陸官場不良習性帶到臺灣的。如是，從接收到其後的一般行政，陳儀主政下的臺灣，弊案頻傳，使得原本對回歸祖國抱持熱切期待的臺灣省省民感到失望。

在接收以後，針對臺灣已被日本統治五十年的特殊情況進行處理的方向與政策，也是導致衝突的另一個原因。陳儀既在民國三十五年一月二十日公告臺灣省省民自光復日起恢復國籍，便應理解之前臺灣人民本為日本國民的事實，卻仍然早在一月十五日便公布〈臺灣省漢奸總檢舉相關規程〉。站在官方的立場，對過去為日本政府作特殊服務的國民進行懲處或許有其考量，不過，對於過去身為日本國民，未採取抗日行動，而被日本政府動員，或曾經由日本政府安排擔任官方職務的一般臺灣省省民而言，心境則大不相同，而行政長官公署並未明確界定漢奸懲處的對象，難免造成人心浮動。相對地，行政長官公署急於推動臺灣去日本

化加速中國化的政策，卻未考量臺灣現實的需要，並沒有安排適當的過渡措施，自然也引發反彈。

文化摩擦的問題

臺灣既歷經日本五十一年的統治，人民的生活、文化自然帶有日本色彩。中國歷經八年抗戰之後，國民政府蔣中正主席雖採取「以德報怨」的政策，但一般軍民仍然不免有仇日的情緒。因此，負責接收以及其後行政的官員，對臺灣既有的語言、文化，便多少抱持敵視的態度，亟於加以改變，完全未注意到臺灣省省民的適應問題。而且，臺灣省省民在日治時期（特別是後期更是明顯），大多數除了臺灣話（閩南語、客語）之外，只能學習日本語，來自中國大陸的行政官員與省民的溝通甚至連透過文字也不容易。

另一方面，廢止臺灣日文報刊的發行，對於接受日本教育的一般臺灣省省民而言，既無法迅速熟悉中文，又無法再透過日文接受資訊或進行文化活動，則無可避免地造成文化的斷層。

負責統治臺灣的官員既有仇日的情緒，對臺灣省省民的生活、文化自然有所不滿。臺灣省省民在日治時期，雖受到殖民統治，卻在日本較普及的近代教育體系下，無論在人民就學率與識字率方面，都是亞洲的先進地區，加上對於部分政府官員施政乃至操守的不滿，文化的摩擦便難以順利化解。

二二八事件

民國三十五年底，政府的領導人並未意識到中國大陸的經濟、軍事情勢已有轉壞的趨勢。在這個時空背景下，臺灣的經濟情況也日趨惡化。特別是在民國三十六年（1947 年）一月，臺灣的市場運作也狀況頻傳，尤其各地米價暴漲，糧食供給短缺，更引起人心惶惶。

面對此一情形，陳儀一方面在一月二十四日聲明將設置經濟警察，以取締有關不法糧食及違反專賣規定的行為，另外則在二月一日開始透

過糧食局拋售五萬噸的米。但是成效則非常有限，難以解決存在的危機。

就在此一人心浮動的時期，自光復以來潛在的衝突危機，以二月二十七日查緝私煙事件為導火線，爆發了二二八事件。

本來二月二十七日的緝私煙事件，只是專賣局查緝員與賣煙的婦人林江邁個人間的爭執而已，卻由於查緝員打傷林婦引起圍觀群眾的不滿，在進一步的衝突中，查緝員又打死一名民眾，遂引發群眾事件。由於翌日行政官員並無法安撫民眾的情緒，整個事件遂向全臺灣各地蔓延。

隨著事件的發展，以民意代表、地方士紳為骨幹，臺灣各地紛紛組成處理委員會，一方面試圖彙整民間的意見，一方面則嘗試和官方溝通解決事件的辦法。其中以在臺北市成立的「二二八事件處理委員會」最具代表性，影響力也最大。臺北以外的二二八事件處理委員會，基本上則可以視為地區分會。高雄市的處理委員會與要塞司令彭孟緝的溝通，則由於三月六日彭氏槍斃了部分前往談判的代表，又派兵攻進市政府，成為最早被解決的處理委員會。

在整個二二八事件的過程中，被提出的政治訴求，以臺北市的處理委員會於三月七日提出的三十二條處理大綱（一說在混亂中又追加十條）最具代表性，整個條文，基本上是以要求臺灣高度的自治作為核心訴求。

不過，隨著三月八日憲兵第四團及二十一師抵達基隆，進而進行鎮壓，國民政府迅速地便恢復官方在臺灣的統治地位。

事件的善後及其問題

二二八事件發生之初，主要是民眾對行政長官公署及其他政府部門的不滿，許多來自中國大陸的公務員遭到攻擊，並且也波及外省籍的民眾。其中大部分遭到毆傷，也有少數人死亡。不過，在事件發生的數天後，大體上社會秩序已經初步恢復。

其後，政府軍登陸後展開的行動中，則造成許多臺灣社會菁英及民眾的傷亡。中央政府及陳儀雖然都曾要求嚴禁報復，卻有軍事、情治機關未把逮捕的人犯移送法辦，逕自處理。此一狀況，至六月都沒有解決，

甚至迫使當時的閩臺監察使楊亮功下令要求臺灣省行政長官公署貫徹辦理。

二二八事件中，軍法審判的問題也曾引發爭議。陳儀在國民政府派軍來臺後，又下令戒嚴。而部分受難者被逮捕後，也移送軍法審判。但是根據《戒嚴法》，陳儀的戒嚴令與臺灣劃入戒嚴的「接戰」區域不同，當時的參謀總長陳誠便和支持軍法審判的國防部長白崇禧意見不同，曾質疑軍法審判的適法性，但不為蔣中正所採。

當時，外省籍公務員及民眾的損失，政府曾經作過調查及補償。關於政府的責任問題，則在民國八十四年（1995年）由李登輝總統以國家元首身分道歉。同年，對於受害的臺灣民眾，立法院則通過立法，予以補償。

事件的影響

二二八事件告一段落，奉命到臺灣擔任宣撫工作的國防部長白崇禧，三月十七日抵臺當天便發表政府對二二八事件的處理原則。其中大部分成為後來臺灣政治體制調整的方向，影響甚大。

首先，廢除臺灣省行政長官公署，改設臺灣省政府，並提前舉行縣市長選舉。這也是立法院在民國八十三年（1994年）完成地方自治的立法工作之前，臺灣便已經以行政命令進行四十多年縣市長選舉的由來。

其次，則是臺灣省政府人事儘先選用本省籍人士，同一等職的本省籍公務員與外省籍公務員待遇平等。

再者，縮小原有公營事業的範圍，使私人經濟活動的範圍得以擴大。

二二八紀念碑

　　改組後的第一任臺灣省主席，則由文人出身的魏道明出任，同時本省籍的社會菁英，雖然仍未在省政府扮演關鍵的角色，卻已有多位被延攬擔任省府委員。換言之，二二八事件以後，臺灣省的省政確實有所改良，只不過其代價則十分昂貴。

　　至於二二八事件本身，其後則成為臺灣社會一個相當敏感的問題。直到 1980 年代末期後，有關的學術論著才日益增加；行政院於民國七十九年（1990 年）成立「二二八事件專案小組」後，相關的討論、調查，無論在官方或民間，都更受到重視。

陳誠治臺的歷史意義

　　民國三十八年（1949 年）初蔣中正總統引退之前，曾對政治、軍事的配置有所安排，陳誠接掌臺灣省政府是其最重要的人事安排之一。雖然，陳誠擔任臺灣省主席的職務不到一年，但是民國三十八年以後臺灣發展的重要方向，特別是中華民國政府遷臺之後的統治基盤，則是在其任內奠定的。

　　陳誠任內之所以能有如此的成就，與其所擁有的權力有相當的關係。他於民國三十八年一月五日接任省主席，二月一日兼任臺灣警備總司令，三月奉命監督、指揮中央駐臺各機關的人員，五月更兼任中國國民黨臺灣省黨部主任委員，一手掌握臺灣黨、政、軍大權，對臺灣省主席而言，可謂是空前絕後。加上歷經二二八事件以後，臺灣的政治、社會菁英在事件的陰影下，對於省政的發言權，已自我抑制，不致與行政主管當局發生強烈摩擦，這使得陳誠的意志更得以順利貫徹。

　　陳誠由蔣中正總統指派擔任臺灣省主席，身負重任。但是，並非陳誠對臺灣的看法，皆能得到蔣的支持。陳誠就職後對外宣稱：「臺灣是剿共最後的堡壘與民族復興之基地」，便遭到蔣中正的批評。他以中華民國總統的身分，發電報指示陳誠治臺的方針，指出前述陳誠的說法是不對的，因為「臺灣在對日和約未成立前，不過是我國一託管地帶性質」，要求陳誠改正。

　　在陳誠施政中對臺灣政治發展最具指標意義的，自民國三十八年五月二十日開始實施的戒嚴，使臺灣從此進入長達三十八年的戒嚴時期。戒嚴體制也成為戰後臺灣憲政體制的最主要特色，限制了臺灣政治發展的速度、方向與範圍。至於同年二月四日宣布的「三七五減租」，在陳誠強力推動下，縱使當時省參議會由地主階層主控，亦無力反對。其後，減租進而成為臺灣土地改革的先聲。土地改革的結果，除了提供後來經濟發展的動力外，同時透過土地改革也使得國民黨主政的政府，得到農民相當的支持，並藉此建構在臺灣統治的重要正當性基礎。六月十五日的新臺幣幣制改革，不僅開啟了新的貨幣階段，次日陳誠下令停止與中國大陸的匯兌往來，也正式切斷臺海兩岸的財經聯繫管道，這也成為雙方此後經貿關係的基調。

中華民國政府敗退來臺

　　民國三十八年四月，李宗仁代總統與中共談判，由於周恩來提出由中共人民解放軍開始接收政府轄區的要求，此種幾近要求投降的和議條件，使得和談破裂。和談破裂後，中共軍隊於四月二十一日渡過長江，二十三日入南京，五月二十七日占領上海。此後情勢越趨不利，美國則於八月五日發表〈對華白皮書〉，民心士氣再受重挫。十月一日，中共宣布中華人民共和國成立，中華民國政府則從廣州遷往重慶，再遷成都，終於在十二月七日遷到臺灣。民國三十九年（1950 年）三月二十七日，中華民國政府在大陸最後的軍事據點西康西昌易手，中共軍隊席捲了整個中國大陸。

習　題

1. 行政長官公署的經濟政策為何會引起臺灣本土菁英的不滿？
2. 新臺幣的改革與臺灣和中國大陸的經貿關係有何關係？

第二節　統治體制的鞏固與發展

摘　要

民國三十八年，由於在中國大陸的失利，蔣中正總裁已決定推動國民黨的改造。次年韓戰發生，國民黨正式推動改造，建立蔣中正總裁直接對黨組織的領導，並貫徹「以黨領政」、「以黨領軍」的精神。而隨著韓戰發生，國際的情勢對於中華民國亦轉趨有利，《中美共同防禦條約》的簽訂，更使臺灣正式被納入美國為首的防禦系統中。而原本為了尋求美國支持而任用的自由派政治人物，如孫立人、吳國楨、王世杰等人則相繼去職，強人威權體制遂告確立。

在中央政府體制運作方面，國民大會數度修改《臨時條款》，先後取消憲法對總統連任的限制、成立總統為主席的「國家安全會議」，使總統一再擴權。最後一次《臨時條款》的修正，則建立增額中央民意代表的制度，也賦予資深中央民意代表不必改選的憲法位階依據。民國七十九年，執政黨決定以〈憲法增修條文〉的方式進行憲政改革。次年，完成第一階段修憲，並終止動員戡亂時期。雖然原本欲採行一機關兩階段的修憲方式，但是由於總統直選的問題、行政院與總統職權的衝突、四級政府是否存續等問題，遂又進行第三階段及第四階段的修憲工作。

在地方自治方面，政府遷臺之初，由於臺灣省與中央政府轄區、職權嚴重重疊，遂擱置〈省縣自治通則〉的立法工作，而以行政命令，推動地方自治。民國八十三年才在〈憲法增修條文〉體制下，完成《省縣自治法》及《直轄市自治法》，臺灣的地方自治正式進入了法律規範的時代。

戒嚴體制的確立

前述提及根據《動員戡亂時期臨時條款》戒嚴的程序已經和《戒嚴法》的規定不同，但是，地方最高司令官宣布戒嚴仍必須按級呈報核准。

民國三十七年（1948 年）十二月十日，蔣中正總統根據《臨時條款》之規定，經行政院會議決議後，宣告除「新疆、西康、青海、臺灣四省及西藏外」，全國戒嚴。民國三十八年（1949 年）五月十九日陳誠下令臺灣戒嚴，未完成法定的程序。八月十六日，陳誠擔任長官的東南軍政長官公署呈請行政院，要求將臺灣納入民國三十七年的全國戒嚴令，劃為接戰地域。行政院則於十一月二日決議通過，並由代行總統職權的行政院長閻錫山，於民國三十八年十一月二十二日咨請立法院「查照」。十二月二十八日遷臺北辦公的行政院再行文相關政府機關和臺灣省政府，同意將臺灣省劃歸接戰區域，除臺灣省政府在民國三十九年（1950 年）一月六日公告並通知各單位，東南軍政長官公署也進行公告，並將公告刊登在報紙上，完成《臨時條款》規定的戒嚴程序。

另一方面，立法院對於戒嚴的查照案，則於民國三十九年三月十四日第五會期第六次會議根據《戒嚴法》規定的程序，議決「予以追認」，並由代院長劉健群咨請行政院及「復行視事」的蔣中正總統查照。行政院在收到立法院的咨文後，即「令知」國防部、司法行政部及臺灣省政府等機關。

國民黨的改造

民國三十八年（1949 年）以前，國民黨的權力結構中主要有 C.C. 派、政學系及黃埔系等派系。各個派系之間利益雖不一致，但卻都對蔣中正總裁效忠，使他的領導地位甚為鞏固。但是，民國三十七年副總統選舉，蔣中正總裁屬意的孫科敗給李宗仁，已經呈現蔣對黨組織領導的鬆動。其後，面對中共強力挑戰，國民黨內部步調不一，加上在中國大陸的失利，使得蔣中正總裁對於原有的黨機器及運作方式的信心大減，提出國民黨改造的主張。民國三十八年七月，國民黨中央常務委員會通過蔣中正總裁提出的改造案，但是顧慮此舉可能造成黨的分裂，而決定暫緩實施。次年六月二十七日，韓戰爆發後，美國總統杜魯門決定派軍介入臺灣海峽，實施所謂「中立化」政策❷，臺灣直接面對中共政權武力的危

機暫告解除的歷史背景下，七月二十二日，國民黨中央常務委員會才又通過「中國國民黨改造方案」。蔣中正總裁在安排改造人事時，遴選了陳誠、蔣經國等十六人為中央改造委員會委員。改造的結果，蔣中正總裁直接建立對黨組織的領導權。

民國四十一年（1952年），黨的改造工作大體完成，原本派系林立的黨組織，轉化成以組織為核心的「革命民主政黨」，並貫徹「以黨領政」、「以黨領軍」的精神。在「以黨領政」方面，主要是以民國四十年（1951年）中央改造委員會制定的〈國民黨黨政關係大綱〉、〈國民黨從政黨員管理辦法〉為架構；「以黨領軍」則是透過軍中黨部及政戰體制而確立。這成為以蔣中正總裁作為領袖，建立強人威權體制的基礎。蔣經國於民國三十八年開始負責情治單位的整編、統合，並主控黨改造的幹部組訓工作，加上軍中政戰體制的建立與救國團的成立，影響力日益增大，逐漸有接班的準備。陳誠去世以後，他的接班態勢已經相當明顯。

國民黨改造完成之後，奠定了日後蔣中正、蔣經國相繼領導的國民黨在臺灣的主政地位，和臺灣強人威權體制的政治格局。

---

❷　美國派第七艦隊介入臺灣海峽，並不是以「協防臺灣」為名，而是一邊明白過止中國人民解放軍侵臺的野心，一邊則表示希望中華民國政府「停止向中國本土的所有海空作戰行動」，不過在當時實際上則使臺灣免除來自中華人民共和國的武力威脅。由於杜魯門派第七艦隊進入臺灣海峽，必須不能將臺灣與中國大陸的關係視為一個國家的內政問題，否則軍事介入便會引發干涉內政的爭議。因此，乃以國際法為依據，認為臺灣的國家地位與歸屬問題仍未解決，將臺灣地位未定論作為前提，建立其介入的正當性。然而此一說法使中華民國領有臺灣的合法性基礎受到質疑，因此，六月二十八日中華民國外交部長葉公超特別針對此一問題，發表聲明，宣告：中華民國政府原則上接受美國政府協防臺灣的建議，並強調在對日和約未訂定前，美國政府對於臺灣之保衛自可與中華民國政府共同負擔責任，但是，臺灣是中國領土的一部分，美國在臺海提出的備忘錄對於臺灣未來地位之決定並不具影響力，自也不影響中國對臺灣的主權。這也是當時中華民國政府一方面期待美國防衛臺灣，另一方面卻對臺灣未定論的主張所作的官方回應。

「白色恐怖」的鎮壓

在原有《刑法》第一百條的規定外，民國三十八年、三十九年先後制定了《懲治叛亂條例》、《檢肅匪諜條例》等特別刑法，加強對內控制。其中加入中共組織者，固為法不容，但冤假錯案亦復不少。當時官方認為，只是言論、主張即可構成叛亂要件，所謂的叛亂案多屬於言論及結社層次。縱使行為沒有明顯觸法，治安單位認定情節輕微，也可以交付感化。而「保密防諜，人人有責」，也有其法律根據，凡知匪不告，依法課以刑責。在言論叛亂的「白色恐怖」時期，政治異議者除了因為言論觸法外，也可能因為捲入假匪諜事件而遭判刑。而且在戒嚴期間，違反《懲治叛亂條例》的案件一律送軍法審判，由於軍法系統的特殊性，涉案人的人權較普通司法系統欠缺保障。

由於韓戰爆發後，美國派第七艦隊進入臺灣海峽實施「臺灣海峽中立化政策」，其後更正式協防臺灣，臺灣事實上免於中華人民共和國的武力威脅，在此狀況下，實施長期的戒嚴以及「白色恐怖」的壓制，有必要性和正當性的問題。

強人威權體制的建立

國民黨進行改造之前，早先宣告下野的蔣中正總裁，面對臺灣瀕臨中共武力犯臺的危險，在民意機關的敦請下，於民國三十九年（1950 年）三月宣布復職行使總統職權。此後，蔣中正總統便一直擔任總統一職，直到民國六十四年（1975 年）去世為止。

蔣中正總統復職後，外在的國際情勢亦轉趨有利，民國三十九年六月北韓南侵，韓戰爆發，使美國逐漸放棄對臺灣海峽兩岸事務的「袖手旁觀」(hand-off) 政策。中共政權出兵朝鮮，使得美國對其更為不滿，更派第七艦隊進入臺灣海峽，間接地表達對中華民國政府的支持。

民國四十年（1951 年），中華民國由於是否能夠代表中國，遭到部分國家的質疑，根本無法參加舊金山和會。和會結束，《舊金山和約》簽

訂（次年生效），終結了第二次世界大戰，但日本雖在和約中明確放棄臺
灣與澎湖的主權，卻未明白說明讓與何國，這是所謂「臺灣未定論」的
重要國際法層面的起源。而在盟軍占領下的日本，次年則在美國的主導
下，與中華民國政府簽署《中華民國與日本國間和平條約》，在和約第二
條規定：依照《舊金山和約》第二條，日本已經放棄對臺灣、澎湖的「一
切權利、權利名義與要求」。雖然如此，在冷戰「圍堵政策」的歷史結構
下，美國大體上採取支持蔣中正總統領導的中華民國是中國合法代表的
立場，也未挑戰其現實上統治臺灣的「事實」。目前支持臺灣屬於中華民
國的學者，有部分已經揚棄傳統以《開羅宣言》為根據的論述，而認為
日本放棄臺灣、澎湖的領有權後，此後中華民國政府統治臺灣的現實並
未受到挑戰，因此可以依照國際法上的「先占」原則，合法領有臺灣。
其後，民國四十三年（1954 年）十二月三日《中美共同防禦條約》的簽
字，便使臺灣正式被納入由美國支持的防禦系統，這是雙方關係更趨密
切而穩固的里程碑，臺灣也成為美國圍堵政策的一環。不過，共同防禦
條約的簽訂，對於志在反攻中國大陸的中華民國政府而言，由於條約的
內容蘊涵沒有美國同意，不能以武力反攻的意義，因此亦有若干不利的
影響。但是，大體而言，對於中華民國主政的臺灣各方面發展而言，則
提供了安定（全）的條件。

　　由於國際環境轉趨有利，以國民黨的改造為基礎，強人威權體制亦
逐漸建構完成。本來為了尋求美國支持而任用具有自由派色彩的孫立人、
吳國楨出任軍、政要職。吳國楨因為軍中政戰制度與救國團制度和國民
黨的政策發生牴觸，並與蔣經國直接衝突，結果，民國四十二年（1953 年）
四月辭去省主席的職位，隨即赴美，其後發表言論攻擊政府的領導人及
政策。孫立人則由陸軍總司令調任總統府參軍長，繼而在民國四十四年
（1955 年）八月正式被指控涉及軍事政變及匪諜案，從此失去自由。至
於扮演蔣中正總統與自由派知識分子之間重要橋樑角色的總統府祕書長
王世杰，也在民國四十二年十一月被免職。此外，同年四月，國民黨黨
中央亦已決定，黨籍立法委員的提案必須先取得黨部同意，否則便有違

孫立人　　　　　　　　　　　　吳國楨

紀之虞。至遲到民國四十四年，當吳國楨、孫立人等足以阻擋威權體制鞏固的實力派政治人物退出臺灣政治舞臺後，強人威權體制已告確立。

動員戡亂時期憲政體制的變動

　　中華民國政府遷臺以後，由於能來臺灣開會的國民大會代表人數達不到修改憲法所需要的法定人數，因此，根本不可能透過修憲的途徑變動憲政體制。憲政體制的變動的發生，最重要的原因是在民國四十八年（1959 年），由於憲法規定總統只能連任一次，而蔣中正總統面臨突破憲法原有規定，尋求三連任的問題。因此，民國四十九年（1960 年）二月大法官會議通過釋字第八十五號解釋，改變國民大會代表總額的計算方式，以仍應召集會之國民大會代表人數作為總額後，第一屆國民大會第三次會議集會中，在具足法定修憲人數的條件下，便修改《臨時條款》。其中最重要的是，總統可以不受《中華民國憲法》第四十七條連任一次的限制。當時帶有一定程度的政治交換的性質，在《臨時條款》中也增列國大代表耿耿於懷的創制、複決二權的行使，將在國民大會臨時會召

開時討論的規定。民國五十五年（1966 年）年二月，國民大會臨時會進
一步修改《臨時條款》，規定動員戡亂時期國民大會可以制定辦法創制
中央法律與複決中央法律。但是由於國民黨當局基本上對於國民大會的
擴權仍然抱有相當保留的態度，所以此一條款雖然制定，從來未曾行使
過。

　　既然已經可以修改《臨時條款》，進一步的修正憲政體制便成為可能。
民國五十五年（1966 年）三月，國民大會第四次會議，便再修改《臨時
條款》，此次的重點在授權總統在動員戡亂期間可以設置動員戡亂機構決
定動員戡亂之大政方針，同時也授權總統可以調整中央政府的行政與人
事機構，並且對於因為人口的增加或者因故出缺的中央公職人員，可以
以增選或補選的方式來加以充實。透過這次《臨時條款》的修正，以總
統作為主席的國家安全會議得到了法源及合法性的基礎，總統透過此一
體制的變動，正式達到了自 1950 年代以來成立國防會議體制的擴權目
的。到了民國六十一年（1972 年），由於面對政府宣布退出聯合國的大
變局❸，執政者的正當性亟待補強。因此，遂有《臨時條款》進一步的
修正，制定了定期改選的增額中央民意代表制度，此後《臨時條款》就
不再進行修正。但是，由於此次修正正式賦予第一屆中央民意代表繼續
行使職權而無需進行改選的憲法位階依據（因為《臨時條款》在中華民
國憲政體制中，係憲法位階之規範，或是與憲法有同等之效力），因此，
日後國會全面改選的推動，遂與《臨時條款》體制發生矛盾。

---

❸　雖然中華民國政府長期以來宣稱：是在國際情勢不利的狀況下「退出」聯合國，
　　但是聯合國的立場則是以第二七五八號決議案，對中國代表權的問題作了處
　　理。換言之，對聯合國及國際社會而言，這才是解決中華民國政府與中華人民
　　共和國政府有關聯合國中華民國（中國）代表權問題的正式決議。透過此一決
　　議案「決定：恢復中華人民共和國的一切權利，承認他的政府的代表為中國在
　　聯合國組織的唯一合法代表，並立即把蔣介石的代表從他在聯合國組織及其所
　　屬一切機構中所非法占據的席位上驅逐出去。」

〈憲法增修條文〉的出現

　　民國七十九年（1990 年）的總統選舉過程中，由於國民大會代表的表現與國民黨內部流派的對抗，發生了「三月學運」。面對體制內外要求國會全面改選的訴求，《臨時條款》的變動已經迫在眉睫。同年五月二十日，李登輝總統在就任演說中承諾要以修憲的方式，於兩年內實施政治改革，正式宣告《臨時條款》的終結。

　　同年十二月二十日，國民黨中常會決定，以一機關兩階段來進行修憲，處理《臨時條款》廢除後的調整問題，當時主導修憲的國民黨採取的是以增修條文的方式來進行憲政改革。在民國八十年（1991 年）四月二十二日第一次〈中華民國憲法增修條文〉之中，主要的內涵便是以國會全面改選，以及朝向正常憲政體制的過渡安排作為憲政改革核心。原有憲政體制所留下的緊急權的問題、動員戡亂法律的修正廢除問題，以及包括國家安全會議及行政院人事局的問題，也有過渡性的安排。同時，為了解決國家實際統治領域與憲法領域的落差，對中國大陸人民的權利義務採取另外的規範，以免在「一個中國」架構下，必須面對中國大陸人民享有中華民國國民權利的問題，因而也在〈增修條文〉之中，賦予以法律特別加以規範的憲法基礎。

　　以〈憲法增修條文〉的方式來進行憲政改革，固然告別《臨時條款》而有回歸憲法體制常態的效果。不過，〈增修條文〉與《臨時條款》卻有相當類似之處，其中二者基本上皆採取凍結憲法本文體制的方式，而以修憲程序，在憲法本文之後增訂條文。同時，〈增修條文〉也與《臨時條款》一樣都有時間的限制，不同的是，《臨時條款》的限制在於動員戡亂時期，而〈增修條文〉則在前言中標舉國家未統一前的時間限制。

〈憲法增修條文〉的體制變動

　　完成第一階段憲改之後，國民大會進行全面改選，民國八十一年（1992 年）五月二十七日第二屆國民大會完成第二階段〈憲法增修條文〉，

包括擴大國民大會的權力，將原有監察院的同意權轉移到國民大會，使監察院失去民意機關的性質，成為純粹由總統提名國民大會同意的準司法機關。再者，由於《中華民國憲法》的設計給予地方自治機關相當大的自治權力，行憲以來，就沒有實施過，加上中華民國單一國體制的考量，本來即有限制地方自治權限的傾向，配合中央政府體制與臺灣省政府所轄區域嚴重重疊的現實條件，也凍結了部分憲法地方自治的條文。另一方面，則同時賦予省長民選及地方自治法制化新的憲法依據。但是由於總統直選的問題沒有解決，使得第三階段的修憲勢在必行。

在民國八十三年（1994年）七月開始進行第三階段修憲之前，發生了總統與行政院長職權的衝突，特別是在立法院改選之後，行政院長是否能拒絕辭職的憲法爭議，更使得第三階段修憲時，除了確立總統直選之外，行政院長的副署權縮減也成為當時修憲的主軸。國民大會則藉著修憲之便，取得了設置議長的憲法依據，朝向國民大會常設化更邁進了一步。

此後，由於臺灣省與中央政府轄區重疊過大，再加上中央與省政府現實政治運作的考量與四級政府是否有必要存續的問題，因而在民國八十六年（1997年）進行的第四階段修憲過程中，凍結省級地方自治的選舉，使省政府在不選舉的狀況下，難以維持地方自治機關的地位。

民國八十九年（2000年）總統大選後，國民大會進行修憲，使國民大會成為依政黨比例產生的任務型國民大會，不再定期改選，單一國會的改革正式完成。民國九十四年（2005年），選舉任務型國大，在民進黨及國民黨聯手下，完成廢除國民大會，賦予國會席次減半與單一選區兩票制，以及條件限制相當嚴苛的公民投票制度的憲法依據。而立法院通過高門檻（全體立法委員四分之一之提議，全體立法委員四分之三之出席，及出席委員四分之三之決議），提出的憲法修正案、領土變更案，經公告半年，應於三個月內由公民投票複決。

而在國會席次減半，以及每一縣市至少擁有一席立法委員等規定下，金門、馬祖與宜蘭雖然人口相差懸殊，卻各有一席立委名額，每一名立

委所代表的選民數過於懸殊，而出現制度上的票票不等值現象。

地方自治體制的展開

　　民國三十四年（1945 年）國民政府接收以後，臺灣因為有亞洲數一數二的高識字率及普及的教育，加上日治時期已有選舉的經驗，要求地方自治的呼聲始終此起彼落。二二八事件告一段落後，民國三十六年（1947 年）三月十七日，國防部長白崇禧抵臺宣撫，所發布的宣字第一號揭示了臺灣省各級縣市長提前民選的基本原則。次年，第一屆國民大會也通過建設臺灣為自治模範省案。雖然如此，臺灣的地方自治卻始終無法按照《中華民國憲法》的規定來推動。

　　民國三十八年中華民國政府遷臺後，有效治理的範圍，主要便是臺灣，中央政府與臺灣省政府轄區、職權嚴重重疊的問題，已然出現。因此，當時雖然立法院已經完成憲法所規定的〈省縣自治通則〉的二讀，卻在行政院的要求下，加以擱置，始終未能完成三讀立法的程序。臺灣的地方自治，遂在未能依憲法體制運作的情況下，以行政命令的方式來實施。

　　地方自治的母法未能完成立法，但臺灣仍然推動地方自治，有其特殊的歷史背景。當時的政府，對外面臨中共政權的武力壓力，以及爭取國際支持的需要；對內則面對臺灣本土菁英要求參加臺灣地方自治事務的強烈意願。因此，在臺灣實行地方自治的迫切性急速增加，便在民國三十九年公布實施〈臺灣省各縣市實施地方自治綱要〉。由於地方自治並未完成法制化，因此省級、縣級乃至鄉鎮、縣轄市級的地方自治，本質上都受到上級行政命令的監督，無法取得法律的保障。因此，地方自治的推動往往必須視上級機關的意志而轉移。

地方自治體制的根本問題

　　在 1980 年代之前，臺灣地方選舉是唯一能定期舉行並達成行政機關及議會改組的選舉。省以下的地方自治，無論是民意代表機關，或者是

行政首長，皆是由人民直接選舉產生。相對的，省級政府雖然有民選議員組成的省議會，不過行政首長則是官派的省主席。換句話說，基本上越是基層，其民主選舉所帶來的正當性越高；反之，層級越上，政治所賦予的正當性則越顯不足。不過，由於當時省對縣市鄉鎮的監督能力相當大，因而呈現了民意較薄弱的上級行政機關侵奪民意基礎較充分的下級政府地方自治權限的現象。

隨著臺灣政治局勢的發展，以及都市化程度的加深，民國五十六年（1967 年）七月一日臺北市升格為院轄市，後來高雄市也升格為院轄市，形成臺灣自治體制一省二市的構造。當北、高兩市升格為院轄市後，所擁有的自治權限比省轄市時期有相當的提升，但是，相對的由於市長由民選改為官派，地方政府來自民意的正當性相對減弱。

整體而言，臺灣的地方自治，除了在省級、直轄市層次未能由人民直接選出行政首長而有所不足之外，各級地方政府在人事權及財政權也在上級政府的掌握下難以自主。雖然在《省縣自治法》及《直轄市自治法》通過以後，此一現象有相當程度的改善，不過直到今天，仍然是中央與地方政府爭執的一個焦點。

地方自治法制化及其後續問題

民國八十三年，在〈憲法增修條文〉之下，《省縣自治法》及《直轄市自治法》完成了立法程序，臺灣的地方自治正式進入了法律規範的時代。使得臺灣的地方自治比起過去依行政命令實施的時代，有了多一重法律保障，不至於完全必須是在上級機關之意志下施行。特別重要的是，臺灣省省長及直轄市市長的民選，使得原有地方自治層級的自治機關，無法由人民選出首長的現象，得到根本的改善。省及直轄市，地方自治的正當性也較前更為增強。伴隨著此體制的改變，地方自治機關原有權限，亦有相當程度的擴張。

但是，由於臺灣省與中央政府轄區的嚴重重疊的問題，並沒有解決。反而隨著省長民選之後，省長的正當性與總統的正當性，產生了某種程

度的緊張。而省自治地位的確立後，臺灣四級政府的狀態，以及不同層級政府所制定法規，所產生職權的衝突問題，不僅沒有較過去改善，反而更加的嚴重。因此透過〈憲法增修條文〉的改變，凍結臺灣省級的選舉，省長及省議會民選的時代，也隨之終結，臺灣的地方自治又將進入一個嶄新的時代。《地方制度法》實施後，地方自治權限在法制上進一步得到保障，但攸關地方自治的財源劃分問題、地方政府的人事自主問題，仍然是中央與地方衝突的根源。民國九十六年臺北縣成為準直轄市後，與臺北、高雄兩市的經費分配爭議，也凸顯了原有的制度問題。

習　題

1. 國民黨推動改造的原因為何？
2. 民國三十八年以後，國民大會為何不能進行修憲？民國四十九年又為何可以修改《臨時條款》？

第三節　戰後臺灣經濟的發展

摘　要

戰後初期，臺灣一方面必須提供資源，以協助政府進行戡亂，另一方面也面對中國大陸嚴重通貨膨脹的衝擊，使得臺灣惡性通貨膨脹一發不可收拾。民國三十八年新臺幣改革之後，才使通貨膨脹的狀態較為緩和。

在 1950、1960 年代，保障臺灣經濟安定發展的最重要外在因素，便是美援。美援提供的物資供給，一方面平抑了臺灣通貨膨脹的壓力，一方面也提供進口替代所需要的物資。除此之外，在政府資金短缺的情況下，美援對臺灣基本設施的維修與投資，亦有相當正面的功能。除了美援之外，當時臺灣的米糖出口，也是政府重要的外匯收入來源，對進口生產所需的原料及政府經濟政策的推動，也有相當大的貢獻。

政府在此期間，採取由進口替代到出口擴張的工業發展政策，透過

關稅保護及減少內部競爭等方式，使本土紡織、水泥等產業迅速發展，繼而修正原有體制，鼓勵外銷，而達到擴張出口的目的。而在美援即將停止之前，政府採取獎勵投資條例等方式，鼓勵吸收外資，對臺灣的經濟發展，也發生相當大的影響。

民國六十二年，政府宣布推動十大建設，是戰後臺灣第一次大規模的基礎建設，對於臺灣經濟活動的效率，有相當正面的功效。而包括大煉鋼廠、石化工業、大造船廠等投資，則是政府希望改善原有臺灣產業結構的努力。而民國六十九年成立的新竹科學園區，是推動產業升級的具體展現。

戰後初期政府治臺的經濟政策

民國三十四年（1945 年）日本投降後，臺灣整體經濟處於歷經戰爭企待復甦的局面。然而，衡量整體的經濟情勢，當時臺灣與遼東半島及津、滬地區，列為所謂中國三大經濟先進區域。換句話說，對於戰後整體中國的經濟發展而言，臺灣不僅不能取得人力及財力上充分的支持，迅速恢復在戰爭中受到傷害的經濟，甚至一定程度上必須扮演支持中國大陸經濟情勢以及剿匪戡亂戰爭的後勤角色。如此，則臺灣工業的復甦就比起較不需要財力、技術人才投入的農業為慢。

國民政府接收後，在臺灣仍然使用臺幣，希望使臺灣能夠免於受到中國大陸較不穩定的財經形勢波及；另一方面承繼了日本總督府治臺的經濟政策，並且在一定程度上維持了戰爭時期的統制經濟，節制私人資本。由於在日本統治期間，臺灣經濟為日本資本所掌控，資本額超過二十萬的企業中，日本資本就超過資本總額的 90%，因此當陳儀接收臺灣之際，無論這些公司其原本的資本及財產的來源為何，皆將之納入官營企業，使得臺灣的官營企業透過接收而異常發達，國家資本在整體經濟活動中扮演的強勢角色及所占之規模，也遠超過中國大陸其他地方。

二二八事件後的經濟狀況

　　二二八事件後,官方對於私人資本的抑制動作已有相當程度的放鬆,原有的經濟統制政策也有所改良,但這並不能使得臺灣免於中國大陸嚴重通貨膨脹進一步的傷害。因為當局始終低估臺幣的幣值,透過法幣與臺幣的匯兌,使臺灣受到中國大陸嚴重通貨膨脹的波及。更嚴重的是,民國三十七年（1948 年）八月十九日,中華民國政府依據《臨時條款》首次頒布〈財經政策緊急處分令〉,以發行金圓券作為應付中國大陸惡性通貨膨脹的手段時,臺灣雖然繼續沿用臺幣,卻仍然被捲入中國大陸惡化的經濟情勢之中。以金圓券發行準備移交保管辦法為例,當時臺糖資產總值美金一億兩千萬元,劃撥美金四千三百萬元;臺灣紙業公司資產總值美金兩千五百萬元,劃撥美金八百萬元,單單此舉便加速了臺灣通貨發行的增加速度。中央政府所規定的臺幣與金圓券的匯率,正如同過去法幣高估一樣,金圓券對臺幣的幣值也有明顯高估的現象,使中國大陸與臺灣套匯的活動帶來了嚴重的通貨膨脹壓力,臺灣經濟的情況更加惡化。

　　民國三十七年八月到民國三十八年（1949 年）四月,上海的躉售物價指數上漲了十三萬五千八百三十九倍,連帶地使臺灣的惡性通貨膨脹也一發不可收拾。同時間金圓券兌換臺幣的匯率從一金圓券兌換一千八百三十五元降為〇‧二五元（四月二十一日）,此後且更趨下降。金圓券的高估正如過去的法幣一樣,使得套匯者得以賺取鉅額的利益。加上套匯的行為,使得臺幣發行迅速增加,這也是後來臺灣被迫推動新臺幣一元兌換舊臺幣四萬元的幣制改革的重要背景。

新臺幣改革

　　就貨幣的角度來看,臺灣在新臺幣改革之前主要的通貨膨脹的原因,都是外來的。由於臺幣與法幣、金圓券之間採取固定匯率（其後因為法幣及金圓券幣值嚴重下貶,而有匯率的調整,但是,二者仍持續高估,使套匯行為不斷）,以及二者對臺幣高估的政策,中國大陸惡性的通貨膨

脹乃藉著法幣、金圓券和臺幣的匯兌輸進臺灣，轉變成為臺灣的惡性通貨膨脹。正因為如此，陳誠在民國三十八年六月十五日宣布幣制改革方案之後，次日臺灣就停止了與金圓券之間的匯兌業務，換言之，新臺幣的改革不僅僅是臺灣內部的貨幣改革，也是臺灣經濟脫離中國大陸經濟的重要里程碑。

民國三十八年，蔣中正下令從中國大陸搬來中央銀行所有的黃金準備與外匯，其中，臺灣省政府以中央政府撥還臺灣銀行八十萬兩黃金及撥借的一千萬美元外匯作為發行準備，進行四萬比一的新臺幣幣制改革。雖然如此，在民國三十八年前後跟隨中央政府來臺，超過百萬以上大部分是軍公教的人民，政府為了安頓這批為數頗多的軍民，財政的支出勢必要增加。這些費用加上當時原本在重建中的臺灣經濟，以及中央政府來臺以後所需要的行政支出，使得新臺幣很快地在民國三十九年（1950年）就面臨原有兩億元發行限額，並不足以應付政府財政需要的狀況，「限（額）外發行」便成為當時政府為了籌措資金常常採行的手段。因此，1950 年代臺灣通貨膨脹的壓力始終存在，同時新臺幣對美元也開始貶值。從民國三十八年的一美元兌換五元新臺幣，到民國三十九年二月，新臺幣已對美元貶值了 50%；民國四十年（1951 年）一月，更貶為一美元兌換新臺幣十‧三元，在通貨膨脹之下，外匯不足成為臺灣重大的經濟問題。

美援的貢獻

1950 至 1960 年代中葉以前，有效保障臺灣經濟安定的最重要外在因素，便是來自美國的經濟援助。當時美援至少以兩個有效的途徑來維持臺灣經濟的安定，首先是經由剩餘農產品援助或進口物資援助及貸款的援助，補助臺灣當時因外匯短缺產生的重要民生物資供應不足的問題，減輕需求大於供給所產生的物價上漲壓力。其次則是出售剩餘農產品所得臺幣的相對基金，存入臺灣銀行會產生抵消貨幣膨脹的效果，至於歷年對政府支出的補助雖也有膨脹的性質，但維持預算之平衡則有反通貨

膨脹的作用。這種經濟安定的作用，有助於緩和當時通貨膨脹預期的心理。

除此之外，美援對於臺灣基本設施的投資及其維修亦有相當正面的作用。由於當時財源短缺，政府甚至無力重建臺灣戰爭期間受損的基本設施。美國的經濟援助在此時便給予適時的支援，使得臺灣的電力、交通運輸、水利灌溉等等基本設施皆能陸續進行運作。整體而言，美援直接增加了當時臺灣嚴重不足的物資供給，一方面可以平抑物價上漲的壓力，另一方面也提供臺灣當時實施進口替代所需要的物資。

土地改革

相對於政治發展，臺灣戰後的經濟發展及早年的社會建設，更早即受到普遍的注意。其中土地改革兼具社會及經濟意義，往往被視為戰後臺灣發展的重要關鍵。繼實施三七五減租以後，民國四十二年（1953 年）《實施耕者有其田條例》完成立法程序，公告實施。兩年後，《臺灣省實施耕者有其田保護自耕農辦法》亦正式實施。

原本的地主在耕者有其田政策以後，取得七成分十年攤還的實物土地債券及三成的四大公司（臺泥、臺紙、農林、工礦）股票❹。其中固然有部分地主資金投資產業，轉型成為工商業主，也有許多在此一政策之後逐漸沒落。本來以土地作為基礎的地方仕紳，逐漸失去影響力。

另一方面，農民取得土地以後，則分十年繳交地價。由於取得土地，加深農民對主政者的向心力，鞏固了中國國民黨主政的正當性基礎。而政府則透過偏低的公告價格，向農民購買稻穀，又以同樣的價格要求農民以稻穀和公告價格偏高的肥料，進行「肥料換穀」。由於農民耕種田地的單位面積產量增加，又取得土地所有權，因此當時此一政策並未引起強烈的不滿。

而政府取得這些作物之後，除了供戰備準備之外，大多則以實物配

❹　當時政府先將四大公司的股本，透過資產重估，增加七到十一倍，使四大公司的股票總值足以支付付給地主的補償金額。

給的方式配給軍、公、教人員。軍、公、教人員名目薪水固然不高，但是透過實物配給，其實質的薪水較為提升，同時也容易維持其基本的生活水準。政府透過肥料換穀及其他方式，使農民間接協助政府提供維持軍、公、教人員生活所需。政府則將所節省支出，投入獎助工業的發展。

不過，由於土地改革以後農家的土地日趨零細化，又必須負擔前述隱藏的稅捐，因此，農民在經濟上逐漸傾向弱勢。等到土地價款還清，又有其他行業的就業機會，農村人口外流也逐漸明顯。另一方面，土地改革之後，過去投資農地的資金，也逐漸轉移至工商業，對臺灣的產業發展，投入資金動能。

米糖輸出對臺灣的貢獻與工業的進口替代

由於戰爭的影響，戰後初期臺灣農業生產總值只有戰前高峰期 1938 年的一半，以後農業迅速的復興，大約在民國四十二年（1953 年）前後就恢復了戰前的高峰水準。其中甘蔗及米的生產復甦，提供了臺灣在推動工業進口替代期間，除了美援之外，主要的外匯取得來源。1950 年代單單以日本作為主要出口地區的米糖，一年就有一億美元左右的收入，對於進口生產原料，以及政府經濟政策的推動，發揮了極大的作用。

當臺灣採取進口替代方式促進工業生產之際，除了從農業部門擠壓出來的資源之外，政府採取了包括高關稅的壁壘，甚至管制進口等措施，使得進口替代產業可以確保國內市場。

另一方面，面對外匯不足及國際收支逆差的壓力，新臺幣從民國三十八年改革開始就採取了高估的策略。同時在民國四十年（1951 年）至四十七年（1958 年）之間實施了複式匯率的制度，使進口匯率高於出口匯率，使得進口必須負擔類似加徵進口稅的外匯成本。而為了降低工業發展進口設備、物資成本，除了高估的臺幣之外，政府也儘量使用可動用的美援物資及外匯，進口工業發展所需要的原料及工廠設備。

從進口替代到出口擴張

以下擬以早年的進口替代產業中與日後出口關係最為密切的紡織業為例，說明政府如何扶助工業。

當時臺灣一開始採取以紡織工業作為優先發展的產業，著眼於由中國大陸轉進來臺的大量紡織工業。但是外匯的短缺，而棉紡織工業等紡織工業的原料又必須進口，因此紡織業的進口替代能夠有效開展，與美國援助的棉花，以及政府在分配棉花原料時以有利的優惠匯率提供低價的原料，有密切關係。同時，為了減少競爭，政府除了不准成立新的紡織企業，並限制原有的生產設備規模。以民國四十二年的基準而言，限制每年紡錘增加的限額為兩萬錠，有密切的關係。配合當時所採用的代紡代織制，使得紡織業者得以取得政府用來支付加工費的低廉棉花原料。如此，不僅業者原來資金不足和原料取得困難的問題得到解決，同時也等於保障業者得以取得高額的利潤，為紡織工業的資本累積提供了有利的條件。

紡織的巨額利潤，使得本土的資本家亦有意投資。因而政府在四十六年（1957 年）解除了部分原有的投資限制。此舉導致國內紡織業生產與市場的激化，隨即造成進口替代滿足之後的生產過剩問題。面對此一狀況，政府本來考慮以減產的方式來因應，不過這對於新投資的廠商而言相對不利。最後以臺南紡織為代表的業者，在產能啟動不久，便認為減產不合經濟效益，說服政府改以內銷補貼外銷等方式，推動出口擴張政策，賺取外匯，而使得臺灣紡織業有所謂的從進口替代往出口擴張的發展方向。

出口擴張政策下的經濟體制的修正

各種不同的產業達到進口替代滿足的時間並不一致，但大體上 1950 年代末期由紡織、水泥等產業出口擴張的趨勢已然明朗，因此，政府在財經體制之下亦採取了相當的修正。

為了增加出口產品的競爭力，民國四十七年，初步放棄了複式匯率，將匯率調整至一美元兌換新臺幣三十六元左右，以求解決原有新臺幣幣值高估的問題。另外在財政部及臺灣銀行配合之下，提供出口產業進口機器所需要的外匯，並且以低利融資的方式提供外銷產業所需的生產資金，以及外銷品特案稅捐辦法、鼓勵外銷聯營組織等等，來推動出口擴張的政策。而為了出口擴張取得外匯，政府往往將原料的取得與出口的業績掛勾，在此狀況之下，業者一方面在保護的國內市場獲得高額的利潤，再則為了取得低廉的原料，甚至不惜採取賠本流血的輸出方式，而達到擴張出口的目的。

〈獎勵投資條例〉的歷史角色

當時政府為了實現促進出口和持續經濟發展，除了進行前述貿易制度的改變之外，更重要的便是採取吸引外資的政策，其中最重要的是民國四十九年（1960 年）完成的〈獎勵投資條例〉。此一條例立法的主要目的是為了保護和獎勵本國人及外資的投資活動，而吸引投資的主要策略，則是在稅制上給予特殊優惠。由於這些措施造成國內稅負不公與財政資源分配扭曲問題，因而立法之初便已經明定實施期限十年的權宜政策。但是，基於出口擴張的政策及繼續吸引投資的考量，先後延長兩次，直到民國八十年（1991 年）〈促進產業升級條例〉完成立法實施之時，〈獎勵投資條例〉在完成歷史任務之後正式廢止。

引進外資及其影響

1950、1960 年代美國、日本、西歐等國戰後的經濟復甦已有相當的成效，企業具備向外投資的能力，〈獎勵投資條例〉立法之後，則提供臺灣吸引外資有利的條件。加上民國五十四年（1965 年），設置加工出口區，更使臺灣比其他發展中國家搶先一步取得吸引外資的有利地位。

民國五十四年美援中止，吸引來的外資，便取代了美援所提供的經濟資金，其中以日本的資本最為重要，其次則是美國的資本。到 1980 年

代為止，兩國總共占了來臺投資資本的 60% 以上，是在臺外資的重心所在。

由於當時美、日資本來臺投資的目的並不相同，因而影響到以後臺灣與美、日三方的貿易關係。就來臺投資的美、日資本來看，美國的投資主要是要把產品回銷本國市場，而日本資本一開始就把重點放在確保在臺市場，以及將其投資生產產品外銷的傾向。因此，美國在臺投資的增加就促進了臺灣對美國出口，相對的，日本在臺的投資配合技術轉移以及關鍵零組件的提供，隨著臺灣對外出口的擴張，成為臺灣進口的大宗。這是後來臺灣對美國出超擴大，而對日本入超擴大的重要歷史因素。

相對於外資，華僑資本亦是屬於當時政府努力吸收的對象。由於華

項目別外資系（包括華僑系）出口中所占的比重（1986 年，順位別）

(%)

順位	品　種	總數	美國系	日本系	香港系	歐洲系	其他	備　考（臺灣系）
	總數	35.3	13.9	13.6	4.3	1.3	2.2	64.7
1	化學材料	85.3	62.7	3.0	2.6	1.4	15.7	14.7
2	有色金屬礦物產品	83.6	–	3.7	39.6	11.7	18.6	26.4
3	電子產品	65.0	27.8	26.8	6.2	2.9	1.2	35.0
4	精密機器設備	63.4	11.3	40.6	11.5	–	–	36.6
5	化學製品	55.9	7.7	21.0	–	27.3	–	44.1
6	電機和電器（除電子產品外）	49.7	15.8	33.6	–	0.3	–	50.3
7	金屬製品	26.6	11.0	8.5	5.8	0.7	0.7	73.4
8	玩具、娛樂和體育用品	25.3	8.2	2.7	14.5	–	–	74.7
9	運輸工具	23.6	0.4	17.8	5.4	–	–	76.4
10	紡織品（包括紡織品、布、絲）	23.5	8.9	12.3	1.9	–	0.5	76.5
11	機械	21.2	5.3	16.0	–	–	–	78.8
12	食品加工品、飲料、煙草類	20.5	3.1	12.6	2.9	–	1.9	79.5
13	皮革、毛皮和製品（除鞋類外）	14.7	–	13.3	1.5	–	–	85.3
14	衣服類和其他服飾品（除鞋類外）	14.7	4.4	2.4	3.2	0.9	3.8	85.3
15	木、竹、藤製品	10.7	2.0	0.2	6.1	1.9	0.5	89.3
16	基本金屬*	8.9	6.0	0.9	–	–	2.1	91.1

17	鞋類	7.8	3.0	3.4	1.3	0.1	–	92.2
18	塑膠及其產品（除鞋類外）	4.4	1.0	7.0	0.4	–	6.1	95.6
19	其他	25.3	8.2	2.7	14.5	–	–	74.7

註：由於採四捨五入，所以總數在累計中不一致。
　　* 表示政府系企業的優勢領域。
資料來源：隅谷三喜男等，《臺灣之經濟——典型 NIES 之成就與問題》，頁 305。

僑資本可以經營包括金融、保險等特許行業，甚至包括連臺灣本土資本都無法觸及的銀行業。因此，華僑資本主要投注在服務業方面，投資產業的項目及技術水準上與臺灣本土的資本有較多的競爭。相對地，與美、日資本相較之下，在產業技術發展方面，華僑投資則較不具重要性。

中小企業在臺灣經貿的角色

根據石田浩的研究，臺灣工業生產額中，在 1946 年公營企業占 81.6%，民間企業則沒有超過 18.4%。其後民間企業所占臺灣工業生產額的比率逐漸擴大，慢慢地縮小其與公營企業的差距。到 1958 年，兩者比率達到五十比五十，1959 年逆轉，1960–1970 年代差距逐漸拉大。

民間企業如此的發展，亦對產業結構與社會帶來巨大的變化。相較之下，資本密集的重化工業（公營部門）聘僱吸收力較弱，相反的勞動密集、加工出口導向的民間中小企業的聘僱大量的勞工，在 1970 年代中葉，員工未滿百人的中小企業吸收了約六成的勞動力，超過公營企業與大企業的總和。

此外，民間中小企業的發展亦影響臺灣對外匯的獲得。就臺灣本土產業而言，1960、1970 年代出口擴張，中小企業是重要推手，公營事業與大企業則將重心放在國內市場。中小企業結合外資，輸入機械、技術、原料與中間製品（半成品），以臺灣廉價而豐富的勞動力，將產品大量地輸出到美國市場，而發展為輸出加工業。由於臺灣對外貿易依存度相當高，輸出導向的民間中小企業是當時出口的主力，成為臺灣經濟成長的火車頭。而在臺灣 1980 年代的高度經濟成長期，民間中小企業占了出口

額的三分之二，由此可見臺灣民間中小企業對經濟成長的影響力。

十大建設及後續經濟發展

　　1960 年代末期，行政院對臺灣基礎建設及產業結構問題，提出一連串的建設計畫，民國六十二年（1973 年），行政院長蔣經國統整之前已經進行的各項重要政策，宣布全力推動十大建設❺。

　　十大建設包括兩部分，一個是由核能發電廠及六項交通建設組成的基本設施投資，其次是包括一貫化作業煉鋼廠、石油化學工業、造船廠構成的重工業化投資。在基本設施投資方面，十大建設可以說是戰後臺灣承繼日本原有基礎建設之後，第一次大規模的基礎建設，其推動之目的在於消除當時面對的重大基本設施瓶頸，並提高經濟活動的效力。而重工業投資則是希望改善臺灣原有的產業結構，提升經濟發展的層次。

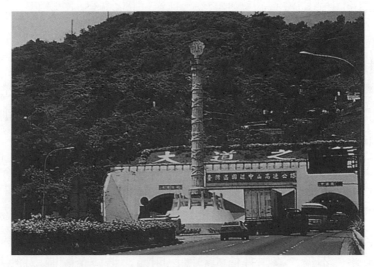

高速公路

❺ 十大建設的部份政策在石油危機發生前既已制定，故十大建設並非因應石油危機而推動的計畫。實際上包括南北高速公路、大造船廠等重大建設早在蔣經國擔任行政院長前便已經定案，甚至簽訂國際貸款協定。如 1968 年先和亞洲銀行簽約協助規劃高速公路，1970 年再簽約貸款興建高速公路楊梅段。

可是，縱使到此階段臺灣產業仍以勞力密集為主，在工資水準持續增加，勞動條件需要改善的狀況下，技術、資本密集產業的發展便成為臺灣產業發展的重要方向。

為了追求產業升級，民國六十九年（1980 年）設立的新竹科學園區是一個重要的典範，除了獎勵相關投資，引進外資及技術之外，透過國科會、工研院發展之技術轉移給民間，也是此時政府重要的產業政策。而電子工業迅速發展的結果，在臺灣整體工業所占的比例上與日俱增，目前已經成為臺灣最重要的產業。

出超擴大及經濟自由化的展開

1980 年代臺灣經濟最重要的特色，便在於逐年擴大的對外貿易出超。不過鉅額出超下外匯存底的增加，則造成了經濟問題，使得外匯金融管制制度必須面對改革的壓力。

從民國七十年（1981 年）至七十五年（1986 年），六年間臺灣對外出超的貿易金額達到四百四十三億美元，為了維持出口的競爭力，中央銀行強力操作將新臺幣盯住美元。在此政策下，出超持續擴大。由於賺取的外匯，依外匯管制的規定，皆必須結匯成為新臺幣，因此造成新臺幣貨幣供給的增加，以及隨之而來物價上漲的壓力。中央銀行則藉著強力公開市場操作的方式，來沖銷釋出的新臺幣。

在民國七十四年（1985 年）以前，中央銀行的措施頗有成效。不過在民國七十五年以後，出超及外匯存底增加造成的壓力大增，中央銀行公開市場操作的方式，已無法阻止貨幣供給年增率迅速竄升，為了國內市場的安定，又怕傷害出口競爭力，中央銀行遂採取新臺幣對美元溫和升值的策略。不過，臺幣升值態勢既已明顯，造成企圖賺取匯兌利益的大批熱錢流入，更增加了中央銀行外匯操作的困難，外匯管理制度的改革已是勢在必行。民國七十六年（1987 年）七月十五日，實施新的〈管理外匯條例〉，使人民可以自由持有並運用外匯，經常帳的交易也完全取消管制，資本帳交易則是有限制的管制。隨著外匯管制的大幅放寬，使

得臺灣外匯存底過多及熱錢流入問題所導致的經濟問題，得到相當程度的解決。

　　除了外匯制度的改革外，經濟自由化的其他措施亦相繼展開。從民國七十二年起，逐步放寬進口管制放寬，三年後，更大量開放國產品已足以與其競爭的商品進口。同時從 1980 年代初期開始，進口關稅已逐步降低，民國七十六年更大幅調降稅率，使進口商品的成本亦隨之下降。原來掌控市場的國內廠商，紛紛改變經營策略，一方面降價，一方面改善品質，以應付新的市場競爭。

　　在這一波經濟自由化的浪潮中，開放金融事業的呼聲亦得到政府的回應。民國七十八年《銀行法》修正，開放新的商業銀行，新銀行的設立，開啟金融自由化的新紀元。

對外投資與產業外移

　　在 1990 年代以前臺灣的對外投資區域，以美國最為重要，其次則是東南亞地區。前者以取得技術、確保市場及擴充銷售網路為重心，後者主要是以逐漸失去競爭力的夕陽產業為主；對歐洲及中南美洲的投資也有日漸提升的趨勢。

　　隨著解嚴及臺灣國內政治的日益自由化，臺灣投資的觸角，也伸向了中國大陸。雖然政府曾經強調「戒急用忍」、「南進政策」，希望減少在中國大陸投資的比重，但由於積極開放而無法有效管理，目前相較於其他國家對中國大陸的投資，臺灣對中國大陸的投資仍然名列前茅。而民國九十七年馬英九就任總統後，進一步開放對中國大陸的經貿政策。臺灣對外投資與經貿關係，如何避免過度集中的風險，成為重要課題。

　　而產業對外投資伴隨著在臺灣生產比重的下降，甚至是生產線的縮減。而此一產業結構下，「臺灣接單、海外（中國大陸）生產」的比重大增，民國一〇一年（2012 年）臺灣接單出口商品的海外生產比重超過50%，導致外銷訂單創新高，臺灣實質出口卻衰退，無法有效改善國內勞工就業機會與薪資停滯。

產業轉型與結構性失業的產生

由於臺灣勞工主要服務於傳統製造業，傳統產業大量外移，服務業所占比重日漸增加，產業空洞化問題日漸明顯。無論是服務業或是電子業，無法吸納原本製造業釋放出的大量勞動力，加上傳統產業為降低成本，引進外勞，產業結構的改變，造成中年失業問題。結構性失業與大批電子新貴的產生，使所得分配出現惡化的現象。而面對經濟自由化與國際經濟的挑戰，如何使臺灣經濟順利轉型，提升競爭力，成為政府施政的重要工作，也攸關未來臺灣的經濟發展。

習　題

1. 美援對當時臺灣物價上漲的壓力，有何正面的功能？
2. 華僑資本與美資、日資投資的性質有何不同？

第四節　民主運動的展開與體制轉型

摘　要

戰後由於政府政策及二二八事件的影響，臺灣本土的菁英活動力大為衰落，在 1950 年代作為臺灣在野言論及追求自由民主的代表是《自由中國》雜誌，《自由中國》主張民主政治，強調言論自由，主張成立反對黨，與強人威權體制發生嚴重的摩擦，最後因為領導人雷震參與「中國民主黨」的籌組工作，而發生「雷震案」，使《自由中國》走入歷史。1960 年代雖有類似《文星》等自由派的刊物，但政治性已大幅減弱。

以中華民國失去聯合國的席次及蔣經國即將接棒上臺為背景，《大學雜誌》逐漸成為臺灣鼓吹自由民主的園地，但隨著蔣經國接班地位的鞏固，及內部的分裂，其重要性亦告衰退。不過隨著增額中央民意代表的選舉，使得本土政治菁英透過選舉得以進入中央政府體制，也提供本土

反對力量崛起的契機。民國六十八年十二月發生的美麗島事件，雖使相當數量的反對派菁英入獄，但由於涉案人士家屬及辯護律師的加入，使臺灣的反對運動，仍然持續發展。並於民國七十五年突破黨禁，成立「民主進步黨」。

　　黨禁突破之後，次年一月報禁亦告解除，而國會全面改選也在大法官會議解釋下，以民國八十年底為最後退職期限，完成以退職方式，推動中央民意代表改選。動員戡亂時期的終止及國會全面改選，是臺灣自由化、民主化的初步成績。而總統直選的展開，更使臺灣自由民主的改革，日漸受到國際的重視。

本土在野力量的衰微

　　在日本殖民統治時代，臺灣本土的政治社會菁英也有結社及爭取民主自由的行動，包括從右派的地方自治聯盟、臺灣民眾黨，乃至左派的臺灣共產黨，都是當時臺灣人的政黨組織。以後由於日本「大正民主」時代的結束，軍國主義抬頭，臺灣本土菁英的各種結社，在其壓制下一時沉潛。國民政府接收臺灣後，對臺灣政治本土菁英企圖恢復原有的政治組織甚至是政黨，抱持相當保留的態度。隨著政治文化體制的大幅度修正，臺灣本土的政治菁英逐漸處於權力的邊陲地帶，二二八事件之後，政府嚴密地控制，加上部分活躍人士因為捲入政治事件，而死亡、出國、沉潛，使得本土政治菁英的活動力更大為削弱。因而在 1950 年代，爭取臺灣自由民主的主導力量，便由來自中國大陸主張自由民主的知識分子扮演主要的角色。其中最具代表性的，則是雷震主辦的《自由中國》。

《自由中國》與 1950 年代的自由民主訴求

　　《自由中國》雜誌在民國三十八年（1949 年）蔣中正總統下臺的前後，基於「擁蔣反共」的政治立場而籌辦。開辦之初，曾得到國民黨總裁蔣中正及臺灣省主席陳誠的支持，開辦的部分經費也得到官方的資助。由於面對外在中共政權武力的威脅，因此，《自由中國》最初的言論走向，

《自由中國》祝壽專號封面

「擁蔣反共」的色彩勝於爭取民主自由。不過隨著民國四十年五月聯軍在韓戰戰場取得了主控的地位,美國更加堅定支持在臺灣的中華民國政府,外在的壓力已無形的減低。此時,《自由中國》便逐漸積極地宣傳自由人權的理念,其中更以〈政府不可誘民入罪〉的社論攻擊當時情治機關,導致《自由中國》與彭孟緝主導的保安司令部之間,產生嚴重的衝突,是《自由中國》與執政當局關係變化的重要轉振點。因為就在《自由中國》對自由民主日益重視之時,在國家安全得到保障的情況下,國民黨主導下的黨國體制朝向強人威權體制發展,此後雷震及《自由中國》與國民黨當局越行越遠,雙方的摩擦對抗形式則越趨嚴重。

對於民主憲政體制的宣傳與討論,是《自由中國》的重心。《自由中國》以《中華民國憲法》體制,及制定憲法所依據的政治協商會議憲草十二項修改原則作為基礎,對當時的臺灣中央政府至地方的制度及運作提出批評。在地方政府方面,《自由中國》強調必須根據憲法的精神推動地方自治,落實省長民選。在中央政府體制方面,《自由中國》則反對強人威權體制,特別是總統擴權的行為,更是批判的重點,因而導致《自由中國》與當局之間發生更為嚴重的摩擦,其中《自由中國》關於反對黨的主張,及反對蔣中正總統三連任是其中最大的衝突點。

《自由中國》主張民主政治,必須要有反對黨,進而從言論上要求執政的國民黨必須培植有力的反對黨,到實際的結合來自中國大陸的自由民主人士與臺灣本土的政治菁英,籌組「中國民主黨」。使得執政者不再容忍,採取鎮壓的手段,而發生「雷震案」,《自由中國》也隨之走入歷史。

沉寂的 1960 年代與《大學雜誌》的登場

《自由中國》雖然落幕，但是臺灣定期改選的地方自治體制，則提供當時在野人士繼續活動的空間，由於欠缺政黨的組織，具有代表性的在野人士，主要是以個人的身分在政治舞臺，繼續鼓吹自由民主的理念，並且追求地方自治的進一步落實，當時以李萬居、郭雨新、郭國基、李源棧、吳三連及許世賢等「五龍一鳳」或是「五虎將」最為著名。但是這只是大家對他們的稱呼，他們並不是一個問政團體。不過，他們在省議會中針對人民的權益及政治體制改革的質詢與提案，則是當時政治體制內自由民主主張的重要代表。

另一方面，雖然沒有了類似《自由中國》的政論雜誌，《文星雜誌》成為當時自由派在言論市場上代表刊物，也是當時許多知識人的精神糧食。雖然如此，相較於《自由中國》，《文星》的政治性已大幅減弱，推動民主運動的團體也始終闕如。大體上，1960 年代是一個沉寂的時代。

以中華民國在國際舞臺上被迫退出聯合國的嚴重挫敗，與蔣經國即將接棒上臺作為背景，可能在蔣經國的鼓勵下，民國五十七年（1968 年）創刊的《大學雜誌》於民國六十年（1971 年）改組，逐漸成為臺灣鼓吹自由民主的重要言論園地。但是，隨著蔣經國接班地位的鞏固，以及《大學雜誌》內部成員的分裂與重組，使雜誌的重要性逐漸衰退。不過，《大學雜誌》提出的改革方向，不僅衝擊當時沉寂的輿論界，許多主張也被日後的反對運動所吸納，成為其選舉時的主要政見。其中中央民意代表全面改選的問題，重新成為討論的主題，更具有時代意義。

臺灣住民論的自決、改革主張

一般以為臺灣住民自決的主張是由海外傳入、影響臺灣內部的政治思潮。但是就歷史的脈絡而言，在某種意義上，它是由臺灣內部提出，在海外得到迴響後，再回頭影響臺灣的政治發展。

在國內首先提出的是民國五十三年（1964 年），臺灣大學教授彭明

敏與其學生謝聰敏、魏廷朝起草的〈臺灣人民自救宣言〉。他們意識到當時國民黨當局所抱持的「一個中國」立場，不僅對國民黨政權不利，也將影響臺灣的生存。「自救宣言」中，明白以「一個中國、一個臺灣」的「一中一臺」主張作為解決臺灣國際定位問題的訴求，並公開要求：以臺灣一千二百萬人民自由選舉產生的政府，取代蔣中正總統領導欠缺民意基礎的政權。在此宣言中，並以前述的主張為基礎，建構以對外確立主權，對內追求民主憲政的三個基本目標：(1)「團結全島人民，不論其出生地」，「建立一個新的國家和新的政府」；(2)「制定新憲法」，建立「保障基本人權，實現真正民主」的制度；(3)以新會員國身分加入聯合國。此一宣言尚未散發，他們便被情治人員逮捕，不過卻有傳單流出海外，而受到重視，結果當時在海外的影響遠比國內大得多。

　　而隨著中華人民共和國在國際舞臺的影響力日增，中華民國政府作為中國代表的正當性越遭到質疑，為了生存、發展，住民自決的主張，正式在臺灣發表。雖然中華民國政府長期以來宣稱：民國六十年（1971年）是在國際情勢不利的狀況下「退出」聯合國，但是聯合國大會則是通過阿爾巴尼亞提出的第二七五八號決議案，由中華人民共和國取代中華民國在聯合國的中國代表權。換言之，對聯合國及國際社會而言，這才是解決中華民國政府與中華人民共和國政府有關聯合國中華民國（中國）代表權問題的正式決議，此後中華人民共和國便成為聯合國中國的代表，國際上的「一個中國」所指的也就是中華人民共和國。此舉不僅嚴重影響中華民國的國際地位，臺灣的生存空間也遭到嚴重的打壓。

　　為了求取臺灣自由民主改革的可能，並避免中華人民共和國以「一個中國」架構要求併吞臺灣，要求政治改革與住民自決的主張有進一步的發展。十二月十六日，臺灣基督教長老教會總會通過「對國是的建議與聲明」，反對任何國家罔顧臺灣地區一千五百萬人民（當時的人口）的人權意志，作出任何違反人權的決定，並強調臺灣人民有權利決定自己的命運。此聲明發表，震驚海內外，隨即獲得海外關心臺灣前途的臺灣鄉親熱烈的迴響，掀起海外的「臺灣人民自決運動」。

除了長老教會之外，戰後自由主義重要代表人物雷震也向蔣中正總統及蔣經國等五位國民黨當局的權力核心人士提出具體的主張——〈救亡圖存獻議〉。主張為了避免被中華人民共和國併吞，除了必須改國號為「中華臺灣民主國」外，並應制定新憲法，作為一個合乎「權力分立」原則的民主憲政國家。

民國六十六年（1977 年）臺灣基督教長老教會已經深刻感受美國與中華人民共和國即將建立外交關係的危機，而國民黨當局特別是外交工作人員，則仍沒有足夠的警覺。為了希望美國方面在與中華人民共和國發展關係之際，能注意到臺灣住民的權利，八月十六日，長老教會發表著名的〈人權宣言〉。透過此一聲明，長老教會向美國卡特總統、有關國家及全世界教會宣示：在「面臨中共企圖併吞臺灣之際，基於我們的信仰及聯合國人權宣言」，堅決主張「臺灣的將來應由一千七百萬住民（當時的人口）決定」。同時「促請政府於此國際情勢危急之際面對現實，採取有效措施」，使臺灣成為「新而獨立的國家」。

這種臺灣住民自決的要求，在 1970 年代末期影響了臺灣的黨外運動，此一揚棄「一個中國」架構並要求民主改革的主張，從民國六十七年（1978 年）底開始成為黨外運動的主流訴求，當時黨外人士簽署「黨外人士國是聲明」，除延續包括中央民意代表全面改選的共同政見外，更明白要求臺灣住民自決。此一主張的基調，在民國七十一年「市政研討聯誼會」的改革主張中被延續，次年成為黨外人士全國共同政見。而直到民進黨成立以後，以在野的地位提出的民主要求，基本上也是以揚棄「一個中國」的思考，作為其基本架構。

本土反對力量的再興

民國六十一年（1972 年）開始，國會雖然沒有全面改選，定期進行改選的增額中央民意代表選舉，卻提供了臺灣本土政治菁英透過選舉進中央民意機關的管道，也使得中央民意代表機關，因為具有民意基礎的新血輪加入，其正當性得到了補強。

透過中央民意機關的定期改選，本土的反對運動也有整合的現象，而定期舉行的選舉則成為宣傳民主理念的重要場合。民國六十六年（1977年）五項公職人員的選舉中，雖然發生中壢事件，引起了國內各界的關注，不過，蔣經國推動的本土化政策並未改弦易轍。另一方面，反對運動的政治菁英則在群眾的支持中得到相當的鼓舞，希望透過次年展開的中央民意代表選舉，進一步擴展其政治版圖。他們號稱「黨外人士」，其言論的尺度較過去更為激烈，籌組團體的行動也更為積極，因此，與國民黨間的摩擦也較過去在野人士來得激烈。

民國六十七年（1978 年）十二月，美國宣布將於次年元旦與中華人民共和國建交，不再承認中華民國，政府根據《臨時條款》的規定，動用緊急處分，停止當年舉行的中央民意代表選舉。以《美麗島雜誌》與其他在野雜誌的成員為代表的反對派政治菁英，失去了選舉的舞臺，因而改採以群眾集會的方式，企圖擴張其在政治的發言權，與保守派之間的對立情勢更為緊張。次年國際人權日（十二月十日）在高雄便爆發了轟動一時的「美麗島事件」，反對派政治菁英大量的遭到逮捕。

民國六十九年，對「美麗島事件」涉案人士舉行了軍法審判，在國內外的關注之下，特殊地採取公開的方式。透過大眾媒體的相關報導，「美麗島事件」涉案人士的政治主張得到廣為傳播的機會，也取得了部分人民的支持，因此，反對運動的發展，並未因此一事件而完全中止，不致發生類似「雷震案」對臺灣民主運動造成根本性打擊的結果，反而，透過了「美麗島事件」涉案人士的家屬及辯護律師的加入，持續了臺灣民主運動的發展。

反對黨的組成與解嚴

「美麗島事件」以後，反對派的政治菁英透過定期舉行的選舉勢力及影響力繼續擴大。同時，也繼續爭取組織的可能性。透過幾次後援會的提名方式之後，民國七十二年（1983 年）立法委員選舉以後，黨外開始以「黨外公政會」的名稱嘗試設置常設機構。相對於黨外人士力量的

美麗島事件

發展，民國七十五年（1986 年）三月，蔣經國領導的國民黨在十二屆三
中全會中決定了政治執行的方向，確定了政治自由化的基本政策。會後
並在中常會設置了政治革新十二人小組，並與黨外勢力進行溝通的工作。
由於當時國內外情勢的改變，臺灣政治的改革是美國《臺灣關係法》架
構下關注的重點，加上國內要求實施政治改革，在此環境下已逐漸為國

民黨所容忍，甚至接受。因此，黨外公政會試圖成立分會的行動，固然引起執政黨的不滿，但是仍然透過溝通的方式尋求解決，而未採取斷然的取締行動。

民國七十五年，在當年中央民意代表選舉之前，黨外人士原定於九月二十八日舉行選舉後援會的推薦大會，但在會議中卻臨時通過組織民主進步黨的決議。蔣經國主導下的國民黨採取了既不承認也不取締的態度。同年十月十五日，國民黨中央常務委員會通過了制定《國家安全法》，解除戒嚴令，以及修正原有的《非常時期人民團體組織法》，及《動員戡亂時期公職人員選罷法》的決議，為新政黨成立的合法化踏出了重要的一步。當年年底的選舉，臺灣也出現了歷史上第一次多政黨的選舉，自由化的發展方向有了重大的突破。民國七十六年（1987年）六月，為了替解除戒嚴進行前置的體制發展工作，執政黨開始大力推動《國家安全法》。《國家安全法》通過以後，七月十五日，歷經三十八年的戒嚴，也告一段落。

解除戒嚴的歷史意義

嚴格來說，雖然一般常將解嚴與自由化、民主化的改革等同，但是，就制度而言，則有相當不同。因為如果人民不能透過定期舉行的大選決定執政者，民主的要件便不完備。而蔣經國總統晚年在此部分，仍然停留在漸進地增加增額中央民意代表比例，沒有國會全面改選的推動，因此離民主的實現還有一大段距離。再從制度來看，號稱行憲的臺灣，實際上長期處於動員戡亂與戒嚴複合的非常體制下，縱使解嚴，近年來陸續被大法官會議宣布違憲的國安法「不得違背憲法或主張共產主義，或主張分裂國土」三原則，顯示了解嚴的改革限度，動員戡亂體制依然不變，〈懲治叛亂條例〉依然有效，憲法保障的人權仍受到非常體制的限制。更重要的是，原本戒嚴法下受軍法審判的人民，擁有「解嚴之翌日起，依法上訴」之權，但解嚴後國安法卻凍結了此項權利。換句話說，固然宣布解嚴，戒嚴體制下受到軍法審判的人民，解嚴後卻連戒嚴法體制內

原本保障的救濟途徑，都遭剝奪。

國會全面改選及動員戡亂體制的結束

民主進步黨成立後，繼續推動黨外時期所主張的中央民意代表全面改選，國民黨則在蔣經國的主導下，一開始想以充實中央民意代表機關的方式來解決國會的問題，希望透過增加中央民意代表席次，與資深中央民意代表退職的方式，來解決國會的根本問題。不過，縱使民國七十八年（1989年）一月通過〈中央民意代表退職條例〉之後，在國民黨的大力遊說之下，退職的中央民代的人數卻相對的少，因而七十八年底增額立法委員選舉之後，立法院仍由資深委員主導。不僅立法院如此，國民大會的問題也依然如是。面對要求國會改革的壓力，最後透過司法院大法官會議，在民國七十九年（1990年）六月提出的釋憲案，決定民國八十年（1991年）底為第一屆的中央民意代表退職的最後期限，才完成透過退職方式來推動中央民意代表全面改選的改革工程。

另一方面，黨禁突破以後，解嚴的七十六年年底，政府決定解除報禁，自民國七十七年（1988年）一月一日起開始實施。民營的大報在此時開始採取增張及改版，有意辦報的社會人士也展開行動，臺灣的平面媒體此刻走向自由化而多元的時代。

國會雖然全面改選，但動員戡亂的體制則依然持續，則國家的法令秩序仍然無法回歸憲政的常軌，進一步的改革仍待推動。民國八十年四月，國民大會通過〈憲法增修條文〉，五月一日，李登輝總統宣布終止動員戡亂時期，同時公布〈憲法增修條文〉。此後，隨著民國八十年進行第二屆國民大會代表選舉，民國八十一年（1992年）進行第二屆立法委員選舉，臺灣自由化、民主化有了初步的成績。另一方面，隨著動員戡亂體制的結束，對中華民國政府而言，也是在法律上結束與中華人民共和國之間內戰的關係。

「言論叛亂」的終結

民國八十年五月一日，李登輝總統方始宣布廢除《動員戡亂時期臨時條款》回歸《中華民國憲法》體制，五月九日隨即發生法務部偵破「獨臺會案」。此一案例係以言論宣傳導致叛亂作為其中犯罪的主體，因而使得自民國三十八年以來，以〈懲治叛亂條例〉配合《刑法》一百條，箝制言論自由的問題受到普遍的重視。五月十二日，大專院校學生靜坐聲援獨臺案，雖然遭到警方驅散，但十三日即有一些教授學者成立「知識界反政治迫害聯盟」，十五日更有上千名學生於臺北火車站集結靜坐，要求廢止〈懲治叛亂條例〉，面對群眾龐大的壓力，立法院旋即於五月十七日廢止〈懲治叛亂條例〉。但是，由於《刑法》一百條仍有言論叛亂的問題，因而不僅五月二十日知識界反政治迫害聯盟與學運團體舉行大規模的遊行抗議，連省議會也在五月二十一日決議要求立法院廢除《刑法》一百條。在社會的壓力下，朝野歷經一年的折衝，民國八十一年五月十五日，立法院通過《刑法》一百條修正案，使得所謂的言論、結社、叛國的問題，得到最後的解決。在白色恐怖時期，所謂的叛亂案多屬於言論及結社層次，很少有真正以武力從事叛亂的層次，而受難者也多因〈懲治叛亂條例〉入罪，因此〈懲治叛亂條例〉的廢除及《刑法》一百條的修正，也可以視為「白色恐怖」的終結。

多黨競逐的時代

政府遷臺後，臺灣在形式上有三個政黨：執政的中國國民黨及在野的民社黨、青年黨。民、青兩黨由於在中央民意機關的席次有限，加上遷臺以後政黨內部派系分立，幾乎完全不具制衡的能力。

民國七十五年（1986年）民進黨成立後，由於具足選舉所賦予的民意基礎，加上黨外運動長期資源的累積，臺灣才開始有有力的在野黨。但是，由於黨內對於勞工問題及臺獨主張見解的歧異，先後有王義雄另組工黨，及朱高正組織社民黨，不過，聲勢有限，成為個人魅力的政黨。

以後因為選舉失利，或與其他政黨結合，而陸續退出政治舞臺。

民國八十四年（1995 年），民進黨中央倡言大聯合，進而主張大和解，使其原有堅持臺灣獨立的支持者發生動搖。而民國八十六年（1997年）香港回歸問題，更加深其危機感，因而有堅持臺灣共和國主張的建國黨成立。

而在中國國民黨內部，因主流、非主流的分裂，先有趙少康、郁慕明另組新黨；民國八十九年（2000 年）總統大選，宋楚瑜落選後，則結合其支持者組成親民黨。而李登輝卸下中國國民黨主席後，黨內路線亦發生變化，李登輝的支持者則組織臺灣團結聯盟。民國九十六（2007 年）年在立法院擁有席次的政黨，主要有泛綠的民進黨與臺灣團結聯盟，以及泛藍的中國國民黨、親民黨兩大陣營，彼此之間互相競爭、抗衡，又在某些議題擁有共同點，政黨關係越趨複雜。大體上，經過黨禁突破後的發展，臺灣已從「一黨獨大」體制演變成多黨競爭的態勢。而隨著〈憲法增修條文〉實施立法委員席位減半，以及單一選區兩票制的選舉制度，我國政黨制度的發展，發生制度性的變動❻。

在單一選舉中，大黨本較小黨居於優勢，而除了藍綠競爭外，兩大陣營中的小黨更遭到強力擠壓，親民黨及臺灣團結聯盟在立委選舉中，幾乎沒有舞臺，國民黨及民進黨成為國會中實質的兩大黨。其中挾著選舉制度的優勢，在金、馬及原住民選區擁有絕對優勢的國民黨，成為國會的多數黨。

民國一〇一年（2012 年），臺灣團結聯盟及親民黨在不分區代表選舉中，皆超過 5% 的得票門檻，分別在立法院取得三個席次（親民黨含區域一席），各自在立法院成立黨團。雖然仍維持朝野兩大黨的政治版圖，但是立法院的政黨協商，也必須尊重兩個小黨的意見才能達成。

❻　根據〈憲法增修條文〉規定劃分的單一選區，每一縣市至少有一席立法委員，但不同選區的人口數卻有相當大的落差。以民國九十八年 (2009) 底為例，馬祖公民數有 7697 人，宜蘭公民數有 351858 人，應選之立委皆為 1 人，選區規劃與民主票票等值的理想出現矛盾。

總統直選與政黨輪替

在臺灣邁向自由化的過程中，總統直選的呼聲日漸高昂，不僅反對黨如此主張，國民黨內部也出現相當大的支持力量。透過國是會議的決議，總統直選已經逐漸成為臺灣政治改革的重要方向。民國八十三年（1994 年）第三階段的修憲，明確賦予了總統直選的法源，民國八十五年（1996 年）第一次由選民直接投票的總統選舉正式展開。國民黨的候選人李登輝、連戰以超過 50% 的得票率，領先了民主進步黨提名的彭明敏、謝長廷以及自行參選的林洋港、郝柏村，陳履安、王清峰，獲選為正、副總統。臺灣正式走向人民直接選舉決定執政者的歷史時代。

而由於總統直選的展開，臺灣自由化、民主化的程度，日益受到國際的重視。1996 年之後，臺灣更被世界人權組織「自由之家」(Freedom House) 列入完全自由國家。

民國八十九年（2000 年），民進黨的候選人陳水扁、呂秀蓮當選總統、副總統，完成政黨輪替，臺灣的民主發展進入新的階段。民國九十三年在激烈的選戰中，民進黨的陳水扁和呂秀蓮以些微的多數連任總統、副總統。民國九十七年（2008 年），國民黨提名的馬英九、蕭萬長擊敗民進黨提名的謝長廷、蘇貞昌，當選總統、副總統，臺灣二次政黨輪替。由於國民黨在立法院掌握過半的席次，主導了行政及立法部門，結束了民進黨執政期間「朝小野大」的立法院與行政部門之間的嚴重對立。民國一〇一年（2012 年）馬英九與吳敦義搭配，擊敗民進黨提名的蔡英文與蘇嘉全，連任成功。民進黨在立法院席次雖較前次增加，但國民黨仍維持過半的優勢。

習　題

1.《自由中國》與執政者關係由親近轉而疏遠、對立的主要原因為何？
2.言論自由箝制何時終結？

第五節　臺灣海峽兩岸的交流與官方立場

摘　要

民國三十八年中華人民共和國成立後，便以中國唯一合法的政權自居，而與臺灣的中華民國政府呈現武力對峙的局面。

民國六十八年，中共政府對臺政策發生改變，先是提出「三通、四流」的要求，繼而提出「一國兩制」的主張，企圖以中華人民共和國，作為中國唯一的代表，並使「臺灣香港化」。

為此，中華民國政府則在動員戡亂時期結束後，主張臺灣海峽兩岸是屬於分裂分治的狀態，而與中華人民共和國政府是兩個對等的政治實體。而中華人共和國的主權也從未及於臺灣，相對的，在臺灣的中華民國則有權利在國際舞臺上開創主權國家所應有的空間。

中共政權的基本立場

自從民國三十八年（1949 年）中華人民共和國成立後，中共政權便以中國唯一合法的政權自居。其對臺海兩岸的基本立場一貫是以「統一臺灣」為目的，不同的只是強調「武力」或是「和平」的手段而已。因此，如何使中華民國政府的國際空間進一步受到打壓，甚至使中華民國政府在國際舞臺上淪為其一部分的地方政府，始終是中共政權外交戰的終極目的。無論是強調武力或是和平的手段，它基本上也不排斥和平或武力手段的宣傳。

在此情形下，中共政權的主張無論有何改變，其姿態或是強硬或是溫和，將中華民國政府視同其治下的地方政府，則是基本立場。在此一原則不變下，中共政權的立場與作法外表似乎很有彈性。

一國兩制及三通

民國六十八年（1979 年）一月，是中共政權十幾年來對臺政策基調形成的關鍵時刻。首先，中共政權的全國人大常委會發表所謂的〈告臺灣同胞書〉，倡議兩岸之間的三通（通商、通航、通郵）與四流（經濟交流、文化交流、科技交流、體育交流）。同年十月，鄧小平表示承認臺灣是地方政府，並認為臺灣社會制度、軍隊都可以保留，也可以擁有廣泛的自治權，成為「中華人民共和國」下的特區。民國七十年（1981 年），中共政權的人大常委會委員長葉劍英，提出所謂的「葉九條」。其中除了更具體描述前述的主張外，並要求國、共兩黨進行黨對黨的談判，進行所謂的第三次國共合作。

民國七十三年（1984 年），鄧小平更明白提出「一國兩制」的主張。此一主張是透過中共政權與英國政府談判香港前途問題的過程中逐漸形成的，對中共政權而言，它不獨適用於香港，更希望適用於臺灣。無論是三通四流或是一國兩制，其基本架構皆是以「中華人民共和國」作為「中國唯一政權代表」，企圖將臺灣「香港化」。為達此一目的，中共政權除了宣示三通四流或一國兩制的訴求外，更積極打壓我國在國際上的地位，壓縮臺灣的國際外交空間。基本上此二種似乎不一致的行動，卻都是為了達成中共政權併吞臺灣的企圖之重要手段。

「三不政策」

面對中共的和談主張與實質的打壓，我國政府起初是以「三不政策」回應，反對官方的接觸與談判，並拒絕與中共政權妥協。就此而言，「三不政策」實際上有兩種不同的意義。

首先，在動員戡亂時期，中華民國政府將中共政權視為叛亂團體，因此拒絕承認中共政權的法律地位，甚至不認為其是一「政治實體」，而有此一回應。後來，縱使動員戡亂時期結束，由於中共政權的基本架構是以其為中央政府，視我方為地方政府，因此，「三不政策」是對抗中共

政權矮化我國政府的一種政策。加上國人的共識尚未形成，因此「三不政策」便沿襲下來。

後來，由於解嚴以後國內外情勢丕變，中共政權又採取種種優惠措施利誘臺商，期收「以民逼官」之效。我國政府在動員戡亂時期終止後，對於中共政權的定位已然改變，因此「三不政策」的原則固然不變，其運用則更為彈性。目前，在國際場合只要國家的尊嚴得到一定的尊重，如亞太經合會或亞銀，我國官方並不排斥與中共政權官員或代表平等接觸。相對地，中華人民共和國對此則十分排斥，必欲將我方置於其地方政府的地位而不止。

開放探親

由於雙方的武裝對抗的形勢，已有一定程度的緩和，跟隨中華民國政府來臺的軍民，年紀又已逐漸老大，對於故鄉親友的狀況亦十分關心。在民主化的過程中，老兵返鄉探親成為一個人道訴求。因此，民國七十六年（1987 年）開放臺灣住民往中國大陸探親。以後，探親的條件逐漸

開放大陸探親老兵登上長城

放寬，曾進入中國大陸的臺灣住民人數大增，臺海兩岸的交流進入了新的階段。

隨著臺灣住民進入中國大陸探親，如何規範中國大陸人民在中華民國政府有效統治區域的權利、義務，乃至於如何規範臺海兩岸之間的交流形式、範圍，以及彼此之間的定位問題，日益成為中華民國政府的重要工作。

「六四天安門事件」的衝擊

中國大陸在鄧小平推動經濟改革以後，政治路線與經濟路線歧異、矛盾逐漸出現，經濟改革造成城鄉差距、貧富差距日益明顯。而在嚴重的通貨膨脹及民主的要求出現檯面的時代背景下，民國七十八年（1989年）北京發生了「六四天安門事件」。雖然此次鎮壓的行動，並沒有比過去軍事的鎮壓嚴重，卻因為西方媒體記者得以在現場報導，透過大眾傳播，此一事件震撼了民主世界。

由於對中共政權所採取的血腥鎮壓不滿，西方民主國家紛紛對中共採取軍事、政治、經濟各個層面的制裁或抵制行動，而臺灣也舉行一連串的聲援行動。但是，就在西方先進國家與中國大陸的關係處於低潮之時，雖然在動員戡亂體制之下，臺灣與中國大陸的間接貿易，以及臺商赴中國大陸的投資行動，卻相反地乘此機會熱烈地展開。配合中共政權的特別獎勵措施，臺灣與中國大陸的經貿關係，名義上固然是間接，而且有時尚必須付出許多額外的社會成本，但是臺商的中國大陸熱仍逐漸展開。由於西方各國的抵制，臺商西進成為當時促進中國經濟成長的重要外在助力。

臺海兩岸關係新規範的追求與「務實外交」

面對兩岸交流可能引發的問題，以及日趨熱絡的經貿關係，中華民國政府便努力建立一套兩岸關係的新規範，甚至為了避免大陸熱過熱，影響臺灣的產業升級，以及造成新的利益遊說團體等問題，進行政策面

的思考與調整。

　　民國八十年（1991 年）動員戡亂時期結束後，臺海兩岸的關係，對中華民國政府而言，已經進入一個嶄新的時代。因此，為了在此一新的情勢下規範臺海兩岸的關係，李登輝總統遂於總統府內成立「國家統一委員會」，並制定《國家統一綱領》。以臺海兩岸政治互動的情形，設計臺海兩岸交流的範圍與速度。希望能以維護臺灣地區的安全，以及臺灣住民的權益為前提，來處理兩岸關係的開展。最後並期望在民主、自由、均富制度下，以和平的方式來解決統一問題。另一方面，則主張臺灣海峽兩岸現階段是處於分裂、分治的狀態，認為中華民國政府與「中華人民共和國政府」是兩個對等的政治實體，「中華人民共和國」的主權則從未及於臺灣。而在臺灣的中華民國政府，有權利在國際上開創主權國家所應有的空間。

　　在法律層面，以〈憲法增修條文〉為依據，制定了〈兩岸人民關係條例〉，限制中國大陸人民在中華民國統治區域內的相關權利、義務事項。另一方面，則也規範了臺灣的住民在兩岸交流的問題上，相關的法律保障及限制事項。

　　相類於《國統綱領》對國家的定位，李登輝總統亦努力尋求「務實外交」的展開。自從美國宣布承認中華人民共和國，與其建立外交關係，並與我國斷交，對我國在國際舞臺的地位，造成重大傷害。此後，由於中共政權企圖使我方淪為其地方政府，大力打壓，我國不僅難以參加重要的國際組織，邦交國數目也不易增加。

　　民國七十七年，李登輝總統就職後，為突破外交上的孤立，確保我國的國際人格，經過研究評估，改採「務實外交」的策略。在「務實外交」的策略外，我國化被動為主動，加上臺灣傲人的經濟實力，取得相當的成果。一、在民國七十九年以「臺澎金馬關稅領域」的名義申請加入「關稅貿易總協定」，民國九十一年成為「世界貿易組織」(WTO) 正式的會員。民國八十年我國也正式參加「亞太經合會」(APEC)，總統代表及經濟部長有機會在國際舞臺上與各國領袖會商。二、積極進行建

立正式邦交的努力，確保一定數目的邦交圈。三、總統、副總統、行政院長等政府高層首長多次出訪無邦交國，提升我國與其他國家的實質關係。

民間委託機構與辜汪會談

中華人民共和國的對臺政策，自民國三十八年以來一直是以軍事「解放臺灣」為主軸。然而民國六十八年與美國建交之後，中共官方對外開始避免使用「解放臺灣」四個字，而改以「和平解決臺灣問題」。民國七十六年臺灣開放國人赴中國大陸旅遊探親之後，臺、中雙方的官方接觸也隨即展開。民國七十九年（1990 年）十一月中華民國行政院設立「大陸工作委員會」（簡稱「陸委會」），同時成立以官股為主的「財團法人海峽交流基金會」（簡稱「海基會」），前者作為中國政策的執行機關，後者則主要扮演與中國官方接觸的「白手套」。次年十二月，中國方面相應成立了「海峽兩岸關係協會」（簡稱「海協會」），作為與海基會來往的「對口單位」。臺灣與中華人民共和國史無前例的官方接觸於焉展開。雙方的接觸談判，在民國八十二年（1993 年）四月海基會董事長辜振甫與海協會會長汪道涵於新加坡舉行的「辜汪會談」達到高峰。簽署了四項協議，包括〈公證書使用查證〉、〈掛號函件查詢與補償事宜〉、〈海基海協兩會的聯繫與會談制度〉，以及〈辜汪會談共同協議〉等。

「江八點」與「李六條」

民國八十四年一月三十日，江澤民提出所謂的「江八點」，作為其處理臺灣與中國大陸問題的基本架構。強調在和平統一、一國兩制基本方針指引下，所建構的和平統一條件，一方面強調在一個中國的前提下，什麼問題都可以談。並且強調努力實現和平統一，提出所謂的中國人不打中國人。不過這些都是一國兩制下所提出的主張，而江澤民也依然表示絕對不能承諾放棄武力。在「江八點」提出後，同年四月八日，李登輝總統在第三屆國統會第一次委員會召開時，提出了著名的「李六條」，

作為回應。相對於江八點以一個中國作為前提，企圖形成臺灣與中國之間的問題乃是中國內政問題的假象，李登輝總統則以原有的《國統綱領》作為架構。雖然一方面表示，未來仍然追求所謂的中國統一，不過，他更強調，必須以臺灣與中國大陸現實上屬於兩個互不隸屬的政治實體的事實作為前提，才有可能討論臺灣國家統一的可能方式。也就是，在先承認互不隸屬的前提下，才有所謂一個中國意涵形成的可能。

惡意打壓與「兩國論」的提出

中共政權對於我方的政策欠缺善意的回應，不但不願意放棄武力犯臺，以民國八十四年高雄市爭取亞運主辦權一事為例，不僅違背亞奧會的傳統，與南韓聯手，推翻祕密投票的方式，同時還迫使各個會員國必須明白表態，以打壓高雄市的主辦案。中共政權連在亞奧會這種民間的體育組織內，都試圖貶抑我國作為一個普通會員國的權利與地位。因此，李登輝總統以私人身分訪問美國，中共政權自也設法杯葛、干擾。

在民國八十五年上半年「江八點」與「李六條」相繼發布之後不久，李登輝總統於同年六月以私人身分前往美國康乃爾大學參加校友會。事後卻引起中共政權的強烈反應，不僅動員官方媒體大加抨擊，同時並於該年七月十八日宣布對臺灣北部海域進行導彈試射。臺灣與中國的軍事緊張關係持續超過八個月，直到次年三月二十三日李登輝以超過 50% 的得票率當選中華民國第一屆民選總統，中共的軍事恫嚇才暫時緩和下來。這八個多月的臺海軍事危機，被稱作是 1950 年代臺海危機之後的「第二次臺海危機」。

民國八十七年（1998 年）之後北京方面態度始逐漸軟化，同意海基會董事長辜振甫於該年十月十四日訪問上海，與海協會會長汪道涵進行「辜汪會晤」。隨後辜振甫並前往北京，與當時的中共總書記江澤民舉行會談。雖然雙方官方至此似乎恢復對話，然而氣氛仍極度詭譎，中共當局試圖強迫臺灣接受其「一個中國」、「臺灣是中國一部分」、「一個中國就是中華人民共和國」的三段論述，臺灣有逐漸被矮化為中國之地方政

府的危機。為此李登輝總統於民國八十八年（1999 年）七月九日接受德國媒體採訪時，以〈中華民國憲法增修條文〉的架構，提出臺灣與中國關係為「特殊的國與國關係」，此一主張被輿論通稱為「兩國論」。至此雙方關係再次走向緊張，解放軍旋即於中國東南沿海展開大規模軍事演習，並透過中、港媒體發言恫嚇。同年十月一日為中華人民共和國建國五十週年，北京天安門廣場舉行盛大閱兵典禮，展示多項武器裝備。

經貿依賴關係的問題

　　臺海兩岸間熱絡的經貿關係，卻與緊繃的政治情勢形成強烈對比。根據中華人民共和國方面的資料，民國八十二年當年度，臺商實際投資金額便超過了三十億美元，臺資已位居中國大陸吸收外來投資的第二位，僅次於香港。民國八十三年（1994 年）臺商對中國大陸投資金額再創新高，達到三十三億九千萬美元，協議投資項目則有六千二百多個。

　　在中華人民共和國取回香港後，臺灣對中國大陸的投資金額就投資金額而言，超過美國、日本。無論投資金額或其占 GDP 的比率，都高居全球首位。超過五十萬以上的臺灣商人或幹部，長期在中國大陸投資、居留。若加上長期往返臺海兩岸的人數，更超過百萬。而中華人民共和國近年來之所以能在電子、資訊甚至紡織產業方面快速在全球占據舉足輕重的地位，與臺商大舉前往投資亦密切相關。

　　資金的流動當然不只是單向的，在臺商紛赴中國大陸投資之際，臺灣事實上與中國大陸之間存在大量的貿易順差。臺灣對中國大陸貿易順差從民國七十九年的十九億美元，增加到民國八十二年的一百二十八億美元。雖然戰後長期以來，臺灣第一大貿易往來國家是美國，但是近年來與中國大陸的貿易迅速成長，民國九十二年（2003 年）已超過臺灣對外貿易總值的 30%，躍居我國最大對外貿易國，而臺灣所賴以維持龐大的貿易順差，也主要來自中國大陸。

　　歷經民進黨執政期間「積極開放」而未能有效管理，臺灣資本過度集中投資於中國大陸，加上貿易依存度持續提高，縱使不考慮政治因素，

純就正常經濟政策考量，即有分散風險必要性。這也是政府長期以來，主張導引臺商全球布局的重要經濟考量點之一。民國九十七年（2008 年）馬英九就任總統後，則對中國大陸採取經貿進一步開放的政策。飛機直航及開放「陸客」來臺觀光皆進一步開放而常態化，同時並取消臺灣企業投資中國大陸的資本限制，臺灣對中國大陸的經貿依賴關係，更為提高。

　　整體而言，至民國八十九年（2000 年）為止，臺灣對中國大陸的投資呈現增加的態勢，當年占臺灣對外投資比例約三成左右。民進黨執政後，投資比重迅速擴大，民國九十三年（2004 年）廠商對外投資中超過六成投資中國大陸，遠較同年度南韓的 38% 以及日本的 12% 為高。次年美國國會「美、中經濟與安全委員會」發布的報告，臺商對中國大陸投資約占中國大陸接受海外直接投資 (FDI) 金額的一半。此後，投資比重雖然一時較為冷卻，但是民國九十七年（2008 年）正式突破七成，民國九十九年（2010 年）〈經濟合作架構協議〉(ECFA) 簽訂後，投資中國大陸占臺灣對外投資的八成以上，根據經濟部核准赴中國大陸投資金額，民國一百年（2011 年）比前一年增加百分之七，超過一百三十億美元，達到歷史高峰。此後隨著中國大陸生產成本提高，臺商赴中國大陸投資金額也出現降低的現象。不過，根據民國一〇二年（2013 年）前七月核准投資金額，投資中國大陸仍占臺灣對外投資的六成五以上。此種投資高度集中的現象，如何進行風險分攤，是值得重視的經濟課題。

　　而在對外貿易方面，民進黨執政的最後一年，臺灣對中國大陸的出口依賴超過四成，此後則比重大致相當。不過在進口方面，民國九十七年（2008 年）以後中國大陸的進口比率則增加較為明顯，特別是 ECFA 簽訂後，一年的增長率達 8%。

　　由於外銷產業對外投資增加，臺灣接單、中國大陸生產的狀況十分明顯，目前約有五成外銷接單在國外生產，使得外銷出口數雖然成長，卻無法有效反應在臺灣國內經濟上。由於 ECFA 對臺灣經濟的助益有限，民國一〇二年（2013 年）六月臺海兩岸簽署〈服務貿易協議〉，國人對其成效看法不一，特別是服務業中的中小企業及從業者反對最力。

民國一〇三年（2014年）三月，由於執政的國民黨當局在事先未提供資訊，事後不允許更動，透過其在立法院的席次優勢，強要推動與中華人民共和國簽訂的「兩岸服務貿易協議」協議。因黑箱作業的爭議，引起學生及社運團體的強力反彈，三月十八日甚至衝入立法院（四月十日退出），成為舉世矚目的「太陽花運動」（三一八學運）。這也是臺灣歷史上規模最大，為期最長的反政府抗議行動，有多達數十萬人參加。此一運動後，臺灣與中國大陸進一步的經貿依賴關係的建立，暫時趨緩。

雖然如此，民國一〇四年（2015年），七月中華人民共和國通過《國家安全法》，不顧臺灣人民的意願，在第十一條規定「維護國家主權、統一和領土完整是包括港澳同胞和臺灣同胞在內的全體中國人民的共同義務」。由於中華人民共和國片面強將臺灣視為其主權的一部分，納入其國內法的規範，未來臺海兩岸的關係更趨嚴峻。

中共政權要求不合時宜

相對於中華民國一連串有關於中國大陸政策的調整與友善的措施，「中華人民共和國」則以前述的「一國兩制」為基調。以「中華人民共和國」作為「中國唯一合法政府」的「一個中國」前提，完全抹殺我國政府在國際舞臺上的生存、活動空間，必欲使我國政府淪為地方政府而後甘。

縱使臺灣兩千三百萬住民享受其所安排的所謂「一國兩制」式的「高度自治」，而中共政權亦能信守諾言，其體制下臺灣住民的生活方式或基本人權，都比不上既有的一切。更何況在中共政權的構想中，「一國兩制」也只是過渡的安排，最後臺灣終究必須接受社會主義的體制。

就此而言，中共政權的基本要求，根本不符合臺灣住民的利益與意願，中華民國政府及臺灣住民是不可能接受的。

先求生存，再求中國大陸改變

反過來說，李登輝總統時代的中華民國政府則以《國家統一綱領》，

分階段定位兩岸關係與互動的程度。並且強調循序漸進的策略，以求得盡力維持臺灣安全與國家尊嚴的前提下，來推動兩岸關係。另一方面，也積極整備武力，力求在國際舞臺打開空間，以防制中共政權的併吞策略。

換言之，以在臺灣的中華民國政府繼續存立為原則，透過交流、和平競爭等方式，希望能促使中國大陸更加自由化、民主化。就此而言，在臺灣的中華民國積極求生存，並不是只求偏安，反而是提供中國大陸更往前發展的重要條件與動力來源，對中國大陸人民而言，也是有利的。

因此，我國政府先求國家生存，繼而等待、促使中國大陸和平演變，是海峽兩岸人民均蒙其利的務實作法。如果硬要假借民族大義之名，行併吞臺灣之實，則不僅我國政府與臺灣二千三百萬人民不能接受，對於中國大陸人民而言，也是不利的發展。因為若是我國政府被矮化、併吞，則中共政權的外在良性刺激，又減少了一項，對中國大陸的發展也不利。

政黨輪替後的臺海兩岸關係

民國八十九年（2000 年）三月十八日，臺灣舉行第十屆總統大選，民進黨候選人陳水扁當選，大出中共當局意料之外，當天晚間中共中央臺灣工作辦公室（中臺辦）、國務院臺灣事務辦公室（國臺辦）發表聲明，表示：「對臺灣新領導人我們將聽其言觀其行，對他將把兩岸關係引向何方，拭目以待。」此後直至民國九十三年（2004 年）三月陳水扁連任第十一屆中華民國總統，雙方官方互動均無進一步之發展。

相對地，中共政權對民間則更積極地以「政經合一」的思維，大力對臺灣施壓，從民國八十九年參加陳水扁總統就職典禮唱中華民國國歌的張惠妹遭到抵制，到民國九十三年對支持陳水扁或臺灣主權獨立的「綠色臺商」放話威脅、打壓，乃至雅典奧運連「中華臺北」的廣告都因中共政權施壓而被迫撤下。凡此皆說明臺灣在與中國大陸接觸的過程中，無法維持純粹的民間交流，中共不時企圖以政治力介入。而且，在國際舞臺縱使我方已一再退讓，連民間性質的活動，都時而受到中共政權的打壓，無法正常參與。而中華人民共和國通過的《反分裂法》，更是其企

圖透過其國內法，將臺灣問題國內化的表現。

民國九十七年（2008 年）第二次政黨輪替後，馬英九就任總統，傾向「一個中國，各自表述」的立場，宣示「外交休兵」，一時之間臺海兩岸關係稍見和緩。不過，中華人民共和國政府對於臺灣的外交空間並未放鬆，未來臺灣的國際空間是否能有所改善，則待進一步觀察。

臺灣未來國家走向的爭議

基本上，長期以來臺灣內部國家定位爭議的問題，也在臺灣自由化、民主化改革之後，成為重要的政治問題。原本終止動員戡亂以及〈中華民國憲法增修條文〉，是臺灣民主化改革的重要里程碑。不過，就憲政體制而言，中華民國也放棄了自己代表中國的「一個中國」正統思想，甚至在某種意義上係承認中共叛亂成功，中華人民共和國也不再是正統觀念下的匪偽政權。如此一來，如何定位在臺灣的中華民國或是臺灣與中華人民共和國的關係，就逐漸成為必須面對的問題❼。特別是，雖然在國際政治舞臺上，所謂的「一個中國」雖是中華人民共和國，但是許多國人對中國的認識卻包含文化、歷史等複雜的概念，因此國家定位問題，或是臺灣與中國未來的關係定位問題，在臺灣仍然沒有共識。不過，在自由民主體制之下，人民的意志是決定未來國家發展的合法性的基礎。未來如何透過自由民主機制的運作，以溝通互動形成人民的共識，將是解決爭議的合理方法與途徑。

習　題

1. 「江八點」與「李六條」的主張有何歧異？
2. 《國家統一綱領》如何處理臺海兩岸的關係？

---

❼　馬英九總統任內，則主張〈增修條文〉體制下，臺灣與中國大陸是「一國兩區」。

大事年表

年	月	日	大 事
1874	6		沈葆楨來臺，奏請「開山撫蕃」。
1885	10	12	清廷決定臺灣設省。
1894	11	24	孫中山在夏威夷檀香山組織興中會。
1895	4	17	《馬關條約》簽訂。
	5	25	臺灣民主國宣告成立。
	10	19	劉永福兵敗，逃離臺南。
1896	3	30	日本政府以「六三法」公布臺灣總督有律令制定權。
	10	11	孫中山在倫敦被誘拘於清廷使館。
1898	3	28	兒玉源太郎就任臺灣總督府第四任總督，後藤新平擔任民政局長（後改稱民政長官）。
	6	11	清德宗光緒皇帝下詔定國是，「戊戌變法」開始。
	12	23	梁啟超創辦《清議報》。
1900	6	21	清廷與西方各國宣戰（義和團運動）。
	8	21	唐才常謀在漢口發動自立軍起事，事洩被捕。
1901	4	21	清廷成立督辦政務處，宣示改革。
	9	7	清廷與西方各國簽訂《辛丑和約》。
1902	1	1	梁啟超創辦《新民叢報》。
1903	6	30	章太炎被捕（《蘇報》案）。
1905	8	20	中國同盟會召開成立會。
1906	9	1	清廷頒布預備立憲詔。
1907	4		革命黨人張伯祥、焦達峰、陳作新等人在東京成立共進會。
1908	8	27	清廷頒布〈憲法大綱〉。
	12	2	宣統皇帝溥儀即位。
1910	2		章太炎與陶成章等人於本月在東京成立光復會總部。
1911	5	8	清廷設立「責任內閣」。
		9	清廷宣布「鐵路國有」政策。

	7	31	宋教仁、居正、譚人鳳等於上海成立同盟會中部總會。
	10	10	武昌起義。
	11	15	各省都督府代表聯合會於上海成立。
		30	外蒙古宣告獨立。
1912	1	1	孫中山在南京宣誓就任中華民國臨時大總統。
	2	12	清帝溥儀下詔退位。
		15	參議院舉袁世凱為中華民國臨時大總統。
	3	8	參議院通過《中華民國臨時約法》。
	8	25	中國同盟會改組為國民黨。
1913	3	20	國民黨代理理事長宋教仁在上海遇刺。
	4	8	中華民國第一屆國會開幕。
		30	袁世凱宣布善後大借款成立。
	5	29	共和黨、民主黨、統一黨合組為進步黨,舉黎元洪為理事長,梁啟超等為理事。
	7	12	李烈鈞在江西湖口舉兵討袁(「二次革命」開始)。
	10	6	國會選舉袁世凱為中華民國總統。
		13	中、英、藏三方於印度西姆拉召開會議。
	11	4	袁世凱下令解散國民黨。
1914	1	10	袁世凱宣布停止國會參眾兩院現有議員職權,解散國會。
	3	3	在臺灣領導抗日運動的羅福星被處死。
		18	袁世凱之「約法會議」開幕。
	7	8	中華革命黨在日本東京召開成立大會,孫中山宣誓就任總理。
	12	20	「臺灣同化會」在臺北召開成立大會。
1915	1	18	日本駐華公使日置益向袁世凱提出「二十一條」。
	8	2	西來庵事件。
		14	鼓吹袁世凱之帝制運動的「籌安會」發起。
	9	15	《青年雜誌》在上海發刊(後易名為《新青年》)。
	12	11	「國民大會代表」一致推舉袁世凱為皇帝。
		25	唐繼堯、蔡鍔等在雲南成立護國軍,聲討袁世凱。
1916	3	22	袁世凱宣布撤銷帝制。
	6	6	袁世凱逝世(黎元洪於翌日繼任總統)。
	12	26	蔡元培就任北京大學校長。

1917	1	1	胡適的〈文學改革芻議〉在《新青年》二卷五號發表。
	5	1	國務會議決定對德宣戰。
		23	黎元洪免國務總理段祺瑞職。
	7	1	安徽督軍張勳擁清廢帝溥儀復辟。
	9	1	國會非常會議選舉孫中山為中華民國軍政府海陸軍大元帥。
1918	4	17	新民學會在湖南成立。
	5	4	孫中山辭中華民國軍政府海陸軍大元帥職。
	11	18	國會非常會議三讀通過修正《軍政府組織法》，改大元帥制為七總裁制。
		19	新潮社在北京大學正式成立。
1919	2	20	「南北議和會議」在上海開幕。
	5	1	美國哲學家杜威抵華。
		4	北京大學等十三所大專學校三千餘名學生在北京街頭遊行示威。
	6	10	北京政府宣布免曹汝霖、章宗祥等人職務。
		16	「中華民國學生聯合會總會」組成。
		28	中國出席巴黎和會代表拒簽《凡爾賽對德和約》。
	7	1	少年中國學會於北京正式成立。
	10	10	孫中山改組中華革命黨為中國國民黨，公布總章。
	11	22	北京政府徐世昌總統發布「大總統令」，核准外蒙撤銷自治。
1920	2		「新民會」在日本東京成立。
	7	14	「直皖戰爭」爆發。
			《臺灣青年》在日本東京創刊。
	8		「中國社會主義青年團」成立。
	10	12	英國哲學家羅素抵華。
1921	1	30	林獻堂等人首度向日本帝國議會提出〈臺灣議會設置請願書〉。
	2	9	外蒙活佛再度宣告外蒙獨立。
	4	7	國會非常會議議決〈中華民國政府組織大綱〉，選舉孫中山為非常大總統。
	6	1	臺灣總督府設置臺灣總督府評議會。
	7	7	蒙古人民革命政府成立。
		23	中國共產黨於上海召開第一次全國代表大會，選舉陳獨秀為總書記。

	10	17	臺灣文化協會在臺北召開成立大會。
	11	12	華盛頓會議揭幕。
1922	1	1	湖南公布省憲法。
			《學衡雜誌》創刊。
	2	3	孫中山下令北伐。
		6	《九國公約》訂立。
	4	28	「第一次直奉戰爭」爆發。
	6	16	陳炯明率兵砲轟廣州總統府，背叛孫中山。
1923	1	26	孫中山與蘇聯代表越飛發表聯合宣言。
	2	14	張君勱在清華學校演講，引發「科學與玄學（形上學）論戰」（或稱「科學與人生觀論戰」）。
	10	5	曹錕當選總統。
		6	蘇聯代表鮑羅廷抵達廣州。
		10	「中華民國憲法草案」公布。
	12	2	中國青年黨成立。
1924	1	20	中國國民黨在廣州召開第一次全國代表大會。
	6	16	陸軍軍官學校（黃埔軍校）舉行開學典禮。
	7	1	外蒙改稱蒙古人民共和國。
	9	15	「第二次直奉戰爭」爆發。
		18	中華教育文化基金董事會正式成立。
	11	24	段祺瑞以臨時執政身分組織臨時政府。
1925	2	1	「善後會議」在北京召開。
	3	12	孫中山逝世。
	5	30	上海爆發「五卅慘案」。
	7	1	中華民國國民政府在廣州成立，推汪兆銘為主席。
	8	20	廖仲愷遇刺。
	12	2	「西山會議派」召開之國民黨一屆四中全會決議，開除李大釗等九人之國民黨黨籍，並發表「中國國民黨取消共產派在本黨之黨籍宣言」。
1926	3	20	「中山艦事件」。
	7	9	國民革命軍總司令蔣中正行就職禮，誓師北伐。
	10	10	國民革命軍占武昌。

	11	8	國民革命軍占南昌。
1927	3	3	在南昌的國民黨中央政治會議決議，中央黨部、國民政府於本月6日全部移鄂。
	4	12	國民黨發動「清黨」。
		18	南京國民政府成立（「寧漢分裂」）。
	5	21	「馬日事變」。
	7	10	臺灣民眾黨在臺中召開成立大會。
		15	武漢政府通過取締共產黨案（「武漢分共」）。
	8	1	中共發動「南昌暴動」。
		7	中共在漢口舉行「八七會議」。
		13	國民革命軍總司令蔣中正宣布辭職。
	11	20	中央研究院籌備會及各專門委員會召開成立大會，通過〈中央研究院組織條例〉。
	12	11	中共黨人張太雷等在廣州起事，組織蘇維埃政府。
1928	1	9	蔣中正通電宣布繼續行使國民革命軍總司令職權。
	4	15	臺灣共產黨在上海召開成立大會。
		30	臺北帝國大學開校。
	5	3	日本發動濟南事件。
	6	4	張作霖遭日本人設計炸斃。
	10	3	國民黨中常會通過《訓政綱領》。
	12	29	張學良等通電宣告東北四省全面改懸青天白日滿地紅旗，服從國民政府。
1929	3	15	國民黨在南京召開第三次全國代表大會。
	5	5	李宗仁自稱「護黨救國軍總司令」，起兵反抗南京國民政府。
	7	10	中、蘇中東路事件爆發。
	8	1	國軍編遣委員編遣實施會議開幕。
	10	10	馮玉祥為首的國民軍系將領宋哲元等起兵反抗南京國民政府。
1930	2	1	國民政府宣布自本日起實施關稅自主。
	3	2	「中國左翼作家聯盟」成立。
	4	1	閻錫山宣布就任中華民國陸海空軍總司令，另立中央政府。
	7	13	擴大會議在北平召開。
	8	17	臺灣地方自治聯盟成立。

	10	27	霧社事件。
	12		國民政府開始對中共中央蘇區進行第一次圍剿。
1931	4		國民政府開始對中共中央蘇區進行第二次圍剿。
	5	12	在南京召開之「國民會議」通過《中華民國訓政時期約法》。
	7	1	國民政府開始對中共中央蘇區進行第三次圍剿。
	9	18	「九一八事變」。
1932	1	28	「一二八事變」。
	3	9	溥儀出任「滿洲國」執政。
		14	國聯調查團抵達中國。
	5	22	《獨立評論》週刊創刊。
1933	2		國民政府對中共中央蘇區進行第四次圍剿。
	5	31	中、日簽訂《塘沽停戰協定》。
	10	1	蔣中正在南昌召開「剿匪」軍事會議，訂定對中共中央蘇區的第五次圍剿計畫。
1934	10	10	中共放棄中央蘇區，向西轉進，展開號稱「長征」的逃亡。
1935	1	6	中共召開「遵義會議」。
	10	19	毛澤東率紅一方面軍抵達陝北。
	12	9	「一二九運動」。
1936	12	12	「西安事變」爆發。
1937	7	7	七七事變。
	12	13	日軍攻下南京。
1938	3	29	國民黨舉行臨時全國代表大會。
	7	6	國民參政會第一屆第一次大會在武漢揭幕。
	12	29	汪精衛發表「艷電」。
1940	3	30	以汪精衛為首的「國民政府」「還都」南京。
1941	1		「新四軍事件」。
	3	19	「中國民主政團同盟」組成，後改名為「中國民主同盟」。
1943	1	11	中美、中英新約正式簽訂。
	11	22	開羅會議召開。
1945	8	15	日本廣播宣告無條件投降。
		28	毛澤東自延安飛抵重慶。
		29	國民政府任命陳儀擔任臺灣省行政長官。

	10	10	國、共簽定《雙十協定》。
	12	16	美國總統杜魯門派遣馬歇爾抵華調停國共紛爭。
1946	1	10	政治協商會議在重慶召開。
1947	1	1	國民政府公布《中華民國憲法》。
	2	27	二二八事件爆發。
	3	19	國府部隊攻克延安。
1948	4	19	蔣中正當選中華民國行憲後第一任總統。
	8	19	中華民國政府依據臨時條款首次頒布〈財經政策緊急處分令〉，並發行「金圓券」。
	11	2	中共解放軍攻克瀋陽。
	12	10	蔣中正宣告全國除「新疆、西康、青海、臺灣四省及西藏外」戒嚴。
1949	1	5	陳誠接任臺灣省政府主席。
		21	蔣中正總統宣布引退。
		31	中共解放軍進入北平。
	4	17	臺灣省「三七五減租」進行督導委員會成立。
	5	20	臺灣開始實施戒嚴。
	10	1	中華人民共和國宣布成立。
	11	20	《自由中國》創刊。
	12	7	中華民國政府遷設臺北。
1950	3	1	蔣中正復職行使總統職權。
	4	5	行政院公布〈臺灣省各縣市實施地方自治綱要〉。
	7	22	國民黨中央常務委員會通過「中國國民黨改造方案」。
	10		中共開始推動進行「鎮壓反革命運動」。
1952	10	31	中國青年反共救國團成立。
1953	4	10	行政院通過臺灣省政府主席吳國楨辭職。
1954	9	15	中華人民共和國第一屆全國人民代表大會在北京召開。
	12	3	《中美共同防禦條約》簽字公布。
1955	8	20	總統府參軍長孫立人被免職。
1958	8		「大躍進」運動開始。
1959	7	2	中共中央召開政治局擴大會議（俗稱「廬山會議」）。
1960	3	21	蔣中正總統第三次當選連任總統。

	8	31	立法院通過〈獎勵投資條例〉。
	9	4	《自由中國》負責人雷震被捕。
1965	11	10	姚文元的〈評新編歷史劇「海瑞罷官」〉刊登於上海《文匯報》。
1966	5	16	中共中央政治局擴大會議通過「中國共產黨中央委員會通知」（「五一六通知」），「文化大革命」正式開始。
	8	18	毛澤東首度在天安門廣場接見「紅衛兵」。
1971	9	13	林彪發動政變失敗，和家人欲逃往蘇聯，在蒙古墜機身亡。
	10	25	聯合國通過阿爾巴尼亞提案，由中華人民共和國取得中國代表權；中華民國政府宣布退出聯合國。
1973	12	16	行政院長蔣經國宣布九大建設（後改稱十大建設）。
1975	4	5	蔣中正逝世。
1976	1	8	周恩來病逝。
	9	9	毛澤東逝世。
	10	6	華國鋒逮捕江青等人（「四人幫」宣告瓦解）。
1977	11	19	「中壢事件」。
1978	5	20	蔣經國宣誓就任中華民國第六任總統。
	12	15	美國宣布自 1979 年 1 月 1 日起承認中華人民共和國，同日起斷絕與中華民國的外交關係。
		18	中共召開十一屆三中全會。
1979	1	1	中華人民共和國全國人大常委會發表〈告臺灣同胞書〉。
	12	10	高雄「美麗島事件」。
1980	7	15	立法院通過〈科學工業園區管理局組織條例〉。
1981	6	27	中共十一屆六中全會通過「關於建國以來黨的若干歷史問題的決議」。
1986	9	28	「黨外」人士集會決議組織民主進步黨。
1987	7	14	蔣經國總統宣告自本年 7 月 15 日零時起解除戒嚴。
1988	1	13	蔣經國逝世。
1989	1	26	通過〈中央民意代表退職條例〉。
	6	4	「天安門事件」。
1991	4	30	李登輝總統宣布，5 月 1 日終止動員戡亂時期，同時公布〈憲法增修條文〉。
1992	5	15	立法院通過《刑法》一百條修正案。
1995	1	30	江澤民提出「江八點」，同年 4 月 8 日李登輝提出「李六條」。

1996	3	23	首次總統直選，李登輝、連戰當選為正、副總統。
1997	2	19	鄧小平逝世。
2000	3	18	民進黨陳水扁、呂秀蓮當選正、副總統，完成政黨輪替。
2004	3	20	民進黨陳水扁、呂秀蓮連任正、副總統。
2008	3	22	國民黨馬英九、蕭萬長當選正、副總統，完成二次政黨輪替。
	6	11	海基會代表團受邀前往北京，展開第一次「江陳會談」。
2010	6	29	〈經濟合作架構協議〉(ECFA) 簽訂。
2012	1	14	國民黨馬英九、吳敦義連任正、副總統。
	11	15	中共召開十八屆一中全會。
2013	6	21	臺海兩岸〈服務貿易協議〉簽訂。
2014	3	18	因反對「兩岸服務貿易協議」審查過程，抗議學生占領立法院，為「太陽花學運」。

＊說明：本表以本書述及之史事為主，不求詳備。

參考書目

《中國現代化論文集》，臺北：中央研究院近代史研究所，1991。

《中華民國初期歷史研討會論文集》，臺北：中央研究院近代史研究所，1984。

《五四時期的社團》，北京：三聯書店，1979。

《五四時期期刊介紹》，北京：三聯書店，1979。

《抗日戰爭時期解放區概況》，北京：人民出版社，1953。

《近世中國經世思想研討會論文集》，臺北：中央研究院近代史研究所，1984。

《清季自強運動研討會論文集》，臺北：中央研究院近代史研究所，1988。

Thomas B. Gold（著），胡煜嘉（譯），《從國家與社會的角度觀察——臺灣奇蹟》，臺北：洞察出版社，1987。

丁抒，《人禍——大躍進與大饑荒》，香港：九十年代雜誌社，1991。

小島晉治、丸山松幸（著），葉寄民（譯），《中國近現代史》，臺北：帕米爾書店，1992。

小野川秀美（著），林明德（等譯），《晚清政治思想研究》，臺北：時報文化出版事業有限公司，1984。

中國人民解放軍軍事科學院（編），《中國人民解放軍大事記 (1927–1982)》，北京：軍事科學出版社，1983。

文馨瑩，《經濟奇蹟的背後：臺灣美援經驗的政經分析 (1951–1965)》，臺北：自立晚報，1990。

方曉（主編），《中共黨史辨疑錄》，山西：山西教育出版社，1991。

毛思誠（編），《民國十五年以前之蔣介石先生》，香港：龍門書店，1965。

王健民，《中國共產黨史》，臺北：漢京文化事業有限公司，1988（新版）。

王詩琅，《日本殖民體制下的臺灣》，臺北：眾文圖書公司，1980。

王爾敏，《中國近代思想史論》，臺北：臺灣商務印書館，1994（新版）。

王爾敏，《晚清政治思想史論》，臺北：臺灣商務印書館，1994（新版）。

王樹槐，《中國現代化的區域研究：江蘇省 (1860–1916)》，臺北：中央研究院近代史研究所，1984。

王樹槐，《外人與戊戌變法》，臺北：中央研究院近代史研究所，1965。

王樹槐，《庚子賠款》，臺北：中央研究院近代史研究所，1974。

亓冰峰，《清末革命與君憲的論爭》，臺北：中央研究院近代史研究所，1966。

尹章義，《臺灣開發史研究》，臺北：聯經出版事業公司，1989。

丘宏達、任孝琦（主編），《中共談判策略研究》，臺北：聯合報社，1987。

包遵彭（等編），《自強運動》，《中國近代史論叢》第 1 輯第 5 冊，臺北：正中書局，1956。

包遵彭（等編），《維新與保守》，《中國近代史論叢》第 1 輯第 7 冊，臺北：正中書局，1956。

司馬桑敦，《張學良評傳》，臺北：傳記文學社，1989。

史扶鄰 (H. Z. Schiffrin)（著），邱權政（等譯），《孫中山與中國革命的起源》，臺北：谷風出版社（翻印本），1986。

史明，《臺灣人四百年史》，臺北：蓬島文化公司，1980。

臺灣總督府，《臺灣總督府警察沿革誌》，第二篇：《領臺以後的治安狀況》（中卷），臺北：創造出版社，1989。

王詩琅（譯），張炎憲、翁佳音（編），《臺灣社會運動史》，臺北：稻鄉出版社，1988。

左舜生，《中國近代史四講》，香港：友聯出版社，1962；《近代中國史料叢刊》續編，第 99 輯（總號 988），臺北：文海出版社，1983。

田弘茂（著），李晴暉、丁連財（譯），《大轉型──中華民國的政治和社會變遷》，臺北：時報文化出版企業有限公司，1989。

矢內原忠雄，《日本帝國主義下之臺灣》，臺北：帕米爾書店，1987。

伊原吉之助，《臺灣の政治改革年表・覺書 (1943–1987)》，奈良：帝塚山大學，1992。

余英時，《中國近代思想史上的胡適》，臺北：聯經出版事業公司，1984。

吳文星，《日據時期臺灣師範教育之研究》，臺北：國立臺灣師範大學歷史研究所，1984。

吳相湘，《晚清宮庭實紀》，臺北：正中書局，1961。

吳相湘，《第二次中日戰爭史》，臺北：綜合月刊社，1973。

吳相湘，《孫逸仙先生傳》，臺北：遠東圖書公司，1984。

吳密察，《臺灣近代史研究》，臺北：稻鄉出版社，1989。

呂芳上，《從學生運動到運動學生──民國八年至十八年》，臺北：中央研究院近代史研究所，1994。

呂實強，《清代官紳反教的原因》，臺北：中央研究院近代史研究所，1966。

李永熾（監修），薛化元（主編），《臺灣歷史年表：終戰篇 I, II, III》，臺北：國家政策研究中心，1990，1991，1992。

李守孔，《中國近代史》，臺北：三民書局，1990。

李守孔（編），《民初之國會》，臺北：正中書局，1977。

李亦園，《臺灣土著民族的社會與文化》，臺北：聯經出版事業公司，1987。

李孝悌，《清末的下層社會啟蒙運動》，臺北：中央研究院近代史研究所，1992。

李恩涵，《晚清的收回礦權運動》，臺北：中央研究院近代史研究所，1964。

李國祁，《中國現代化的區域研究：閩浙臺地區 (1860–1916)》，臺北：中央研究院近代史研究所，1982。

李雲漢，《中國近代史》，臺北：三民書局，1985。

李雲漢，《從容共到清黨》，臺北：中國學術著作獎助委員會，1966。

李筱峰，《島嶼新胎記──從終戰到二二八》，臺北：自立晚報，1993。

李筱峰，《臺灣民主運動四十年》，臺北：自立晚報，1987。

李筱峰，《臺灣戰後初期的民意代表》，臺北：自立晚報，1986。

李達嘉，《民國初年的聯省自治運動》，臺北：弘文館出版社，1986。

李福鐘，《改造一個共和國》，臺北：稻鄉出版社，1993。

李劍農，《中國近百年政治史》，臺北：臺灣商務印書館，1954（臺 1 版）。

李銳，《三十歲以前的毛澤東》，臺北：時報文化出版事業有限公司，1992。

李銳，《廬山會議實錄》，鄭州：河南人民出版社，1996。

李澤厚，《中國現代思想史論》，北京：東方出版社，1987；臺北：風雲時代出版社，1990（臺灣版）。

李澤厚、林毓生（等著），《五四：多元的反思》，臺北：風雲時代出版社，1989。

沈松僑，《學衡派與五四時期的反新文化運動》，臺北：臺灣大學文史叢刊，1984。

汪榮祖，《晚清變法思想論叢》，臺北：聯經出版事業公司，1983。

汪榮祖（編），《五四運動研究論文集》，臺北：聯經事業出版公司，1979。

林滿紅，《茶、糖、樟腦與晚清臺灣》，臺北：臺灣銀行，1918。

林偉盛，《羅漢腳——清代臺灣社會與分類械鬥》，臺北：自立晚報，1993。

林鐘雄，《臺灣經濟發展四十年》，臺北：自立晚報，1987。

周玉山（編），《五四論集》，臺北：成文出版公司，1979。

周婉窈，《日據時代的臺灣議會設置請願運動》，臺北：自立晚報，1989。

周敘琪，《一九一〇～一九二〇年代都會新婦女生活風貌——以「婦女雜誌」為分析實例》，臺北：臺灣大學文史叢刊，1996。

周策縱（著），周子平（等譯），《五四運動史》，南京：江蘇人民出版社，1996。

周策縱（等著），周陽山（編），《五四與中國》，臺北：時報文化出版事業有限公司，1978。

周陽山、楊肅獻（編），《近代中國思想人物論——晚清思想》，臺北：時報文化出版事業有限公司，1980。

周陽山、楊肅獻（編），《近代中國思想人物論——民族主義》，臺北：時報文化出版事業有限公司，1980。

周陽山、楊肅獻（編），《近代中國思想人物論——自由主義》，臺北：時報文化出版事業有限公司，1980。

周陽山、楊肅獻（編），《近代中國思想人物論——社會主義》，臺北：時報文化出版事業有限公司，1980。

周陽山、楊肅獻（編），《近代中國思想人物論——保守主義》，臺北：時報文化出版事業有限公司，1980。

周陽山（編），《從五四到新五四》，臺北：時報文化出版事業有限公司，1989。

林明德（譯著），《中國近代軍閥之研究》，臺北：金禾出版社，1994。

林能士，《清季湖南的新政運動》，臺北：臺灣大學文史叢刊，1972。

姜新立，《瞿秋白的悲劇》，臺北：幼獅文化事業公司，1982。

胡春惠（編），《民國憲政運動》，臺北：正中書局，1978。

胡繩（主編），《中國共產黨的七十年》，北京：中共黨史出版社，1991。

茅家琦（主編），《臺灣三十年》，鄭州：河南人民出版社，1988。

若林正丈（著），洪金珠、許佩賢（譯），《臺灣──分裂國家與民主化》，臺北：月旦出版社，1994。

夏東元，《洋務運動史》，上海：華東師範大學出版社，1992。

孫業禮、熊亮華，《共和國經濟風雲中的陳雲》，北京：中央文獻出版社，1996。

孫廣德，《晚清傳統與西化的爭論》，臺北：臺灣商務印書館，1982。

翁佳音，《臺灣漢人武裝抗日史研究 (1895–1902)》，臺北：臺灣大學文史叢刊，1986。

翁佳音，《臺灣武裝抗日研究》，臺北：國立臺灣大學，1986。

荊知仁，《中國立憲史》，臺北：聯經事業出版公司，1984。

馬之驌，《雷震與蔣介石》，臺北：自立晚報，1992。

馬若孟（著），陳其南、陳秋坤（編譯），《臺灣農村社會經濟發展》，臺北：牧童出版社，1972。

高蔭祖（主編），《中華民國大事記》，臺北：世界社，1957。

涂照彥（著），李明俊（譯），《日本帝國主義下的臺灣》，臺北：人間出版社，1993。

徐正光、宋文里（編），《臺灣新興社會運動》，臺北：巨流圖書公司，1989。

崔書琴，《孫中山與共產主義》，臺北：傳記文學出版社，1984（新版）。

張玉法，《中國現代化的區域研究：山東省 (1860–1916)》，臺北：中央研究院近代史研究所，1982。

張玉法，《中國現代史》，臺北：東華書局，1985（第 6 版）。

張玉法，《中國現代政治史論》，臺北：東華書局，1988。

張玉法，《清季的立憲團體》，臺北：中央研究院近代史研究所，1971。

張玉法，《清季的革命團體》，臺北：中央研究院近代史研究所，1975。

張玉法（主編），《中國現代史論集》10冊，臺北：聯經出版事業公司，1982。

張忠棟，《胡適‧雷震‧殷海光》，臺北：自立晚報，1990。

張忠棟，《胡適五論》，臺北：允晨文化實業股份有限公司，1987。

張朋園，《中國現代化的區域研究：湖南省 (1860–1916)》，臺北：中央研究院
　　近代史研究所，1983。

張朋園，《立憲派與辛亥革命》，臺北：中央研究院近代史研究所，1969。

張朋園，《梁啟超與清季革命》，臺北：中央研究院近代史研究所，1964。

張朋園，《梁啟超與民國政治》，臺北：食貨出版社，1978。

張緒心、高理寧，卜大中（譯），《孫中山——未完成的革命》，臺北：時報文
　　化出版事業有限公司，1993。

許雪姬，《滿大人的最後二十年》，臺北：自立晚報，1993。

許福明，《中國國民黨的改造 (1950–52)》，臺北：正中書局，1986。

連溫卿（著），張炎憲、翁佳音（編校），《臺灣政治運動史》，臺北：稻鄉出
　　版社，1988。

郭成棠，《陳獨秀與中國共產主義運動》，臺北：聯經事業出版公司，1991。

郭廷以，《中華民國史事日誌》，臺北：中央研究院近代史研究所，1985。

郭廷以，《近代中國史》，臺北：臺灣商務印書館，1963。

郭廷以，《近代中國史綱》，香港：香港中文大學出版社，1979。

郭恒鈺，《共產國際與中國革命》，臺北：東大圖書股份有限公司，1989。

郭華倫，《中共史論》，臺北：國立政治大學國際關係研究所，1961。

陳其南，《臺灣的傳統中國社會》，臺北：允晨文化事業出版社，1987。

陳旭麓，《近代史思辯錄》，廣州：廣東人民出版社，1984。

陳曾燾，陳勤（譯），《五四運動在上海》，臺北：經世書局，1981。

陳儀深，《獨立評論的民主思想》，臺北：聯經事業出版公司，1989。

彭懷恩，《臺灣政治變遷四〇年》，臺北：自立晚報，1987。

費正清、費惟愷（主編），劉敬坤（等譯），《劍橋中華民國史》，北京：中國
　　社會科學出版社，1994。

費正清、劉廣京（主編），張玉法（主譯），《劍橋中國史‧晚清篇》，臺北：
　南天書局，1987。

黃昭堂，《臺灣總督府》，臺北：自由時代出版社，1989。

黃秀政，《臺灣割讓與乙未抗日運動》，臺北：臺灣商務印書館，1992。

雷震，《制憲述要》，香港：自由出版社，1957。

楊碧川，《簡明臺灣史》，高雄：第一出版社，1990。

熊明安，《中華民國教育史》，重慶：重慶出版社，1990。

翟作君、蔣志彥，《中國學生運動史》，上海：學林出版社，1996。

劉妮玲，《清代臺灣民變研究》，臺北：國立臺灣師範大學歷史研究所，1983。

劉益昌，《臺灣的考古遺址》，臺北：臺北縣立文化中心，1992。

劉國新（主編），《中華人民共和國歷史長編》（卷一），南寧：廣西人民出版
　社，1994。

劉進慶，《臺灣戰後經濟分析》，臺北：人間出版社，1992。

劉進慶、涂照彥、隅谷三喜男（合著），雷慧英、吳偉華、耿景華（譯），《臺
　灣之經濟——典型 NIES 之成就與問題》，臺北：人間出版社，1993。

劉廣京，《經世思想與新興企業》，臺北：聯經出版事業公司，1990。

澄社（主編），《臺灣民主自由的曲折歷程》，臺北：自立晚報，1992。

蔣永敬，《鮑羅廷與武漢政權》，臺北：傳記文學出版社，1972（再版）。

蔡培火（等），《臺灣民族運動史》，臺北：自立晚報，1971。

鄭牧心（鄭梓），《臺灣議會政治四○年——臺灣現代史》，臺北：自立晚報，
　1987。

鄭牧心（鄭梓），《戰後臺灣的接收與重建——臺灣現代史論集》，臺北：新化
　圖書公司，1994。

鄭學稼，《中共興亡史》，臺北：著者自印本，1984（第二版）。

鄭學稼，《魯迅正傳》，臺北：時報文化出版事業有限公司，1978。

賴澤涵、馬若孟、魏萼（合著），羅珈珞（譯），《悲劇性的開端——臺灣二二
　八事變》，臺北：時報文化出版事業有限公司，1993。

賴澤涵（編），《臺灣光復初期歷史》，臺北：中研院中山人文社會科學研究所，

1993。

盧修一，《日據時代臺灣共產黨史 (1928–1932)》，臺北：前衛出版社，1990。

蕭公權，汪榮祖（譯），《康有為思想研究》，臺北：聯經事業出版公司，1988。

蕭超然，《北京大學與五四運動》，北京：北京大學出版社，1995（第二版）。

戴玄之，《中國祕密宗教與祕密會社》，臺北：臺灣商務印書館，1990。

戴國輝（著），魏廷朝（譯），《臺灣總體相》，臺北：遠流出版事業股份有限公司，1987。

薄一波，《若干重大決策與事件的回顧》（上、下卷），北京：中共中央黨校出版社，1991，1993。

薛化元，《「自由中國」與民主憲政——1950 年代臺灣思想史的一個考察》，臺北：稻鄉出版社，1996。

薛化元，《民主憲政與民族主義的辯證發展——張君勱思想研究》，臺北：稻禾出版社，1993。

薛化元，《晚清「中體西用」思想論 (1891–1900): 官定意識形態的西化理論》，臺北：稻鄉出版社，1991（再版）。

薛君度，楊慎之（譯），《黃興與中國革命》，香港：三聯書店香港分店，1980（香港第 1 版）。

謝國興，《中國現代化的區域研究：安徽省 (1860–1937)》，臺北：中央研究院近代史研究所，1991。

簡炯仁，《臺灣民眾黨》，臺北：稻鄉出版社，1989。

嚴如平、鄭則民，《蔣介石傳稿》，北京：中華書局，1992。

嚴家其、高皋，《文化大革命十年史》，臺北：遠流出版公司，1990。

蘇雲峰，《中國現代化的區域研究：湖北省 (1860–1916)》，臺北：中央研究院近代史研究所，1981。

顧昕，《中國啟蒙的歷史圖景》，香港：牛津大學出版社，1992。

Chalmers A. Johnson, *Peasant Nationalism and Communist Power*, Stanford University Press, 1962.

在字裡行間旅行，
實現您 周遊列國 的夢想

國別史叢書

全新 歷 史 巨獻

中國斷代史叢書

穿梭古今 遨遊歷史

集合當前頂尖陣容，給您最精采、最詳實的中國歷史

◆ **先秦史** 朱鳳瀚　　　◆ **遼金元史** 張　帆

◆ **秦漢史** 王子今　　　◆ **明　史** 王天有、高壽仙

◆ **魏晉南北朝史** 張鶴泉　◆ **清　史** 郭成康

◆ **隋唐五代史** 王小甫　　◆ **中國近代史** 李喜所、李來容

◆ **宋　史** 游　彪

秦漢史——帝國的成立　　　　　　　　　　王子今／著

　　秦漢時代「大一統」政治體制基本形成，「皇帝」從此成為中國的主人，秦始皇、楚漢相爭、漢武帝、王莽代漢的史事，在此輪番上演。在作者精心的串聯下，拼湊出秦漢時代的嶄新面貌。您知道為什麼認真的秦始皇底下會出現暴政？為什麼東漢神童特別多？本書將與您一同體驗歷史。

隋唐五代史——世界帝國．開明開放　　　王小甫／著

　　隋唐王朝，是中國歷史上最璀璨的時代。文治武功鼎盛，「天可汗」的威儀傲視天下。經濟繁榮發達，社會活潑開放，繁華熱鬧的長安展現世界帝國首都的氣勢。這是唐太宗的帝國、李白的世界，出現中國歷史上空前絕後的女皇帝，氣勢恢弘的時代精神、富麗堂皇的藝術風格，為這「世界帝國」下了最佳註腳！

明史——一個多重性格的時代　　　王天有、高壽仙／著

　　明代在政治上專制皇權進入前所未有的高峰，經濟上工商業的繁榮也帶動了社會、文化的活躍，但也使新的問題油然而生，成為明朝不得不面對的新挑戰。想知道朱元璋如何一統天下、鄭和為什麼七下西洋，瞧一瞧皇帝身邊最勾心鬥角的宮廷世界、群臣士大夫的力挽狂瀾，見識明代富庶、奢靡的生活情趣，那你千萬不可錯過！

中國近代史——告別帝制　　　李喜所、李來容／著

　　鴉片戰爭以來，中國面臨了三千年未有的大變局。一方面是內外交逼，國將不國；另一方面是一代代的中國人投身救國救民的行列。清政府在變局中被動地回應外來的刺激，終於導致了自身的滅亡，宣告持續了兩千多年的皇帝制度從此在中國壽終正寢。儘管新的共和國風雨飄搖，但告別帝制，走向共和，已然是世界潮流，無法逆轉。

臺灣史（修訂五版）　　　　　　　　　　陳鴻圖／編著

臺灣，歷史的多變，造就豐富的文化特質。原住民首先登上歷史舞臺，荷蘭人東來臺灣進入了大航海時代。鄭氏王朝和滿清政府的經營，則奠下傳統文化的基礎。日本的殖民統治，對於臺灣步入現代化亦有所影響，而回歸國民政府的臺灣，在各方面皆展現出不撓的生命力。請一同貼近臺灣，讓我們為您介紹屬於臺灣的故事！

中國近代史（增訂七版）　　　　　　　　薛化元／編著

本書根據時序，論述中國近代歷史發展的脈絡，並評析其歷史意義，希望能使讀者不僅知悉歷史事件，更能對事件的歷史意義，也有概念式的理解。透過最新研究成果的參酌，以及借重科際整合對歷史事實的重新詮釋，不但史事力求確實，亦盼望讀者立基於歷史事實之上，能有超越傳統歷史論述的認知。

中國近代史（增訂五版）　　　　　　　　李雲漢／著

本書為提供讀者完整的知識基礎，使之清楚了解近代中國劇變的始末，以明末中外歷史情事展演為起點，同時著眼當前情勢，乃是1949年後兩岸不斷磨合下的產物，跳脫「中國」的框架與迷思，將敘事長度延伸至定稿的前一刻。是一部層次分明的中國近三百五十年史。

明清史（增訂二版）　　　　　　　　　　陳捷先／著

當過和尚的朱元璋如何擊敗群雄、一統天下？明朝士大夫們各立門戶，互相攻訐，他們在爭論什麼？順治帝有沒有出家五台山？乾隆皇究竟是不是漢人？本書作者爬梳大量的中外文及滿文史料，澄清不少野史及戲曲中的謬誤傳說，以深入淺出的筆法，清晰地介紹明清兩朝的建國歷程和典章制度，並以獨到的見解，析論兩朝盛衰之因，值得關心明清史事的人一讀。

新臺灣史讀本

江燦騰、陳正茂／著

《新臺灣史讀本》之所以「新」，在於其與時俱進，內容涵蓋史前史乃至當前臺灣最新的政治動向。跳脫政治更迭與經濟變遷之窠臼，文學、美術、戲劇、音樂、電影、舞蹈也都走進臺灣史，刻劃各時期的政治氛圍及經濟糾葛。為何現代文學與鄉土文學針鋒相對？臺灣電影的載浮載沉從何說起？雲門舞集如何躍上國際舞臺，成為臺灣人的驕傲？本書將給您耳目一新的臺灣史！

臺灣開發史（修訂五版）

薛化元／編著

臺灣有文字記載的歷史時代大約從十七世紀開始，距今不過四百年左右。但是若以臺灣島作為歷史研究的對象，單單原住民諸族群社會文化的傳承，臺灣歷史就非短短四百年所能涵蓋。本書以考古與原住民社會作為開端，迄於戰後臺灣的歷史發展，除討論臺灣政治歷史發展之外，對於人民生活及社經文化的演變亦多著墨。透過本書，對於臺灣整體的歷史圖像當有較全面性的認識。